本著作获西安财经大学学术著作出版资助

创新网络内企业间知识合作关系研究

王慧 著

Research on Knowledge Cooperation among
Enterprises in Innovation Networks

经济管理出版社
ECONOMY & MANAGEMENT PUBLISHING HOUSE

图书在版编目（CIP）数据

创新网络内企业间知识合作关系研究/王慧著．—北京：经济管理出版社，2022.7
ISBN 978-7-5096-8613-3

Ⅰ．①创…　Ⅱ．①王…　Ⅲ．①企业管理—技术合作—研究　Ⅳ．①F273.7

中国版本图书馆 CIP 数据核字（2022）第 129720 号

组稿编辑：范美琴
责任编辑：范美琴
责任印制：黄章平
责任校对：王淑卿

出版发行：经济管理出版社
　　　　　（北京市海淀区北蜂窝 8 号中雅大厦 A 座 11 层　100038）
网　　址：www. E-mp. com. cn
电　　话：（010）51915602
印　　刷：唐山昊达印刷有限公司
经　　销：新华书店
开　　本：720mm×1000mm/16
印　　张：14. 75
字　　数：257 千字
版　　次：2022 年 9 月第 1 版　　2022 年 9 月第 1 次印刷
书　　号：ISBN 978-7-5096-8613-3
定　　价：88. 00 元

前　言

　　在经济全球化、技术扩散、知识共享及知识权力等相互作用下，利用创新网络进行合作创新成为必然。技术交织、知识合作的趋势让每个身处创新网络中的企业都不断进行新知识的学习和知识共享，借鉴并且分享创新网络内其他企业的先进技术与知识成为常态。借鉴国际企业咨询顾问 Ohmae 所说的："今天的产品严重依赖于许多不同的关键技术，多数企业不可能总是保持作为所有这些先进技术的使用者。"没有哪家企业能够单独依靠自身的实力，同时拥有所有的与自己生产和服务相关的先进知识和技术。因而，在市场需求多元化、技术快速变革的环境下，企业间展开了广泛的、多元化的知识合作创新活动，通过企业创新网络合作是方向相对清晰同时也是资源丰富的一种较好选择。创新网络内企业间在知识合作创新活动中有得有失、有利有弊，众多的合作成功案例表明知识合作取得了显著成效，但也有诸多合作失败或合作解体的实例。创新网络内企业间的知识合作表现出合作动力不足、合作关系不稳定、合作质量不可靠等，基于这些现实问题，研究创新网络内企业间知识合作关系的发生以及影响知识合作关系的要素特征，探究企业间要素特征与知识合作的关系以及合作绩效之间的关系等问题具有重要的理论意义与实践价值。

　　本书在界定创新网络内企业间知识合作相关概念的基础上，构建了创新网络内企业间知识合作创新的流程图，并且基于资源依赖理论、组织间学习理论、匹配理论等相关学科的理论和方法，借鉴已有的研究，构建了从创新网络内知识合作关系发生的一般现象揭示到内在机理分析的逻辑研究过程。运用演化博弈论的方法揭示了创新网络内企业间知识合作关系是否发生以及发生的规律如何，这一研究基于创新网络内企业间可视化的外在位势匹配视角以及基本的成本和收益的预期，揭示了创新网络内企业间知识合作的普遍现象，找出了影响知识合作关系发生的因素。从企业间要素特征的视角出发，构建了企业间要素特征、知识合作关系以及知识合作绩效之间的关系模型，同时加入情境变量创新网络开放度作为调节变量，因为网络开放意味着新要素的注入，对原本企业间的要素特征产生影响。在相关变量间关系的作用激励分析基础上构建概念模型并提出研究假设，运用问卷调查方式获得468家创新网络内企业间知识合作相关数据，运用多元回归和结构方程的统计方法对数据、模型及相关假设进行检验，诠释了创新网络内企业间知识合作关系的本质，得到主要结论及创新点。

第一，在对以往学者的相关研究进行梳理的基础上，对于创新网络内企业间知识合作关系发生的主体、客体、合作过程进行了再分析，关于知识合作主体的特征，本书认为要素特征的视角并不是忽略异质性，恰恰是基于企业间的异质性提出了要素特征视角；关于知识合作客体，本书认为知识合作的内容是广义的知识，既有显性知识又有隐性知识，合作层次既有企业层面的知识又有个体层面的知识；关于知识合作过程，本书在以往研究基础上进行了改进和创新，绘制了全新的知识合作过程图。

第二，关于知识合作的研究视角，以往的研究大多是从单个企业的单一知识合作关系出发进行研究，缺乏从交叉视角的知识合作关系出发进行研究，本书认为知识合作关系是企业间合作创新行为的交叉，必然要涉及合作双方主体的关系、合作要素的特征等，因此，本书从交叉匹配视角研究企业间知识合作要素与知识合作关系具有一定的创新性。

第三，通过演化博弈模型的构建和分析，揭示了外在位势匹配视角下创新网络内企业间知识合作关系的演化规律，研究发现创新网络内企业间知识合作关系的演化规律既受预期成本收益的影响，又受企业不同合作态度发生概率的影响，同时还受到知识位势、知识集中度的影响。知识位势、知识集中度的问题落实在企业间知识合作关系上就是企业间要素特征的问题，这一现象的揭示为后续的知识合作关系实证研究提供基础和前提。

第四，关于企业间内在要素特征，结合以往研究的结论，本书归纳出四个维度，即战略协同性、文化兼容性、资源互补性、能力契合性，其中战略协同性、文化兼容性、资源互补性以往的研究较为丰富，也有成熟的测量量表，但是关于能力契合性，以往的研究中有所提及，但对其内涵以及测量并未形成统一的观点，因此本书对能力契合性进行了界定并开发出了新的测量量表。

第五，用实证研究的方法探究了创新网络内企业间的要素特征对于知识合作关系的影响机理，研究发现战略协同性、资源互补性、能力契合性分别对知识合作关系和知识合作绩效产生显著的正向影响；知识合作关系对企业间要素特征与知识合作绩效具有部分中介作用；同时创新网络开放度对于企业间要素特征与知识合作关系又有进一步的调节作用。本书结论不仅弥补了现有文献中关于企业间知识合作关系研究的不足，还在一定程度上丰富了关于企业间要素特征、合作关系特征对知识合作绩效影响作用的研究。

目　录

第一章　绪论

一、研究背景

（一）现实背景

近年来，经济全球化的深入发展促使创新知识和技术在全球范围内重新进行了整合与配置。创新网络内的知识合作为企业提供了更为广阔的创新空间，企业间通过对知识资源的搜索、整合，不断增加知识技术的"存量"，提高技术创新能力和实现创新绩效。通过企业间的知识和技术的相互学习和转移，具有核心技术的企业可能会获得更广大的市场，同时带动一般性企业的技术创新。中共中央、国务院于 2012 年 9 月提出《关于深化科技体制改革加快国家创新体系建设的意见》，要突出企业为主体，促进资源开放和共享，鼓励企业间协同合作，提升国家整体创新水平。在国家的大力倡导和扶持下，企业创新意识和意愿都逐步提升。知识合作对我国科技进步和经济发展具有非常重要的实践意义。现如今，企业也逐渐开始利用自身的创新网络优势实现技术创新的目标。华为旗下的深圳市海思半导体有限公司（简称"海思"）自成立以来即与国内外众多业界同行建立了多个以自身为核心的网络关系，拥有了成熟稳固的集研发、生产于一体的一系列创新网络合作伙伴。2014 年，海思发布了我国第一款满足五模需求的 4G 芯片——麒麟 920，这款具有划时代意义的芯片整合了与德国 Rohde 和 Schwarz 合作测试的 Balong710 基带、华为 LTEAdvanced 通信模块、英国 ARM 公司 Mali-T628 MP4 型 GPU、中国台湾 Altek（华晶）成像芯片组等关键模块。海思通过与其合作的创新网络内合作伙伴进行合作开发，为自身创造了丰富的资源和能力，实现了技术创新能力的跨越式提升。Gulati（1998）指出："企业加入创新网络的速度正在加快，像康宁、摩托罗拉、IBM、HP 等公司，它们现在已经同时拥有了数百个研发创新网络。"近年来，许多中国本土企业也意识到了创新网络的重要性，也开始大量发展和组建自己的创新网络。这些创新网络既包括以技术创新为目的组建的研发网络和技术网络，又包括以市场营销为目的组建的销售网络和客户关系管理网络等（詹也，2013）。

西门子股份公司（简称"西门子"）在仪表当中使用了红外线光谱仪，传统的技术计算量比较大，一些移动部件有一系列不尽如人意的地方，我国有一家北京华夏科创仪器股份有限公司（简称"华夏科创"）的初创性公司，做了低成本的红外线光谱仪，西门子与该初创公司进行了合作，西门子获得了红外线光谱仪的技术，华夏科创得到了推广产品的渠道。显然在知识合作的技术联盟网络中，获取创新主要收益的只能是掌握主导权的一方，对于创新网络中的非核心企业来说，如果只是引进技术，不明白自己真正需要什么资源，需要拓展哪些方面，没有引进之后的再创新，就永远不能真正地掌握市场。例如，作为汽车行业环保与技术的代表，特斯拉汽车公司（简称"特斯拉"）致力于在全球范围内推动电动车的发展，在特斯拉获得极高的关注度之前，几乎没有地方和企业真正考虑过做电动车。原特斯拉汽车公司全球副总裁、中国区负责人吴碧瑄曾说："很多传统的汽车企业曾经尝试做电动车，但大多是因为政府有一些基本的政策要求要做某些事情，他们的态度都是用最少的钱去满足政府的要求就够了。比如说一些减排的要求，总是选最容易的道路。"作为专利技术的持有者，特斯拉有进行技术转移的强烈愿望，但因为与被合作企业在战略目标、技术、文化、市场等各方面的差异，特斯拉电动车面临了技术无法本土化的难题。

创新网络为企业间的合作提供了方向和空间，但是目前我国核心企业主导下的创新网络在数量、规模上都偏小，相比于国外著名的创新网络，成熟度依然很低，并且创新效率低下，成员容易出现机会主义行为，创新网络的效果并不明显。创新网络内企业的知识合作虽然取得了一定的成功，但诸多实践表明知识合作绩效不高、合作意愿不强、合作动力缺失，使合作解体和失败的案例屡见不鲜。学者 Das 和 Teng（2000）对合作企业间关系稳定性的研究显示，30% ~ 50% 的企业间合作关系不稳定。韩国大宇汽车公司和美国通用汽车公司由于合作关系不稳定，维持了 8 年合作关系后结束了双方在韩国仁川的合作。Serapio 和 Cascio 对该案例的分析发现，由于双方没有达到预期目标、合作双方目标不一致、合作关系不稳定等使合作协议被破坏、合作失败。在我国，相关研究表明，企业间知识合作实践的失败率较高，学者蒋国平（2001）发现该失败率达到 50%~60%。合作关系不稳定、合作质量不高、知识合作绩效低下导致合作失败或解体，企业间因战略、能力、资源、文化等各方面存在差异，网络内的企业间在知识合作时，合作伙伴只有能够预期到长期合作中存在潜在收益，同时影响知识合作的诸多因素彼此匹配，那么合作关系才能建立和持续，这就要求企业在选择知识合作伙伴时必须对彼此的目标、资源、能力、文化等做出明确的评价、有效的决策和选择。在创新网络内的众多企业中，企业选择哪些进行持续合作，针对哪些企业进行知识共享，又该向哪些企业获取和学习自身所需要的知识技术和资源，这都是需要进行深入探究的。因此，寻找到创新网络内企业间知识合作关系演化过程的规律并对企业现有的要素进行要素特征评价，以及对这些要素如何影响企业间知识合作关系进行深入的研究，从而能够为顺利开展合作、有效率地知识转移以及建立稳定的合作关系提供指导。

中国作为后发国家，我国企业的技术知识储备和创新能力相对于发达国家企业而言普遍存在一定的差距，我国政府深刻意识到知识经济时代给企业竞争形态和技术创新所带来的深刻变化，为了缩小与发达国家的技术知识差距，曾经试图通过引进外商直接投资或建立合资企业等方式，实施引导外资企业技术转移的"以市场换技术"的策略来实现技术追赶的目的。然而实践证明，由于我国企业自身的吸收能力有限以及外资企业对核心技术的严密封锁和保护等原因，使依靠技术引进来实现技术追赶策略的效果大打折扣，这一点从我国汽车产业的发展历程看便是很好的例证。"以市场换技术"策略差强人意的实际效果表明，试图依靠发达国家先进核心技术引进作为实现我国技术追赶甚至"弯道超车"的路径较为困难，解决不了自主创新的问题。因而，走中国特色的自主创新道路，实施创新驱动发展战略才是提升我国企业自主创新能力的有效出路。

（二）理论背景

从理论层面上看，近年来，有关创新网络的相关研究已经引起了学者们的关注，并开始应用于企业创新领域的研究中。

资源依赖理论认为，任何企业都不可能脱离外部环境而获得所需要的一切资源，也就是说，企业创新所需要的资源不可能完全由企业独立承担。此时，战略网络成为了企业实现共享资源、分担风险的一种新的创新模式，而创新网络的形成更是为企业创新提供了更为多样性的创新要素支持。企业组建创新网络的目的就是为了从不同的网络中获取异质性知识和资源，用于降低对外部资源的依赖程度（Collins，2013）。例如，企业会通过构建纵向网络来消除与其他组织的共生式依赖；通过横向网络，降低竞争带来的不确定影响；通过多样化的网络策略，扩大业务的范围，避免单一领域环境动荡带来的风险。在这个过程中，企业会综合考察网络伙伴在资源、能力、知识和技术基础方面的差异，避免资源的冗余和重复投资（Wassmer et al.，2016）。

开放式创新理论强调，企业创新需要突破企业边界构建某种开放的网络，实现内部与外部创新资源的最大化利用。企业组建创新网络实现创新的多元化发展，是企业进行"开放式创新"的有效途径。寻求外部资源是企业构建创新网络的一个重要原因。创新网络最重要的特征是焦点企业与网络伙伴的资源禀赋。焦点企业的资源禀赋决定了企业的网络战略，同时对企业吸引网络伙伴的能力以及企业绩效有着重要的影响（Park et al.，2002）。Lavie（2007）通过对美国软件行业 367 家企业网络状况的调查，从价值创造的视角分析了不同网络的资源禀赋（财务、人力、市场）与焦点企业绩效之间的作用关系。Martynov（2017）探讨了企业经营战略和资源禀赋差异对创新网络绩效的影响，通过对 415 家美国上市公司 1998~2009 年网络数据的分析得知，采取低成本战略的企业比采取差异化战略的企业更能从创新网络中获得效益。

组织间学习的观点更强调知识在创新网络内企业间的流动。有学者认为，企业组建创新网络是为了实现知识学习的动机。知识创新网络是指以知识学习和创新为宗旨建立的战略网络。林向义等（2008）从知识创新的角度研究了网络创新合作伙伴的选择问题，并认为企业网络的目的就是通过知识资源的共享和优化，实现创新知识的优势互补，从而提升网络整体的知识创新水平。王玉梅（2010）的研究更是指出了知识在网络主体之间的流通、结合和共享，是企业开展网络知识创新，形成优势互补、风险共担、利益共享、共同发展的关键。

基于以上理论分析可以看出，创新网络是企业获取外部知识和资源，实现多元化开放式创新的成果。企业通过大量构建创新网络形成了一个以自我为中心的网络结构，企业在网络中的知识合作关系对企业创新有着不可忽视的影响。对已有文献进行系统梳理，发现国外学者认为企业间知识合作的影响因素有三大类型。

第一种类型是基于经济学的研究视角分析企业间知识合作，其成果主要集中于企业竞争、产业特征、市场多元性、企业家导向、企业研发投入程度、企业拥有知识价值性、知识异质性、合作时间、合作规模（Mowery et al.，1998；Dosi，1988；Arvanitis and Hollenstein，1994；Li et al.，2008；Kumar et al.，2012；Lau，2011；Westney，1988；Duncan，1972；Teece et al.，1997；Hagedoorn，1993）。

第二种类型是基于社会网络学的研究视角分析企业间知识合作，其成果主要集中于企业间联结强度、企业网络位置、组织学习能力、企业拥有的网络权力和网络资源以及企业间的合作网络惯例形成等方面（Becker and Peters，1998；Robertson and Langlois，1995；Wong et al.，2008；Cook，1977；Frazier and Summer，1983；Becker，2005；Chassang，2010）。

第三种类型是基于关系学的研究视角分析企业间知识合作，其成果主要集中于企业间的信任与承诺、沟通、开放程度、企业间知识合作和知识获取、合作模式等方面（Anntte and Michael，2000；Aric and Christine，2001；Matthias et al.，2004；Michael and Weiss，2013；Kathryn and William，1990；Das and Teng，1998）。

国内也有大量文献分别从制度环境、合作模式、资源异质性、冲突和信任等方面对企业间知识合作的影响因素进行了分析（方厚政，2006；罗炜和唐元虎，2001；潘镇和李晏墅，2008；辜胜阻等，2010；党兴华等，2010；周贵川，2012；李林蔚和郑志清，2013；高山行和蔡新蕾，2013）。

随着企业间知识合作动力不足、合作目标不清晰、知识合作绩效低下等问题不断涌现，学者们开始解释和寻找合作动力缺乏、不足以及知识合作绩效低下的源头，并且从组织层面分析影响知识合作绩效的因素和机理。主要从伙伴类型（Lundan and Hagedoorn，2001；李健和金占明，2007；Flynn et al.，2010；Sivakumar et al.，2010；孙笑明等，2011；王雪原和王宏起，2012；Lahiri and Narayanan，2013；吴绍棠和李燕萍，2014；王道平等，2015）、合作行为（李林蔚和郑志清，2013；尹惠斌和游达明，2014）、企业能力（孙永磊和党兴华，2014）、合作动机（Hagedoorn，1993；苏中锋等，2007）、制度环境（Checkley et al.，2014；Capaldo and Petruzzelli，2014；肖振鑫和高山行，2015）等视角进行实证研究。

虽然国内外学者对创新网络企业知识合作关系进行了广泛的研究，但是从交叉视角出发对企业间知识合作关系的研究成果不多且较为分散，尚没有形成一个较为系统的理论框架；从研究方法来说，大多关于企业知识合作的研究从组织层面和网络层面影响合作的因素出发，主要运用案例和回归的方法，探讨了各影响因素间的关系，运用演化博弈论和实证的方法同时对知识合作关系进行数理推演和回归分析的少之又少，缺乏系统性和整体性的研究框架，难以为企业实践提供理论指导。迫切需要研究者从新的视角、新的方法出发重新探究创新网络企业间知识合作关系演化规律以及企业间知识合作要素与知识合作关系的作用机理。

二、问题的提出

从现实背景可以看出，创新网络知识合作已经成为中国企业提升创新能力、实现开放式创新的重要途径，但是当前我国企业的创新网络知识合作实践仍然相对处于低级阶段，如何有效地开展网络内企业间的创新活动、发挥网络内知识合作优势是企业迫切需要解决的问题。在理论上，虽然学者们从资源、组织或网络的视角分别研究了创新网络知识合作关系与知识合作绩效之间的关系，但这些研究多是针对静态研究，没有详细地研究创新网络内企业间的知识合作关系如何动态演化；另外，创新网络内的企业由于自身拥有的知识、技术、资源、战略、文化等异质性要素的客观存在，在网络内企业间的知识合作表现为所处的网络位置和拥有的权力等都有差异，这就使区别创新网络中企业知识合作关系的对称状态和非对称状态成为必然，这种对称和非对称状态下，企业间的知识合作关系呈现什么样的演化规律？面对创新网络内知识合作关系无法建立或者合作关系不稳定的现状，企业应该如何选择适合自身需要和发展的合作伙伴以促进知识合作关系的建立和稳定？要素特征又需要考虑哪些因素，并如何影响知识合作关系？创新网络的开放性又会怎样影响要素特征与知识合作之间的关系？这将成为本书研究的主要问题。

本书围绕创新网络内企业间知识合作关系这一基本问题展开探讨，试图打开企业间知识合作关系的演化规律以及企业间要素特征如何影响知识合作关系的内在作用机制，逐层深入分析并回答以下六个具体研究问题（本书的研究问题如图1-1所示）。

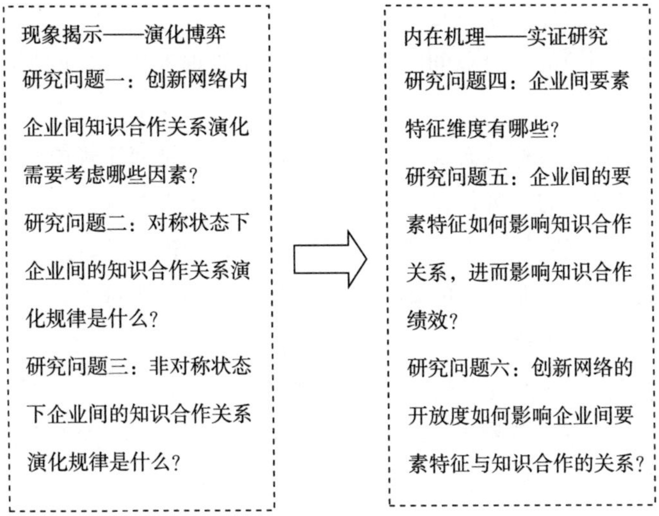

现象揭示——演化博弈

研究问题一：创新网络内企业间知识合作关系演化需要考虑哪些因素？

研究问题二：对称状态下企业间的知识合作关系演化规律是什么？

研究问题三：非对称状态下企业间的知识合作关系演化规律是什么？

内在机理——实证研究

研究问题四：企业间要素特征维度有哪些？

研究问题五：企业间的要素特征如何影响知识合作关系，进而影响知识合作绩效？

研究问题六：创新网络的开放度如何影响企业间要素特征与知识合作的关系？

图 1-1　研究问题汇总

研究问题一：创新网络内企业间知识合作关系演化需要考虑哪些因素？

互惠理论的观点认为由于创新网络内企业之间存在进行长期知识合作的可能性，组织间在建立知识合作关系时不仅要考虑当期的收益还要考虑潜在的收益。潜在收益的不确定性使企业对收益的预期高度依赖于双方之间关系的信任和期待。显然，企业间的知识合作关系作为对知识合作潜在收益判断的基础对其知识合作决策有着非常关键的影响。因此，从关系的角度来重新审视创新网络内企业的知识合作决策，以关系的形式重新表达知识合作的情境和影响因素，能够为知识合作的研究提供一个新的视角。在创新网络中，网络结构较为松散，企业的重复相遇是小概率事件，以声誉传播为基础的间接互惠是知识合作关系演化的核心，企业的知识合作决策也随着对方声誉的变化呈现出一个动态的演化过程。因此，要深入探讨创新网络中企业知识合作关系的形成机理，就需要以间接互惠为基础来分析企业知识合作关系的演化动力学过程，从而厘清企业知识合作关系发生的基本条件，以及各影响因素对知识合作关系所发生的作用。

研究问题二：对称状态下企业间的知识合作关系演化规律是什么？

创新网络内企业间由于拥有的资源、权力、地位的不对等必然出现知识位势，而知识位势导致企业间的知识合作表现出两种基本情形：知识位势对等的企业间的知识合作和知识位势不对等的企业间的知识合作，确定以声誉传播为核心的企业之间的知识合作关系演化博弈模型。知识位势对等的企业之间，双方知识合作策略选择是相同的，企业间的知识合作演化表现出什么样的规律本书将给出具体的结论。

研究问题三：非对称状态下企业间的知识合作关系演化规律是什么？

基于研究问题一的声誉传播机制，对于知识位势不对等的企业来说，知识一般会从高知识位势流向低知识位势，企业间的策略表现为是否进行知识转移以及是否进行学习，根据企业做出的知识合作策略的不同，非对称状态下企业间的知识合作博弈表现出与对称状态下不一致的演化规律。

研究问题四：企业间要素特征维度有哪些？

研究问题一、研究问题二、研究问题三揭示了创新网络内企业间知识合作关系博弈演化规律，但是对于知识合作的实质仅限于对于知识合作成本和收益的预期评判，所以需要对影响企业间知识合作关系的因素进行更深入的剖析，结合研究问题一、研究问题二、研究问题三得出的演化结果，为促进知识合作关系的有效性、稳定性和持续性，将企业间交叉匹配的视角引入实证研究，探讨了其对知识合作关系的作用机理，如目标是否一致、资源是否互补、文化是否兼容等对知识合作关系的稳定性和持续性有什么影响，现有研究对于要素特征的维度划分没有达成统一意见，本书将在文献梳理的基础上对要素特征的维度进行重新界定和划分。

研究问题五：企业间的要素特征如何影响知识合作关系，进而影响知识合作绩效？

在研究问题四的基础上对要素特征各维度与知识合作关系之间的影响机理进行深入分析，并检验了知识合作关系以及要素特征各维度与知识合作绩效之间的中介作用，采用问卷调查与大样本统计分析、结构方程模型等实证研究方法进一步明辨了企业间要素特征对于知识合作关系影响的内在机理。

研究问题六：创新网络的开放度如何影响企业间要素特征与知识合作的关系？

随着经济全球化发展的不断推进，市场竞争变得更加激烈，企业所面临的技术环境、市场环境、政策环境的动荡性、不确定性愈演愈烈，为克服不确定性带来的机会和挑战，处于创新网络内的企业需要关注网络内外的环境变化，创新网络的开放度会对企业间原有要素的要素特征产生影响，同时也会对要素特征与知识合作关系之间的相互作用产生影响，但是到底如何影响，本书将采用大样本数据，使用层次回归分析方法对其影响展开实证检验。

三、研究意义

（一）理论意义

首先，以创新网络内企业间知识合作的基本现实问题出发，针对创新网络弱关系的情境对于知识合作策略选择的影响，结合间接互惠理论，建立了以声誉传播为核心的弱关系企业之间的知识合作关系演化博弈模型，在此基础之上对创新网络中知识合作关系的形成机理进行了深入研究，有利于了解企业创新网络中知识合作关系的特殊性与复杂性，为企业知识合作的研究提供了一个新的视角。

其次，基于创新网络中企业声誉传播的特征，刻画了创新网络中企业的声誉评定和传播机制，在对企业知识合作态度进行三维度划分的基础之上，根据其特点采用三策略博弈代替传统的两策略博弈，并运用演化博弈理论的方法，研究了对称状态和不对称状态下知识合作博弈的机制，从而拓展了知识合作博弈研究的范围。

再次，以创新网络内企业间知识合作关系博弈演化结果为依据，为促进知识合作关系的稳定性和持久性，从企业间的交叉要素特征的视角出发，揭示了"企业间要素特征与知识合作关系、知识合作绩效"的作用机理，进一步深化了知识管理与企业创新研究领域。现有研究大多仅仅探讨要素特征与合作创新之间的相关关系，对其内在机理探讨仍旧不够，本书在一定程度上进一步深化了现有研究。

最后，将创新网络开放度纳入研究体系，探讨了创新网络开放度对企业间要素特征与知识合作关系之间的调节作用，通过扩展研究情境，有助于进一步完善现有理论体系，增加了研究结论的解释力与预测力。

（二）实践意义

首先，帮助企业更好地理解创新网络内的知识合作关系并做出战略选择。本书对于企业间知识合作关系的演化规律进行了全面的解析，无论是创新网络内的核心企业抑或是非核心企业，知识合作关系的建立毫无例外是沿着与自身知识位势对等的企业或者是不对等的企业展开，知识合作的态度也不外乎合作、不合作以及观望，基于对知识合作的成本收益的基本预期，将知识合作关系演化规律的神秘面纱一一揭开。

其次，有助于企业管理者深入地理解创新网络内企业间建立知识合作关系应该考虑的要素特征问题以及企业间的要素特征影响知识合作关系进而影响知识合作绩效的作用机理。本书选取企业间要素特征的四个维度，构建了"要素特征—合作关系—效果"的逻辑线条，认为企业间的合作关系强度和合作关系质量在企业间要素特征影响知识合作效果过程中发挥中介作用，这一结论将进一步深化企业管理者对创新网络内企业间要素特征影响知识合作效果的内在机理的理解。

最后，帮助企业根据创新网络的开放度的具体情形，选择适宜的应对方式。本书将创新网络开放度引入理论模型，探讨了创新网络开放度对企业间要素特征与知识合作关系的调节作用，有助于企业管理者针对创新网络开放度的情形做出知识合作战略的最优选择。

四、研究方案

对创新网络内企业间知识合作关系进行深入研究之前，明确研究对象、与知识合作关系有关的概念以及本书对核心概念的界定是十分必要的，即确立研究的对象、范围、内容。

（一）研究目标

依据上述研究问题，本书的研究目标可分为四类：

研究目标一：揭示创新网络内企业知识合作关系的演化规律。

在声誉传播机制的前提下，对预期的成本和收益进行假设，根据创新网络内企业对于知识合作的态度分为合作型、不合作型和观望型，通过建立演化博弈模型，揭示创新网络内企业知识合作关系的演化规律，为企业的知识合作选择提供参考。

研究目标二：深化和拓展创新网络内企业选择知识合作伙伴的企业间要素特征问题。

以"企业间的要素特征对知识合作的影响"作为基本问题，通过理论上的深入分析与探讨，采用结构方程模型方法，利用调研数据，以期明确企业间要素特征对于知识合作关系影响的内在机理。

研究目标三：提出和验证知识合作关系特征对于企业间要素特征与知识合作绩效的中介影响。

提出企业间知识合作关系特征为中介变量，通过理论上的深入分析与探讨，采用结构方程模型方法，利用调研数据，验证"合作关系强度和合作关系质量"对于企业间要素特征与知识合作绩效之间的影响机理。

研究目标四：提出和验证外部环境因素如何调节企业间要素特征与知识合作的关系。

以"创新网络开放度如何调节企业间要素特征与知识合作之间的关系"作为基本问题，通过理论上的深入分析与探讨，采用层次回归方法，利用调研数据，以验证创新网络开放度的调节作用。

（二）研究对象

本书选择处于创新网络内具有知识共享或者是知识学习行为的企业为研究对象。由于企业会以提升自身的创新能力为目的形成以自身为焦点企业的创新网络，所以本书研究对象具体是指参与创新网络内有知识合作关系的企业，企业间的交叉匹配视角是通过调研开展知识合作的企业之间的企业间要素特征展开的。

（三）研究内容

为了回答前文所提出的六个研究问题，本书主要划分三个子研究，其中子研究一回答了研究问题一、研究问题二、研究问题三，子研究二回答了研究问题四、研究问题五，子研究三回答了研究问题六。

子研究一：创新网络内企业间知识合作关系的演化规律。

以间接互惠理论为支撑，将声誉传播机制引入知识合作演化博弈模型中，将创新网络内的企业根据知识合作态度不同分为合作型、不合作型、观望型，以知识位势理论为基础，揭示了对称状态和非对称状态下创新网络内企业间知识合作关系的一般规律。

子研究二：企业间要素特征影响知识合作的内在机理——合作关系的中介作用。

在子研究一揭示出的知识合作关系规律基础上，进一步从理论上分析影响企业进行知识合作关系建立的因素，从而归纳出企业间要素特征对于知识合作的显著影响作用，构建了以合作关系特征为中介的企业间要素特征与知识合作绩效的理论模型，遵循"合作伙伴特征—合作关系—合作效果"的研究逻辑，并采用调研数据，使用结构方程模型方法对主效应、中介效应进行实证检验。

子研究三：创新网络开放度的调节作用研究。

在子研究二的基础上，进一步通过文献梳理与理论分析，引入了创新网络开放度这一情境变量，采用调研数据，使用层次回归方法探究了创新网络开放度对企业间要素特征知识合作关系之间的调节作用。

（四）研究方法与技术路线

1. 研究方法

根据所提出的问题、目标、内容等，本书使用的研究方法主要包括演化博弈动力学方法、理论归纳与演绎、统计分析法。

演化博弈动力学是演化博弈论与动力学研究相融合的一个新兴领域。它以有限理性为基础，认为现实中人类的行为是包含模仿、复制和突变等现象在内的动态均衡过程，非常适合用于刻画在对象不确定的情况下，较大规模数量个体之间长期的经济交易或社会交换行为，因此对于研究以有限理性和不确定对象为代表特征的创新网络内部知识合作的策略演化动力学过程具有独特的优势。本书主要研究企业不同知识合作态度分别在对称状态下和不对称状态下对知识合作关系的建立和演化问题，揭示了创新网络内企业间知识合作关系的演化规律。

当前大量的文献研究表明，从知识合作视角出发，研究相关变量对创新网络内企业间知识合作的影响早已有之，并且形成了大量的丰富的优秀的研究成果，这为本书奠定了坚实的理论基础。本书在对相关文献进行归纳、评述的基础上，界定了创新网络、知识合作关系、企业间要素特征、创新网络开放度、知识合作绩效等的内涵，以及维度划分，并在开放式创新、资源依赖、组织间学习等理论观点基础上，从理论上阐述了企业间要素特征对知识合作的影响、合作关系的中介作用、创新网络开放度的调节效应。

　　统计分析法主要应用于对静态理论模型和相关假设进行实证检验，具体方法包括描述性统计、信度效度检验、共同方法偏差、相关分析、结构方程模型、层次回归方法。其中，描述性统计是对数据基本情况的汇报；信度效度检验、共同方法偏差是对数据质量的评估；相关分析是对变量之间相关性的简单测算；结构方程模型主要用来验证理论模型，即验证多维要素特征对知识合作绩效的影响，以及合作关系的中介作用；层次回归检验创新网络开放度的调节效应。描述性统计分析、信度与效度检验、相关分析、层次回归分析等使用 SPSS 22.0 完成，而验证性因子分析、结构方程模型使用 AMOS 21.0 完成。

　　2. 研究框架与技术路线

　　本书的研究框架分为七章：

　　第一章是绪论。针对企业实践中所面对的困难提出拟研究的问题及研究意义，在既有研究存在不足的基础上，归纳出本书的研究思路、研究方法和技术路线。

　　第二章是研究综述。针对本书涉及的理论及相关研究进行综述，以期在前人丰富的研究成果中挖掘出本书的立足点和视角，并与以往研究形成的经典理论进行再对话。

　　第三章是创新网络内企业间知识合作关系演化博弈分析。该章主要对创新网络内知识位势对等和不对等两种状态下的企业的知识合作博弈进行分析。对等状态下将企业视为具有相同收益函数的个体，通过引入互惠的声誉评定和传播机制，采用单总体的演化博弈动力学方法，综合考虑企业在知识合作过程的成本收益状况，对创新网络中企业的知识合作关系进行系统分析。不对等状态下将企业分为核心企业与非核心企业两个群体，采用多总体的演化博弈动力学方法，刻画并分析两个群体知识合作关系双向互动的动力学过程，并进一步分别分析了有利于两个群体采用知识合作策略的胜出条件。

　　第四章是创新网络内企业间要素特征对知识合作关系的影响机理。本书在前文数理推演分析的基础上找寻企业间知识合作关系的一般演化规律，本章进一步分析得出影响创新网络内企业间知识合作的变量——企业间的要素特征、合作关系特征对知识合作绩效的影响，以及创新网络开放度对于企业间要素特征与知识合作关系的调节作用，对各变量间的关系进行理论解释并提出假设。

　　第五章是实证研究设计。为了验证企业间要素特征与知识合作的关系，本章对实证研究过程进行了设计，主要包括变量的测量、问卷设计、问卷收集、数据信度效度分析以及统计分析方法的详细介绍，为下一步的实证检验过程奠定了技术性的基础。

第六章是实证分析与结果检验。使用调查问卷收集创新网络内企业知识合作的相关数据，进而进行假设验证，达到对本书的主要理论结果进行检验的目的，并在分析结果的基础上为企业提供了相应的政策建议。

第七章是研究结论与展望。阐述本书的主要结论，指出所存在的局限并对未来的研究进行展望。

本书的技术路线如图1-2所示。

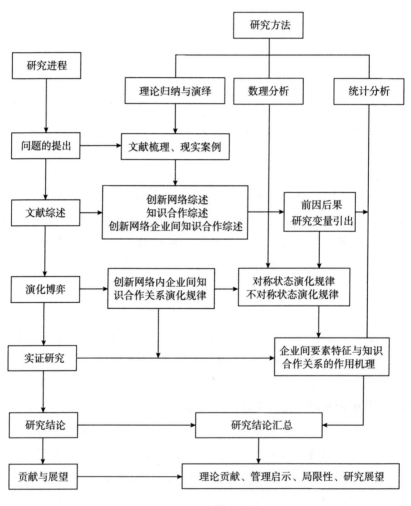

图1-2　研究技术路线

五、主要创新点

本书的主要创新点主要体现在以下几个方面：

第一，在对以往学者相关研究进行梳理的基础上，对于创新网络内企业间知识合作关系发生的主体、客体、合作过程进行了再分析，关于知识合作主体的特征，本书认为要素特征的视角并不是忽略异质性，恰恰是基于企业间的异质性提出了要素特征视角；关于知识合作客体，本书认为知识合作的内容是广义的知识，既有显性知识又有隐性知识，合作层次既有企业层面又有个体层面的知识；关于知识合作过程，本书在以往研究基础上进行了改进和创新，绘制了全新的知识合作过程图。

第二，关于知识合作的研究视角，以往的研究大多是从单个企业的单一知识合作关系出发进行研究，缺乏从交叉视角的知识合作关系出发进行研究，本书认为知识合作关系是企业间合作创新行为的交叉，必然要涉及合作双方主体的关系、合作要素的特征等，因此本书从交叉匹配视角研究企业间知识合作要素与知识合作关系具有一定的创新性。

第三，通过演化博弈模型的构建和分析，揭示了外在位势匹配视角下创新网络内企业间知识合作关系的演化规律，研究发现创新网络内企业间知识合作关系演化规律既受预期成本收益的影响，又受到企业不同合作态度发生的概率的影响，同时还受到知识位势、知识集中度的影响。知识位势、知识集中度的问题落实在企业间知识合作关系上就是企业间要素特征的问题，这一现象的揭示为后续的知识合作关系实证研究提供了基础和前提，同时也拓展了知识合作博弈研究的范围。

第四，关于企业间内在要素特征，结合以往研究的结论，本书归纳出四个维度即战略协同性、文化兼容性、资源互补性、能力契合性，其中以往关于战略协同性、文化兼容性、资源互补性的研究较为丰富，也有成熟的测量量表，但是关于能力契合性，以往的研究中虽有提及，但对其内涵以及测量并未达成统一的观点，因此本书对能力契合性进行了界定并开发了新的测量量表。

第五，在企业间知识合作关系演化规律的基础上引入要素特征的视角，将创新网络内企业间要素特征与知识合作之间的作用机理进行了全新的阐述。沿着身处创新网络大环境下的企业"从哪里寻找合作伙伴—怎么寻找合作伙伴—合作伙伴特征对知识合作的影响如何"的脉络展开研究，为企业在知识合作中遇到的困惑和难题提供了解决思路和方向，用实证研究的方法探究了创新网络内企业间的要素特征对于知识合作关系的影响机理，本书结论不仅弥补了现有文献中关于企业间知识合作关系研究的不足，还在一定程度上丰富了关于企业间知识合作要素特征、合作关系特征对知识合作绩效影响作用的研究，同时也深化了知识合作的研究视角。

第六，论证了"知识合作关系"在企业间要素特征与知识合作绩效之间的中介作用，进一步深化了基于关系视角的企业开放式创新理论的研究。近30年来，知识作为企业的重要资源在创新过程中发挥的重要作用得到了越来越多学者的关注，基于关系视角的开放式创新理论的探索不断得到广大学者们的支持。已有部分学者指出知识资源本身并不能为企业带来绩效，只有通过知识转移、组织学习、知识分享等中介作用才能促进企业开放式创新，但对企业间知识合作的要素特征与知识合作绩效之间关系的作用机理的探讨仍旧不足。本书选取了"知识合作关系"作为中介变量，遵循"企业间要素特征—知识合作关系—知识合作绩效"的基本研究逻辑，采用大样本数据实证检验了关系特征在企业间的要素特征与知识合作结果之间所发挥的中介作用，进一步深化了基于关系视角的开放式创新理论的研究。

第七，揭示了创新网络开放性对企业间要素特征与知识合作关系的调节效应影响，进一步丰富了现有的研究成果。目标、资源或是能力等的匹配对于企业间的长久合作来说都是暂时的，随着技术更新换代速度的不断提升、市场竞争逐渐激烈，创新网络对于企业创新能力提升的积极影响也会出现短期化的现象，所以创新网络也需进行调整，进一步开放、接纳新的成员、注入新的血液。创新网络的开放度必然会使企业间的要素特征对于知识合作绩效的影响发生变化，本书详细阐述了开放度带来的权变影响，进一步丰富了现有的研究成果。

第二章　研究综述

一、创新网络研究综述

（一）创新网络的界定

随着现代信息与通信技术的不断发展，网络已成为社会与经济发展的承载体，创新网络是网络组织间的一个重要产业组织形式。通过创新网络各个经济体可以获得必要的资源来降低交易成本，增强企业的竞争力，提高创新绩效。企业创新网络是企业网络的一种特殊形式，通过企业间的关系互动来获取创新资源以提高自身的创新绩效。

不同的学者从不同的角度对网络组织进行了研究，有资源角度、战略管理角度以及组织行为角度。在研究过程中，这些学者均将合作技术创新作为一个关键线索，并以此对创新网络、跨组织网络和技术联盟等进行分析，实际上，这些进行合作技术创新的网络组织都可以被看作是创新网络（Dhanaraj and Parkhe，2006；Jansen et al.，2009；Osbom and Russ，2009）。

对不同学者关于创新网络定义的关键点进行总结可以发现：第一，创新网络中的个体组织是通过利益关系发生连接，相互之间并不一定会存在明确的契约关系，是一种社会组织；第二，创新网络组织的包容性很强，其中的网络成员可以是各类企业，包括供应商、顾客、竞争对手、高校和政府等；第三，创新网络的主要作用在于为网络组织内部的网络成员之间的交流提供一个平台，为网络技术创新活动提供信息、知识等资源。因此，在界定创新网络的概念时需要注意区分。

网络组织：创新网络是一种有正式的契约和非正式关系连接而成的一种网络组织。沈必扬和池仁勇（2005）的研究表明创新网络体现了企业对创新知识的需要，它是在市场交易活动中形成的。

系统性创新：创新网络的形成是为了完成系统性创新。技术创新活动按照是否能够独立进行可以被划分为自治型和系统型。前一种创新主要包括不需要其他创新活动作为辅助而能够独立完成的，后一种创新主要包括各个相关的创新活动共同才能够完成的。Freeman 在其研究中也认为创新网络是在系统性创新过程中所形成的，Imai 的研究中也认为创新网络是为了适应系统性创新而产生的。现有的关于创新网络的研究多针对系统性创新而言。

不同参与者：创新网络是由多个不同的参与者所组成的组合体。每个参与者都会参与到整个创新过程，甚至包括最后的创新扩散过程。他们通过正式和非正式关系建立各种联系，完成共同的创新目标。

不确定性和复杂性：技术创新活动本身的特征是不确定性和复杂性，因此，创新网络的性质是为了降低技术创新活动的不确定性和复杂性，主要包括技术、市场和组织这三个方面。

一般网络组织指的是在现代信息通信技术的支撑下，由基于共同的目标或利益的企业实体联合而成的，通过价值链的共享以实现其目标或利益的企业实体集合。如果结合创新网络以上的特征，采用李怀祖教授在《管理研究方法论》中的"种差+属概念"的方法可以将其界定为：创新网络是为了应对系统性创新的不确定性和复杂性、资源稀缺性以及创新能力有限性等问题，由具有互补性资源的不同层次的参与者通过正式或非正式合作创新关系连接形成的网络组织形式。

（二）创新网络的特征

1. 创新网络与其他网络组织的区别

通过对创新网络的分析可以认为创新网络与一般的网络组织之间最大的联系体现在，创新网络组织中的参与者之间可以通过技术联盟（R&D 联盟）、虚拟企业、战略联盟、供应链和企业集群等方式产生连接。这可以看作 Freeman 把创新网络的类型分为合资企业和研究公司、合作 R&D 协议、技术交流协议、直接投资、许可证协议、分包、生产分工和供应商网络、研究协会、政府资助的联合研究项目等的主要原因。创新网络与一般的网络组织之间主要的区别体现在五个方面：

（1）创新网络与技术联盟（R&D 联盟）。技术联盟指的是多个独立的企业在某一技术领域的合作，强调了企业之间技术上的合作，但是创新网络不仅包括了技术方面的关系，还包括了企业之间的社会关系、商业关系，以及各种交换和交流关系，由此可见，创新网络所包含的合作关系的范围远大于技术联盟。

（2）创新网络与虚拟企业。虚拟企业指的是多个企业在先进的信息技术的支撑下组成的有一定时限的动态的网络组织，形成的目的是为了对市场机遇做出快速的响应。由此可见，虚拟企业中各个企业之间的关系是一种依赖于市场机遇的关系，其共同目标是具体的，而且是有一定时限的。相比较而言，创新网络所进行的可以是具体或者不具体的系统性创新目标，由于创新网络包含了多种合作关系，因此，系统性创新的完成不会导致创新网络的解体。

（3）创新网络与战略联盟。战略联盟指的是拥有互补性关键资源的各个企业通过资源的交换而形成的网络组织。它与创新网络之间的区别主要体现在两方面：一方面，战略联盟的合作伙伴一般较少，而且合作行为一般围绕着某一个领域进行，如研发、生产等，但是对于创新网络而言，其合作伙伴有可能更多，包括了从最初设计到最终产品销售范围的合作；另一方面，在正常情况下，战略联盟是企业之间的长期合作关系，其目标主要集中在未来的战略目标。创新网络的创建可以是为了一个特定的技术创新任务，也可以为未来的技术创新，以实现战略目标的确立。

（4）创新网络与供应链。供应链指的是围绕核心企业网络组织而建立的各种合作关系，包括上游和下游企业之间的供应和需求合作关系。它与创新网络之间的区别主要体现在：供应链合作关系是建立在供求关系的基础上，创新网络中的参与者的合作关系是建立在"资源互补"的基础上；供应链的管理对象是两端为原材料的供应和产品消费所组成的一种链条，它强调的是该过程中的各种"衔接"活动，创新网络中的合作关系并不严格局限于整条生产链，更多的是强调了网络成员之间创新活动的并行性；供应链存在的目的是为了降低供货的不确定性，并降低供货的成本，因此，更多地关注供需关系的稳定性和持久性，但是创新网络更多的是为了对外部环境的各种不确定性做出迅速的反映，其合作过程具有较大的动态性。

（5）创新网络与企业集群。企业集群指的是相互独立但又具有某种联系的企业组成的集群组织。在这种联系中包含了专业分工与协作。企业集群中的分工与协作的目的是为了双方资源的互补，企业之间的长期合作关系不需要契约，更多依赖于企业之间的各种社会关系，包括信任和承诺等。创新网络常常依附于企业集群的形成，如果企业集群进行合作技术创新活动，那么也可以称之为创新网络。

2. 创新网络的特征维度

本书综合彭新敏和孙元（2011）的划分方式和本书的研究目的，根据组成创新网络的元素将创新网络划分为网络结构、网络关系、网络成员三个维度。

（1）网络结构。网络结构作为网络节点和网络关系整体的嵌入模式，是创新网络的一个重要组成部分，影响着知识流动的速度和效果。网络结构属性代表网络中节点和节点间关系的模式特点，可以使用网络密度、平均路径长度、网络中心度、规模等特征衡量。Schilling 和 Phelps（2007）研究表明具有较高集聚性和较高连通性的网络下，企业能够有效地获得创新所需的知识并且促进知识的创造，从而提升企业的创新产出。赵炎和王琦（2013）基于我国通信设备产业的样本，认为网络的小世界性加强了成员间信息扩散和流动，加强企业间的信任，有助于网络中成员创新绩效的提高。彭新敏等（2012）对浙江省208家企业的实证研究发现，网络中心位置和网络中介位置都对产品的创新绩效有着正向影响，同时这种影响受到技术战略导向和市场动态性的调节作用。

（2）网络关系。网络关系代表着创新网络中成员间的各种特定连接，是网络成员进行知识的搜索、获取、扩散的手段和途径。网络关系属性代表成员间关系的特性，可以用关系强度、关系持久度等特征来测度。Salman 和 Saives（2005）以生物企业为研究对象，认为在创新网络中，拥有大量非直接关系的企业可以接触更多的知识来源，比较容易获得创新所需要的各种信息和技能，加快企业的信息收集和处理，有利于创新绩效的提高。Capaldo（2007）通过案例研究从有效知识的获取、信任和互惠性的增强、合作伙伴的投入增加等方面分析强关系在企业创新过程中发挥的重要作用，认为在创新网络中强关系能够有效地提升其创新能力。谢洪明等（2012）对广东省高新技术企业的研究表明，关系强度对技术创新存在显著的正向影响，而企业学习能力在关系强度与技术创新之间起到不完全中介作用。

（3）网络成员。创新网络是由众多网络成员组成，这些成员包括企业、大学、科研院所等行为主体，成员之间通过合作、转让、授权等方式进行知识的获取和转移，推动自身的技术创新。网络成员属性代表了网络节点自身的特性，可以用吸收能力、开放度、创新能力、成员多样性等特征衡量。Dhanaraj 和 Parkhe（2006）认为网络中的企业通过促进知识流动性、提升组织间信任和公平以及保持网络的稳定性等手段，可以有效地提升网络整体成员的创新绩效。Nieto 等（2007）

的研究表明，创新网络中成员的多样性意味着网络中的知识来源具有多样性，增加了企业获得知识的数量和种类，使企业能够创造更多的技术和知识，扩展了企业选择技术的路径，提高了创新的新颖性。Phelps（2010）的研究表明网络多样性增加了企业获得知识的种类，有利于企业吸收能力的提升，但同样增加了企业从多样性知识中获得有用知识的成本，从而与探索性创新绩效呈倒 U 形的关系。

（三）创新网络的功能

基于对创新网络特征的分析，创新网络最大的特性在于网络成员表现出极大的丰富性和差异性，为网络内企业的创新提供了源源不断的技术和资源，同时创新网络在资金、信息、人才、知识等资源的流转方面具有促进作用，并且促进创新资源的配置效率优化，进而对创新网络内企业的创新造成不同的影响。Burt（2009）认为创新网络改变了网络内部信息与知识的传播，从而对技术的创新及其扩散产生极其重要的影响。在总结了创新网络发展因素和创新主体的关系后，盖文启（2006）主要从以下几个因素总结出创新网络的作用：文化因素、空间因素、产业因素、经济因素、公共机构与组织支撑因素。这些因素的有效协作使创新网络中的劳动力、资本、新知识、技术和思想、信息在网络中顺畅地共享、流动、扩散、创新和增值。

1. 知识共享

在创新网络发展过程中，知识共享是其最显著的一项功能。创新网络中会产生创新知识，同时，知识创新过程中会出现知识共享，知识共享是以需求拉动或供给推动的行为，具有六种显著特征：①知识创新导向；②知识隐性；③知识共享常规化；④知识边界跨越性；⑤异质资源互补性；⑥知识效应重视性。同时，在创新知识层面，知识的隐含性、嵌入性、分散性、复杂性对知识共享的影响程度均有所差异。吴悦和顾新（2012）认为创新网络发展过程中知识共享能够使其核心能力提升，而基于知识在协作过程中的重要作用和增值效应，以知识共享与创新为核心的过程是创新网络成功运行的关键因素。魏奇峰和顾新（2013）将创新网络过程界定为各利益主体之间的知识流动过程，并将该过程分为知识共享、知识创造与知识优势形成三个阶段。

2. 知识创新

知识创新概念最早由美国学者艾米顿于 1993 年提出，他认为知识创新是一种新知识、新思想的传播、应用和商业化过程。国内学者研究知识创新最早源于 1998

年，学者何传启提出知识创新是通过科学研究获得新知识的过程，包括两个方面，即科学知识创新和技术知识创新。"知识创新是为了经济和社会利益发现或创造新知识的过程，知识创新出现在知识的生产、传播和应用的全过程中。"知识创新的最终目的是追求新规律、创立新学说、探索新发现、构建新方法、形成新知识体系。之后，学者们对知识创新中的知识集成和管理作用进行研究，提出知识创新的过程体现了科学研究、技术进步与应用创新的互动关系。创新网络中的知识创新是科学研究、技术进步与应用创新演进下的一种科学产物。D'Ippolito 等（2014）分析了创造知识经济的途径和知识系统化、知识重构等问题，认为知识重构涉及在现有的企业和行业组织内新知识的形成与转换，知识系统化是出于狭隘目的，被无限构想的更为广泛的职权范围所产生的扩张效应原则的抽象和扩散。李延朋（2014）提出创新网络是核心企业和非核心企业围绕新知识再生产形成的自我强化、相互促进的稳定组织，是中国改善经济增长绩效的有效路径。

3. 知识传播

创新网络中新知识在企业间具有流动的特征，在知识流动的各个环节中出现知识传播，国内学者孙卫等（2012）提出知识传播过程中新知识的输出能力和组织学习能力与创新网络中各利益主体之间的互动性和自主性之间具有正向相关关系，组织学习能力、成员互动性、自组织性与知识转移绩效之间具有正向相关关系，而知识输出能力与知识转移绩效之间相关关系不显著。徐振洲和顾新（2013）认为目前我国推动重大知识与技术创新的前沿创新模式是创新网络，创新网络发展的过程可以视为企业和大学（或科研机构）两类异质性知识组织之间进行新知识传播的过程。

4. 知识转移

知识转移作为创新网络中一项重要功能，是发生在网络中的企业与高校在研发项目合作的过程中，换言之，新知识从知识源向知识受体转移并被吸收利用的过程。知识转移不仅包括新知识从高校或科研院所流向创新网络中的企业，同时，也包括新知识从创新网络中的企业流向高校或科研院所。知识转移是创新网络发展过程中必然会产生的功能。知识能否通畅、迅速地在大学和企业之间流动是影响创新网络能否顺利发展的关键因素。我国学者李久平等（2013）认为创新网络的本质在于创新各利益主体之间的知识整合，知识流动的效率和知识整合的绩效直接决定了创新网络的成败。国外学者 Olmos-Pefiuela 等（2014）通过小组参与研究知识转移的程度和正式知识转移活动，深入地了解创新网络发展过程中潜在的知识转移过程。Guerzoni 等（2014）认为来自大学的科学突破可以促进新产业的出现，比如生物技术的实例，在知识转移过程中，什么条件下驱动专利独创性知识，依旧需要在大学中解决该问题。

二、知识合作研究综述

（一）知识合作的内涵

未进行分享的知识仅仅只能作为个人或组织的独有资产被共同利用，因此，为了提高知识的利用效率，企业内需要有效地促进员工之间的知识共享，一些学者认为知识合作的本质是对新知识的学习。按照这一观点，知识合作可以视为是一方对另一方的施舍和奉献，但这种施舍和奉献并不是简单地将一方的信息传递给另一方（Dixon，2000）。为了有效地传递知识，知识的发送方必须帮助知识的接收方充分了解信息的内涵并帮助其将信息转化为自身的信息内容，进而发展出新的思想和行动能力（Senge，1997；Wang and Noe，2010；Lin et al.，2012），因此知识合作的外在表现形式可以被视为知识转移过程或知识共享模式。Dixon（2000）根据知识来源的集中和分散程度将知识共享的模式划分为专家模式（Expert Model）和分布式模式（Distributed Model）。前者强调专家的权威性、职位和正当性，知识传递的方式通常是自上而下的单向传递，培训或者上层理念的传递是采用专家模式分享其知识的典型例子；后者则强调群体成员之间自主性的平等共享，知识不依靠权威来认定而是以实践经验和口碑作为标准。在这一模式中，知识的走向是双向甚至多向的，实践中项目团队的内部知识交流和群组讨论是其常见的表现形式。

一些学者则更关注知识合作过程中知识的流动与变化。Hendriks（1999）认为知识合作必然涉及两个主体——知识拥有者（Knowledge Owner）和知识重建者（knowledge Reconstructor）之间的深度沟通。前者必须有合作知识的意愿作为基础并且有能力以外显（Externalization）的方式如讲解、演示或其他方式与他人沟通；后者则主要通过内化行为（Internalization）如模仿、体验、倾听或阅读等方式来认知、理解这些知识。Nonaka 和 Takeuchi（1995）在此基础上发展出著名的知识螺旋（SECI）模型，认为知识共享的过程由外在化、组合化、内在化和社会化四个步骤组成。在这一过程中，知识共享双方通过充分的互动，使知识完成从隐性知识到显性知识再到隐性知识的转换，从而实现从一方到另一方的转移（Wang et al.，2012）。

知识合作的过程观点将重点放在了对合作过程的描述和管理上，但对于知识合作意愿的形成却并未能够给出合理的解释。意愿形成对于知识合作是非常重要的，从知识市场的角度来看，知识合作在本质上可以被视为是企业间的知识市场交易，市场的参与者在付出交易成本的同时通过市场交易获得相应的收益。考虑知识的价值相对恒定，如果将知识合作收益视为一个固定值，那么知识合作管理的核心即对交易成本的管理。所有知识市场无效率的现象都能够通过交易成本加以解释。Teece 等（1997）发现支持了这一观点。他们的研究发现成功的知识合作总是与较低的知识转移成本相联系。这种转移成本既包括在知识合作过程中所产生的直接成本，如时间、精力和经济花费等，又包括由于丧失知识垄断价值而带来的间接成本。

然而，知识市场的观点并不能完全解释现实中的知识合作行为。按照这一观点，组织在进行知识合作时需要对其成本收益进行计算并理性地选择有利于自身的结果。但是，现实中以利他为目的的知识合作行为却并不鲜见。知识的无形性和模糊性也使得知识资产的交易价值很难精确地确定，从而使这种计算和权衡缺乏理性的基础。对此，一些学者认为，知识合作并不是纯粹的经济交换行为，而是具有社会交换的特征（Wang，2013）。在社会交换中，组织之间的互动关系能够对经济利益起着替代作用。组织之间的互动品质越好，经济利益在知识合作决策中的重要性就越低。

因此，知识合作决策的核心准则并非经济准则而是互惠准则。在此情况下，组织分享知识并非单纯以当前可能得到的利益作为主要考量，而是更多地出于对未来回报的预期。同时，由于未来回报可能存在的不可预见的风险，Levin 和 Cross（2004）指出，双方之间的相互信任对于知识合作关系的建立尤为重要。此外，也有一些学者从物理环境的角度强调知识合作对时间、空间和信息技术的依赖。如 Nonaka 等（2000）提出以"吧"（Ba）的形式实现组织之间空间集聚，从而促进它们之间的知识共享。企业间的知识合作是一个系统工程，应当综合考虑各方面因素的相互作用。总的说来，尽管学者们研究的出发点不同，知识合作的本质却并未改变。简单地说，知识合作即通过各种方式将知识分享给他人，从而使知识从企业独有知识变为双方乃至网络共有知识的过程。

（二）知识合作的主体及特征

知识合作的主体是企业，因为企业是市场经济组成的要素，从创新的概念来看，创新是实现生产要素和生产条件的一种新的组合，是一个从理念到产品的全过程，这个角色只有企业能够担当。企业知识形态，具有复杂性，包括企业的环境知识、市场知识、产权知识和企业管理知识等多种知识形态，同时企业知识处于变化之中，围绕着企业的产品生产、服务、工序、技术、结构、地位和相互关系而产生变化。

近年来，基于知识视角探讨产学研合作中的知识管理议题已成为研究的热点和趋势，这些研究主要聚焦于两个主题，一个是合作伙伴间知识转移问题，另一个是合作伙伴间知识共享问题。在这两个主题中，现有文献大多聚焦于企业的单向知识转移问题，而关于这一主题有两条平行的主线同时存在：一条主线是基于企业知识获取的视角，强调企业是知识获取方，探讨企业如何通过知识合作这一途径进行知识获取的机制、过程及其影响因素；另一条主线则是基于知识供给的视角，强调企业是知识的输出方，如何有效转移知识，揭示企业进行知识转移的机制、过程、影响因素等。

在上述两条主线的研究中，学者们普遍识别出了合作双方在目标、文化及其他组织属性特征方面的差异，并以双方的这些差异为基本假设，对企业间知识获取或知识转移的机制、过程、影响因素进行了大量的研究。但对于两条主线的交叉，即如何在承认彼此差异的同时最大限度地实现相关合作要素的匹配，并探讨合作双方不同合作要素的要素特征如何对知识共享及合作绩效产生影响，现有研究并没有给出系统性的解答，存在一定的研究缺口。知识共享伙伴间因组织属性、战略目标、功能定位、组织文化等差异程度不同而在知识合作过程中表现出许多复杂性。相对于地理距离和技术层面的因素，社会精神层面的因素对知识共享的影响也是很重要的。

（三）知识合作的客体及种类

随着知识经济时代的到来，知识成为企业越来越重视的关键资产。然而，什么是知识？学者们对此却未形成完全统一的认识。作为人类心智模式的外在表征，知识包含了广泛、复杂、抽象甚至模糊的内容（林东清，2005），因此促使学者们从不同的角度对它加以诠释。Nonaka 和 Takeuchi（1995）将知识定义为一种能够增加个体有效行为能力的信念。这一定义一方面认为知识是人们对客观世界的主观认识，另一方面强调知识必须是能够改善人们行为的正确认识，知识包括事实、信念、观点、判断、期望、方法论以及实用知识。按照这类观点，知识来源于基本的数据与信息，但并不仅仅停留在数据与信息的层次，还包含了人类对数据及信息的逻辑推理，因此对客观事实的忠实记录或者仅仅是简单地分类整理并不足以形成知识，只有经过使用者心智模式的诠释、思考及归纳处理后方能有真正的知识产生。Davenport 和 Prusak（1998）则将情境因素引入知识的定义当中。他们认为知识是一个流动的动态综合体，由结构化的经验、价值观、情境信息和专业视野构成，不仅可能存在于文档和知识库当中，也可能存在于例行的工作、流程、实践与规范当中。综上所述，知识是人类对客观世界的正确认识。它既可能与情境相分离，又可能依附于情境而存在，能够有效地指导人们的决策和行为。

虽然知识具有共同的特点，但根据其外显程度、存储单位等方面的不同，知识又呈现出不同的形态。为了管理者能够对不同形态的知识进行有针对性的管理，学者们从不同的角度对知识进行了分类。

1. 显性知识与隐性知识

知识的外显程度是知识分类中最常见也是最重要的分类维度之一，按照这一维度将知识分为显性知识和隐性知识。显性知识（Explicit Knowledge）能够从情境与个人心智模式中分离出来，因此是可以清楚表达的知识，即可定义、可获取的知识。人们可以通过语言、书籍、文字、数据库等编码的方式方便地对显性知识进行传播，因此对其进行知识共享也相对容易。隐性知识（Tacit Knowledge）则是嵌入在个人的经验、判断和潜意识的心智模式内的知识，具有高度的个性化，难以简单地用文字、语言或图像等编码的形式进行沟通和交流。正如 Polanyi 所说，"我们知道的比能够说出来的多得多"。隐性知识只可意会不可言传，所以对其进行知识共享较为困难。按照隐性知识所处的层面，Alavi 和 Leidner 进一步将隐性知识细分为认知型（Cognitive）隐性知识和技巧型（Technical）隐性知识。前者指存储在人类心智模式中复杂且非结构化的抽象观念。这类隐性知识主要依赖直觉与联想，难以诉诸文字表达，其传播主要依靠置身于情境之中的领悟，传播非常困难。后者则指我们传统所认为的技能和诀窍（Know-How）。这些知识理解并不困难，但却需要实践者亲身体验和反复的练习才能得以掌握，其传播主要依靠模仿和训练。

2. 个人知识与组织知识

知识的存储单位则是另一个备受关注的分类维度。按照知识所存储的单位，知识分为个人知识和非个人知识。个人层面的知识指员工拥有的技能、经验、直觉等能够被员工个人带走的知识。它内含于员工个人的头脑当中，所有权属于员工自身。个人知识的共享主要依赖于员工个人的知识共享技能与知识共享双方互动质量的高低。对于非个人层面知识的界定，学术界的观点却并不一致。不同的学者分别从"团队"（Group）、"社会"（Social）、"组织"（Organizational）等角度对非个人层面的知识进行了研究。按照一般的定义，团队是指为实现共同目标而建立的具有接近关系的个体集合。Erden 认为，从这一意义上讲，尽管"社会""组织"等概念与之存在着微妙的差异，但是却都具有集体层面的共同特性，因此他将这一类概念统一作为团队知识加以研究。组织内部的作业流程、文化以及团队的协调合作知识等都属于团队知识的范畴。此外，学术界还存在其他多种分类方式。例如，经济合作与发展组织（OECD）将知识分为事实性知识（Know-What）、原理性知识（Know-Why）、技能性知识（Know-How）、人际性知识（Know-Who）；Quinn 将知识划分为描述性知识（Declarative Knowledge）、程序性知识（Procedural Knowledge）、因果性知识（Causal Knowledge）、情境性知识（Specific Contextual Knowledge）和关系性知识（Relational Knowledge）。不过这些分类方式要么从本质上具有很强的相似性，要么与本书的主题联系不够紧密，因此不再详细阐述。

三、企业间要素特征研究综述

企业间要素特征可以从异质性和要素特征两个视角出发进行研究，合作主体间要素的异质性是客观存在的，因此在知识合作关系的全过程中，必然会表现出在目标、文化、资源和能力等方面的差异化与协同性，为了更好地说明和解释企业间合作要素的特征对于合作关系以及合作绩效的影响，以下将对合作要素的异质性特征和要素特征分别进行阐述。

（一）企业间要素的异质性特征

企业间要素的差异性是客观存在，正是这种差异性才能使企业获得多样性和互补性的资源，如果差异太大则会增加合作成本，造成合作创新绩效低下等问题。Parkhe（1991）发现合作主体间的国家背景异质性、社会文化异质性、战略方向异质性、企业文化异质性均与联盟持久性负相关，企业可以通过构建一系列合作机制和引入调节因素来减弱异质性对联盟关系的负面影响。Corsaro 等（2012）将合作主体间要素异质性特征维度划分为知识基础异质性、能力异质性、合作目标异质性、观念异质性、关系位势异质性以及文化异质性六个维度，并构建了这六个维度与合作绩效的关系模型，认为这六个维度通过相互影响、相互作用对合作绩效产生影响。

知识合作主体是复杂的社会组织，其各自具有的异质性要素会增加主体间相互合作的难度，如增加谈判难度和沟通成本，甚至破坏合作关系。关于主体异质性特征对合作关系以及合作绩效影响的研究也取得了一定的成果。①关于知识合作主体异质性特征对合作关系的影响。学者们普遍认为主体异质性对于合作关系的作用路径主要是通过影响合作行为实现的，如 Parkhe（1991）研究发现合作主体的异质性表现为战略异质性，而目标、目的和行为宽度是构成战略异质性的主要因素，合作主体异质性会对组织学习行为产生影响进而影响合作关系。Cobena 等（2016）发现合作主体的多样性是通过影响资源互补的传导机制对企业的合作行为产生影响。②关于合作主体异质性特征对合作创新绩效的影响。创新绩效也可以理解为合作效率及效果，合作主体异质性对合作创新绩效有影响的观点是得到普遍认同的，但是具体的作用机理却没有形成定论。合作主体在不同的动因、不同的文化、不同的知识基础、不同的能力情形下参与合作会带来不同的合作绩效。Rodan 和 Galunic（2004）研究发现，主体异质性正向影响合作绩效，因为异质性特征有利于合作中集体物品的自发供给。倪旭东和薛宪方（2013）以及 Gong 等（2014）都在前人研究的基础上认为，合作主体本身的异质性特征会对合作能力产生负向影响，进而与合作绩效也呈负相关关系，原因在于主体异质性不利于群体行动。还有学者认为合作主体的异质性特征对合作绩效的影响呈现倒 U 形（Keser and Winden，2000；王颖和彭灿，2011；王兴元和姬志恒，2013）。

（二）企业间要素的匹配性特征

要素特征最早被运用于配偶选择和人力资源市场人才与工作的双边匹配，因此在人力资源管理、战略管理、战略联盟等领域的文献之中常常被提及。学者Evans（1963）认为合作主体的相似性对于合作态度、合作意愿以及合作产出产生积极的影响，因为合作主体间的相似性会提高彼此相互吸引的程度，这也就是最早提出的"相似性假说"。Powell 等（1996）研究发现，相似的文化和解决问题的观念有利于合作主体间合作关系的建立和维持，因为观念相似有助于主体间的沟通和互动。Emden 和 Droge（2006）研究发现，合作主体间价值观和国家文化相似更加有利于克服冲突，帮助建立合作关系。

纵观要素特征内涵的研究历程，主要分为两个研究视角。

第一个研究视角：从创新网络、联盟或者是价值链的单个焦点企业出发考察其对于知识合作过程中要素特征的要求。Sorenson 和 Stuart（2001）研究认为企业会关注合作的另一方与自己的地理邻近性，Hallen（2008）认为企业会关注对方的网络地位和合作声誉的相近性，Mitsuhashi 和 Greve（2009）、Dush-nitsky 和 Shaver（2009）、Diestre 和 Rajagopalan（2012）研究认为焦点企业会关注与合作伙伴之间在知识基础方面的重叠性包括技术知识和市场知识方面的重叠。关于从某一单个焦点企业出发考察的企业间要素特征的内涵都是基于焦点企业和合作伙伴现有状态和偏好相对一致的假设。随着研究的逐渐深入，关于异质性要素匹配的研究视角逐渐从单一组织内部扩展到外部，但是视角仍然受限，只是从单一组织的外部资源获取角度考察某一单个组织与合作伙伴的合作要素如资源、技术、文化和目标等现有状态的匹配问题。

第二个研究视角：从两个合作组织双向选择建立合作关系的对偶视角来研究知识合作要素的特征。Kwon（2007）在研究中将组织间的合作关系形象地比喻为婚姻关系。显然，结婚对象之间要素的特征对于建立婚姻关系和后续婚姻关系维系以及婚姻质量有很重要的影响。同理，合作双方的合作要素如双方的能力、资源、战略、文化等方面的相似性、契合性、协同性对于合作关系能否建立和维系、合作的效率和效果以及合作绩效会产生关键的影响。在双向对偶匹配视角的研究历程中，学者们主要从合作伙伴间的要素特征包括 Gulati 和 Gargiulo（1999）认为的以前的合作关系、Rothaermel 和 Boeker（2008）认为的资源相似性与互补性、Ahuja（2000）认为的网络中结构位置的相似性以及 Reuer 和 Lahiri（2014）认为的地理邻近性等方面来解释要素特征的内涵。

创新网络内知识合作主体间的异质性特征是客观存在的，关于主体间异质性对于合作创新的影响已经有大量成熟的研究，合作的目的重在克服差异性带来的弊端，实现合作共赢的局面，刘克寅和汤临佳（2016）发现合作创新中异质性要素匹配对合作绩效的影响更为显著。所以异质性要素匹配度才是重要的研究视角，即本书从合作主体之间异质性要素特征的视角对知识合作影响进行研究，要素特征不是说取消差异，使合作伙伴趋同，匹配是为了求同存异，提升合作效率。现有大多数研究强调合作伙伴之间的特征及要素的差异性会带来探索式创新绩效的提升，而相似性、同质化或者要素特征的视角认为会带来知识冗余或者重叠。在创新网络企业间知识合作情境中，虽然合作主体在组织性质、目标考核、组织文化、资源能力等要素差异很大，但知识合作本身是企业与外部知识资源互动与重新整合的过程，通过对于重复性知识和差异化知识不断重新构建创造出新的知识，这是"存异求同"的协同过程。因此，过度强调差异性并不能客观反映知识合作的实际情况，应该在差异化基础上力求能为合作组织共同利用和创新。此外，合作创新中的知识并不是只从知识发送方到知识接收方的单向传播或转移，各个参与主体均能在原有知识资源重新整合的基础上创造出新的有价值的知识，这种双向互动的知识传播和共享将对合作绩效起关键作用（Simonin，1999）。

本书主要从企业与合作企业双向对偶视角出发来考察要素特征情形下企业间知识合作要素对合作关系进而对合作绩效的作用机理。由于企业和伙伴企业之间本身具有不同的目标定位和文化背景，在彼此间的合作关系中发现平衡，实现合作伙伴间在目标、文化、资源、能力等知识合作要素中的互补、兼容和契合是至关重要的，这样才能创造合作共赢的局面。因而，本书将企业间要素特征界定为：创新网络内企业合作伙伴之间在网络合作创新中表现出的资源、目标、文化、能力等要素所具备的适配状态。

四、创新网络内企业间知识合作研究综述

（一）创新网络内企业间知识合作动因

从创新网络出发，企业为了能在市场中建立较强的竞争优势，就需要与网络内的企业进行合作，合理分配资源，对外统一整合销售，在网络内建立起较强的信任关系，而这种信任关系的建立会因区域优势比网络外企业合作更容易、更牢固。这样整个创新网络会形成强大的竞争优势，产生规模经济和范围经济，从而提升整个创新网络的经济效益。从网络内企业视角看，网络内企业自身在人力资

源、财力、社会网络关系等方面存在着差异，进而导致了竞争能力的差异，企业为了提升自己的竞争优势会与其他企业进行合作，实现优势互补、资源共享，激烈的市场竞争则加速了企业间合作的开展，传统的恶性竞争模式已被企业间的良性竞争关系所取代。

1. 资源共享和优势互补需要合作

从创新网络视角看，网络内的整体资源具有稀缺性，对资源的开发具有重叠部分，即网络内企业的生态位都具有不同程度的重叠现象，网络为了更好地利用重叠资源以获取更大利润，必然会采取让企业合作的措施对资源进行有序开发利用，达到双赢或者多赢，避免恶性竞争造成的鱼死网破局面。从网络企业视角看，任何企业所拥有的资源禀赋都是有限的，因此企业必须将主要精力集中在具有竞争优势的核心业务上。网络内专业化分工为企业聚焦核心业务提供了基础，网络内企业间的特殊信任关系有利于企业间建立长期的合作关系，通过网络企业间的积极合作，将本企业的资源、能力与合作企业的资源、能力有机联系起来，充分整合资源，寻求资源的互补性，创造协同效应，从而提升网络的整体效益及其竞争力；同时，可以使企业生态位之间的重叠部分有序分配、和谐发展，不至于出现生态位排斥现象。

2. 对外市场竞争需要合作

在全球经济一体化的今天，网络信息、科学技术迅猛发展，市场需求更加多样化、个性化，及时掌握市场需求动向才能保证企业获取市场参与的资质。企业的竞争不仅仅局限于网络内的临近企业，更具挑战的是网络外大型集团企业带来的威胁，所以，网络企业必须打破单兵作战思路，采取合作，形成一个"命运共同体"，创建具有特色的、具有竞争优势的网络品牌，只有这样，才能和大型集团企业进行竞争。在一些龙头企业主导的网络中，龙头企业可能自恃品牌优势及较强的技术创新能力，认为不需要与行业内企业进行合作互动，然而这种优势只是暂时的，要想获得持续的竞争优势，企业间需要合作，毕竟单个企业具备完全竞争优势的时代已然逝去。

3. 规模经济的形成需要合作

马歇尔提出产业区理论时指出，工业聚集在产业区内的最根本原因在于获取外部规模经济。资源的有限性使企业只能专注于产品生产链中的一个或几个环节，无法形成产品的规模经济，而网络内发达的专业化分工以及丰富的专业人力资源保障了企业产品上游环节的供应以及下游环节的需求，通过企业联合实行统一的合作生产与推广，从而实现产品的规模经济效应，使产品整体的生产成本降低，而网络内知识信息的共享以及集体学习氛围加速了规模经济效应的形成。

4. 协调合作节约社会成本

网络企业间由于地理上的临近以及业务上的需要，会通过正式或非正式的组织和人员沟通建立起特殊的信任关系，而这些是网络外部企业无法模仿的。这些社会关系以及社会网络会因企业间合作的频繁而加强，较大程度降低企业成本，节约资本。网络内专业化的细致分工使企业可以集中精力于某一方面，从而大大减少了在技术创新与新产品开发方面的投资；同时，一个核心企业可以有多个供应商，一个企业可以为不同的核心企业配套生产，这种规模经济性降低了企业生产成本。网络内企业与企业之间的合作，企业以及与政府、大学、研究机构、行业协会之间形成的知识合作，能使创新网络具有区域竞争优势，各个机构亦能从中获利，因此相互必然会选择信任，采取长期合作，长期的信任合作关系降低了合作成本，进而节约了社会成本。

5. 创新需要合作

网络内企业间的垂直合作能整合企业资源，实现产品的统一生产与推广，实现规模经济；然而要提升产品在整个市场上的竞争力，技术耦合程度较高的竞争企业间的水平合作尤为重要。完全损人利己的经济时代已经过去，企业为了竞争必须合作，创新是企业立于不败之地的源泉。网络内特殊的信任关系有利于企业间的联合创新，企业通过合作实现资源共享及优势互补，合作过程中人员的频繁交往、知识信息的共享有助于知识积累和知识创新，进而可能实现产品的创新，重新获取企业的市场竞争优势。

（二）创新网络内企业间知识合作过程

Liao 和 Hu（2007）认为组织间知识转移是一个组织向另一组织学习的过程。Bapuji 和 Crossan（2004）将组织间知识转移分为同业学习（Congenital Learning）和错位学习（Vicarious Learning）：同业学习是指向相同行业的企业进行学习，而错位学习是指向不同行业的企业进行学习。Wijk 等（2008）则认为组织间知识转移是一个组织的执行者接收其他组织的知识和经验并进行内部化的过程。Argote 和 Ingram（2000）则将组织间的知识转移定义为知识被刻意地由一个组织向另一组织进行转移的活动和程序。知识转移在国内同样受到了众多学者的重视，他们从各自研究的角度对知识转移的内涵进行了界定。许晖等（2015）认为知识转移是知识在主体之间流动的过程或是对知识处理的某种机制；左美云（2006）、左亮亮等（2010）则借鉴物理学的势能理论，对知识转移概念进行了界定，他们认为知识转移是从知识势能高的主体向知识势能低的主体流动的过程。尤天慧和李飞飞（2010）则将知识转移定义为将具有价值的知识进行扩散、复制和共享的过程，其目的是把经过实践证明有效的知识在不同的环境中进行应用，提高知识的应用规模，从而提高组织绩效。国内文献与国外文献关于知识转移最大的区别在于，国内学者对组织间和组织内知识转移的区分主要在于研究对象的区别。例如，以企业内部部门之间的知识转移为研究对象则称之为组织内知识转移，以企业之间的知识转移为对象则称之为组织间知识转移。李靖华和常晓然（2013）在对43篇国内知识转移相关文献进行分析时，并未对组织内和组织间的知识转移加以区分；国外学者则对个人间、组织内和组织间知识转移的界定较为清晰。过去学者和实践者热衷于研究组织内知识转移（Grant，1991），但由于受到内部人才与资源限制，组织内知识对企业竞争力的贡献越来越有限（Santoro and Chakrabarti，2002；Parkhe，1993），于是他们逐渐将目光转向了组织间知识转移。组织间知识转移既包含了个体间的知识转移又包含组织内的知识转移，因此，组织间知识转移是最为复杂的知识转移类型，其成功与否对企业能否建立自己的竞争优势有着深远影响。鉴于此，组织间知识转移是最受理论界、实践界关注的知识转移类型。

由于本书的研究对象是企业之间的知识合作，因此属于组织间知识转移的范畴。结合 Szulanski（1996）、Wijk 等（2008）、Argote 和 Ingram（2000）对知识转移的概念界定，本书认为知识转移是知识源将成熟的知识向吸收方进行转移并将其内化的过程。Albino 等（1998）认为知识是按照知识创造者意图进行排列并承载一定功能的信息综合体，它具有结构性、程序性和功能性三个特性。知识转移也就是知识源所拥有的信息综合体被吸收方获取的过程。他们进一步剖析该过程后，认为知识转移过程包括信息系统（Information System）和解读系统（Interpretative System）两大部分。第一部分主要是信息的传递，而第二部分则包括获取、沟通、应用、接受和消化五个环节（见图2-1）。

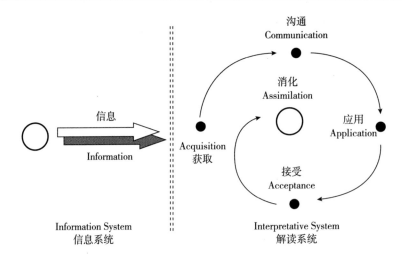

图 2-1 知识转移过程

资料来源：Albino V，Garavelli A C，Schiuma G. Knowledge Transfer and Inter-firm-Relationships in Indus-trial Districts：The Role of the Leader Firm ［J］. Technovation，1998，19（1）：53-63.

我国学者张睿和于渤（2009）在 Albino 等（1998）的基础上提出知识转移由初始因素、知识转移准备、知识转移实施和知识转移效果四个环节构成。其中，初始环节包括知识源知识转移能力、知识接收方吸收能力和信息对称；这些因素相互作用推动知识转移进入知识转移准备环节，这一环节包括知识识别和转移投入；当吸收方确认知识价值后开始进行大规模投入，会促使知识转移进入知识转移实施环节；最后阶段是产生知识转移效果的环节。具体过程如图 2-2 所示。

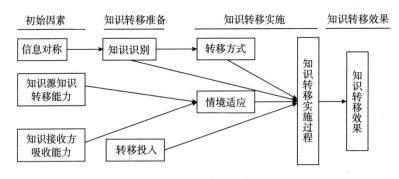

图 2-2 知识转移路径图

资料来源：张睿，于渤. 技术联盟组织知识转移影响因素路径检验 ［J］. 科研管理，2009（1）：37-38.

根据以往学者的研究结论，本书总结出适应于本书研究思路的知识合作过程，如图2-3所示。

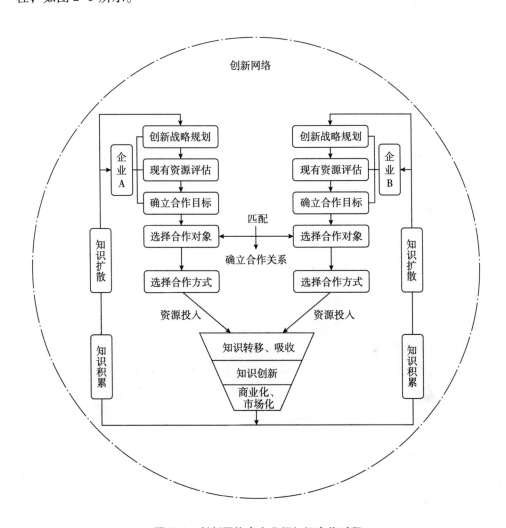

图2-3　创新网络内企业间知识合作过程

第一，确定知识合作的目标。企业依照自身的知识基础，明确自身的知识缺口和知识差异进行知识战略规划，根据预定知识战略愿景，确定目标知识的需求量和合作动机的选择，匹配战略规划。中高层管理者必须对企业战略及知识战略间相互联系进行详细理解和评价。

第二，选择合适的合作伙伴。企业的管理者应依据建立的合作目标，明确所需的新知识与企业已有核心知识、技能之间的联结性、相关性、兼容性、要素特征，确定或者选择适合的合作伙伴展开知识合作项目，评估合作伙伴的知识。

第三，搭建合作平台。企业间知识合作过程中需要对双方合作内容具体分析，在动态变化的环境下，任何一个组织都要有随时调整的情况。在企业间的实际合作过程中，知识黏性会对合作产生影响。同时，企业的制度环境、组织文化等也会对合作方式的选择和合作关系的建立产生影响。如双方企业的技术知识、市场知识等出现知识溢出或者知识重叠部分时，合作成功的可能性会很大，因为合作双方拥有相同的技术知识、市场知识等，会提升现有应用知识的能力，增强彼此所需的创新能力。但是，基于这些知识溢出或知识重叠部分的存在，合作双方会发生潜在的负向影响，如冲突或竞争加剧。因此，企业在确定合作伙伴的同时应该更加明确合作伙伴的要素特征以及选择适宜的合作方式。

第四，新知识、新技术的创造过程。即企业间设计和实施知识合作项目的过程，双方各自投入专业知识，通过知识共享、知识获取及知识转移取得新知识的创新。

第五，合作双方对新知识的吸收。企业相互之间对新知识进行消化、同化和转化，从而存储和累积企业知识，提升企业现存知识基础的水平，有助于企业强化自身的竞争力。

创新网络内知识合作过程的界定为本书后续数理分析和实证分析的双向研究视角奠定基础，本书所指的知识合作过程包括知识发送方的知识转移过程，也包括知识接收方的知识吸收和学习过程，即这一双向互动过程中企业间的知识合作关系演化以及要素特征对知识合作关系的影响。

（三）创新网络内企业间知识合作关系

创新网络内知识合作关系是指合作主体之间由于合作创新而建立起来的彼此进行资源交换和信息交流的一种关系，主体间关系是不同行为者间为了一定目标而达成的一种长期安排方式，即利益相关者在目标约束下，相互作用而建立的关系网络的限度与范围（曹霞和宋琪，2016）。组织间合作关系被认为是组织间的持续联结、资源互动过程、对伙伴行为方式的认可等（吴国斌等，2015）。从社会心理学的角度，知识合作从本质上而言也属于社会网络关系的范畴。Uzzi（1997）和邬爱其（2006）认为合作双方的关系特征包括关系强度及其质量对合作效果存在重要影响作用，关系强度主要是指知识合作中企业间关系的紧密程度，主要通过沟通频率、资源投入以及沟通范围来描述，而关系质量则是指知识合作中的企业间关系的稳定性关系强度较高的知识合作有利于增进双方的互信度和忠诚度，减少双方合作内部的冲突，以及知识转移外部的不确定性。关系质量方面，双方表现较稳定的关系时，企业将对后期的继续合作充满积极预期，加大合作关系的投入，进行更好的知识转移。本书引入"合作关系质量"和"合作关系强度"概念衡量知识合作主体间关系。

1. 合作关系质量

关系质量是指主体根据一定标准，对于互动关系满足各自需求程度的联合认知评价。杨水利等（2008）将关系质量定义为合作企业之间一种利益共享、风险共担的长期的、稳定的合作伙伴关系。姚作为（2005）认为，关系质量是指能够增加企业提供物的价值，增强关系各方的信任与承诺，维持长久关系的一组无形利益。关系质量是企业与其他企业建立网络联盟关系，是相互信任、相互承诺、相互沟通与尊重的程度（Gulati et al. , 2011；Kale and Singh, 2009）。另外，有的学者把伙伴关系认为是一种契约关系，是通过协议达到共担风险、信息与利益共享的目的同时提升联盟竞争力，创造联盟绩效的关系。

关于创新网络背景下企业间的知识合作关系，Coleman（1994）从交易成本、政治经济学、经济社会学、社会交换和资源依赖等理论框架解释创新网络内企业间的关系质量。

资源依赖理论的一个主要含义是将依赖和不确定性确定为企业间关系形成的关键前因变量。形成紧密的长期关系是建立合作机制、减少不确定性和管理依赖性的一种手段。Uzzi（1997）也断言，信任关系的驱动因素之一是契约的连续性，这与长期履行承诺的稳定过程相关。沟通是企业间通过正式的和非正式的方式，分享有意义和及时的信息的过程（Anderson and Narus, 1990）。频繁和及时的沟通非常重要，因为它有助于解决纠纷并协调观念和期望。良好的伙伴关系进行生产合作时，交流新产品或流程和价格方面不断变化的信息，既可以降低产品成本，又可以促进产品或流程的创新。伙伴关系不是单独存在的，是存在于企业与企业、企业与人员之间的关系网络，是一个包括信息共享、财富地位、人情世故和资源技术能力的集合体（Granovette, 1973），关系质量的有效利用可以促进组织间技术和知识的快速转移，进而促进组织关系的健康稳定发展（Collins and Hitt, 2006）。国内学者潘文安和张红（2006）实证分析了创新网络内企业间伙伴关系、整合能力和合作绩效之间的关系，研究得出创新网络内企业间伙伴关系对整合能力和合作绩效均有显著影响，且创新网络伙伴关系通过整合能力影响合作绩效高于其直接影响合作绩效。关系质量反映了企业之间相互信任、友好合作、互相尊敬和谅解。在企业战略联盟层次上，关系质量团体通过相互信任、相互承诺、互惠互利以及专用性资产投资等组成的资源，其核心是信任。宝贡敏和王庆喜（2007）认为，关系质量包括信任和承诺两个重要的内容，关系质量是一种积极的社会群体性心理因素，这种心理因素可提高联盟绩效。企业在创新网络中建立信任关系，可简化合作信用评估环节，使交易成本降低，促进企业高效地运转。承诺代表一种稳定的伙伴关系意愿，严格履行彼此间的承诺直接影响协同行为更加深入融合。合作企业间的沟通主要体现在沟通方式和互动程度（解学梅等，2014），有效的沟通方式和积极的互动可增加协同创新的活性。

目前由于创新网络中企业间关系类型各不相同的原因，学者对于关系质量的认识不太统一，但关系质量是一个重要的研究领域，基于构建的相关理论框架可知，创新网络关系质量是指创新网络伙伴在长期的合作关系中形成的交互环境，并对未来行为选择产生潜在依赖的程度。关系质量实现企业间交互过程的结果包括短期交易行为和长期交易行为，长期的关系行为更加印证了伙伴间关系质量对创新网络的持续影响。创新网络合作伙伴关系质量是影响创新网络绩效的重要因素（Guard et al.，2011）。良好的合作伙伴关系质量是稳定关系的基础，它能保证关系的连续性，能使创新网络上企业间信任彼此，因此会提升创新网络绩效。伙伴关系把合作业务的关键节点连接起来，考虑降低交易成本、交互有效性和需求满足，形成紧密的战略合作联盟，促进企业合作管理的创新，变革组织间的管理方式和组织结构。

综上所述，关系质量及其各维度可以确保合作关系的稳定性，沟通是关系维系的黏合剂，信任是关系建立的枢纽，承诺是关系纽带的最高阶段，并对企业乃至创新网络绩效有积极影响。合作伙伴间高水平的关系质量可以创造合作价值，稳定的伙伴关系，并且会降低成本，获得更高的收益。但学术界对于创新网络内合作伙伴间的关系质量与合作创新绩效的影响关系尚未达成一致意见，由此有必要分析它们之间的影响机理。

2. 合作关系强度

关系理论主要从二元（双方）关系与多元（网络）关系两个角度进行研究（Wijk et al.，2008）。二元（双方）关系是指知识转移双方之间的连接模式和形态，这种转移仅仅发生在双方之间的一对一关系（Granovetter，1973；Levin and

Cross，2004）。然而多元关系则是由无数组织构成的网络，任何组织都是关系网络中的一个节点，并通过知识转移嵌入关系网络中（Reagans and Mcevily，2003；Tsai，2001）。因此，多元关系是一个组织同时与多个组织存在关系，是一对多的关系（Burt，2009；Ahuja，2000）。无论是二元关系还是多元关系都强调关系强度的重要性（Levin and Cross，2004；Powell et al.，1996）。由于二元关系是多元关系的基础（Reagans and Mcevily，2003），在研究中受到更多学者的关注，也有一部分学者按照关系的性质对其进行划分。例如，Inkpen 和 Tsang（2005）、Reagans 和 Mcevily（2003）认为关系可以分为正式关系和非正式关系，正式关系主要是在工作层面上建立的关系；非正式关系是在日常交往过程中建立的一种工作之外的个人关系。关系强度是一个综合概念，需要通过其他特征变量才能表现出来，如果关系强度产生变化。这些特征变量随之变化。本书将这类特征的变量纳入关系强度型前因范畴：①信任。Levin 和 Cross（2004）认为信任可以分为品行信任和能力信任，而紧密的双方关系可以增加双方品行信任与能力信任的程度。高度的品行信任可以创造良好的氛围，更有利于吸收方顺利地获取知识；高度的能力信任可以使吸收方更愿意倾听、接受并采取实际行动响应知识源的建议，进而推动知识转移的顺利进行（Dhanaraj et al.，2004；Zhao and Lavin，2012）。②凝聚力。Reagans 和 Mcevily（2003）认为紧密的双方关系可以提升双方的凝聚力，增强双方合作的意愿和动机，从而可以使知识源愿意投入更多时间和精力（Mansfield，1998；Tortoriello et al.，2012）。③共同愿景。关系强度高的双方更容易在追求未来目标过程中产生共同愿景，而共同愿景可以促进双方的相互理解，减少矛盾，增进知识转移双方的关系强度（Wijk et al.，2008）。④关系体制。研究发现双方选择在何种情景或体制下进行知识转移将对知识转移双方行为产生影响（Simonin，1999；Minbaeva，2005）。例如，在联盟体制下进行知识转移双方有更大的行动自由，很难进行统一管理，这种松散的体制将不利于隐性知识的转移（Simonin，1999）；然而在母子公司体制下，受到公司制度的约束，子公司是在母公司的控制之下形成了一种紧密关系，这将更有利于隐性知识的传递（Minbaeva，2005；Demirbag and Mirza，2000）。

在创新合作中，双方关系是知识转移得以实现的重要前提条件，其对企业间知识转移的作用机理主要通过影响转移意愿和转移难度（Hansen，1999）来进行。从转移意愿方面来看，当企业之间的关系强度较强时，彼此将会自觉完整地履行合同义务，而不会因为对方的弱势而进行投机行为，这种良好的心理状态有助于知识源更好地进行知识转移。另外，强程度的关系强度往往也暗示着双方的良好合作关系和融洽的氛围，进而形成对未来进行社会交换的潜在预期，并深化双方进一步展开更多领域和更深层次合作的意愿。

根据社会交换理论的观点，当知识合作参与主体感到较高的预期交换价值时，出于互惠互利的原则，它也会选择对合作方提供更多的知识和技术以完成社会交换。所以，关系强度能够通过调节投机主义风险和预期的合作收益来影响转移意愿对知识转移的影响作用。另外，较强程度的关系强度有利于增强企业间对于对方知识有用性的信心，而此种心理也将促使其更加愿意学习对方所转移的知识（Inkpen and Tsang，2005）。从知识转移难易度方面来看，由于较强关系强度能够有效降低知识合作主体对投机行为的担心（Gulati，1998），促使他们增加沟通的频率和渠道，提升双方沟通交流的广度及深度，进而在客观上拓宽信息传递的渠道，减少知识转移成本（Szulanski and Jensen，2004）。合作双方之间如果拥有很高的相互认同度，换言之，双方关系强度很强，不管从双方官方的频繁交流还是技术研发人员之间的正式或者非正式交流都异常频繁，而且还逐渐形成了稳定持久的合作关系。另外，只有当企业间关系强度较强的时候，才能形成相互信任的氛围，企业才会更加愿意完成对方知识的转移。知识合作伙伴的关系强度能够增加双方的互信度，提高双方知识合作意愿。

借鉴以往学者关于关系质量和关系强度的阐述以及本书研究的视角，本书所指的合作关系质量是指创新网络伙伴间在合作关系中形成交互环境，并对未来行为选择产生潜在依赖的程度，以及合作关系稳定性和连续性。合作关系强度指的是创新网络合作企业间交流的频繁程度，愿意投入更多的资源和精力维护合作关系，形成融洽的氛围和较高的相互认同度，降低机会主义行为的发生。

（四）创新网络内企业间知识合作绩效

企业间展开了广泛的知识合作创新活动，其目的是获取较高的合作创新绩效。合作创新绩效是企业提升核心竞争力的表现，也是创新活动顺利实施的效果评价。合作创新绩效目标的实现是每个参与合作的企业所追求的价值。同时，在转型升级时期，大量的中国企业面临转型升级的压力，其核心问题就是如何提高企业的合作创新绩效。因此，作为创新活动的一种类型，企业间知识合作创新对合作创新绩效产生哪些因素的影响、影响程度如何、它们之间存在哪些因果关系等这一系列问题亟待解决。

1. 知识合作绩效的内涵

企业参与合作创新产生的绩效主要表现在四个方面：一是企业内部。企业通过合作提高了企业的技术创新绩效。二是企业外部。企业通过合作提高了企业的管理创新绩效。三是市场外部。企业在市场上的占有率、竞争优势得到良好的提升。四是企业的利润得以提高，表现在企业的财务创新绩效有所提高。技术创新绩效表现为企业通过合作在工艺流程、生产方式、产品和服务等方面使企业的生产更为先进。企业的技术创新绩效需要从新产品创新以及工艺创新两个角度体现。企业间通过合作获取知识提升企业技术创新绩效，其表现在新产品研发数量、新工艺技术及引入全新技术等；管理创新绩效包括企业的战略、管理流程、制度、人力资源等得到改善。在企业内部有多种形式可以表现，如新的管理流程、新的战略路线及新的组织架构等。这些创新一般集中在专业产品及服务创造行业，企业之间创新内容存在较大差异；市场创新绩效表现为企业在市场上的占有率、企业的竞争力得到提升。市场创新绩效是企业拓宽市场规模进而放大企业的市场效应等效果；财务创新绩效通过企业的创新使企业的财务状况不断得到改善，企业的收入提高、企业的利润提高等。合作创新一方面使企业降低知识技术更新的研发成本，另一方面缩短技术知识研发时间及减小技术更新的周期。

2. 合作绩效的影响因素

部分学者在对合作创新理论研究的基础上，进一步提出对合作创新的实证分析，并希望从中探析合作创新绩效的影响因素与约束条件。本书认为，在分析合作创新影响因素时，既要考虑单个企业主体因素，又要考虑企业与企业之间的关系，还需从网络视角进行整体分析。因此，本书在系统整理和归纳已有合作创新相关研究的理论基础上，从企业层面、企业间层面以及网络层面分析合作创新影响因素。

（1）企业层面影响因素分析。根据已有研究，企业层面影响合作创新的因素主要是企业的能力（如创新搜索能力、技术能力、网络能力和吸收能力等）以及合作伙伴特征。Kaufman 等（2015）探讨了技术、合作、创新三者之间的关系，研究表明技术水平越高的企业，越容易与外部网络形成合作关系。Bougrain 和 Haudeville（2002）在此基础上，发现企业研发能力的高低不仅关系合作创新本身的关系强弱，还关系企业合作创新绩效的提升水平。汪孟艳（2012）认为研发实力强的企业，其外部依赖性越低，从而有利于减少机会主义行为和关系成本给企业带来的风险。

搜索能力是企业合作创新的一个重要影响因素，它分为外部搜索和内部搜索。相较于内部搜索能力，对外部环境中的知识进行搜索的能力更为重要，外部搜索能力有助于企业获取异质性知识以及关键性知识，管理与外部组织之间的联结关系，并通过吸收、消化、整合而服务于合作创新。殷俊杰和邵云飞（2017）研究发现创新搜索在联盟资源向企业创新绩效转化的过程中起到了关键作用，能够显著调节伙伴多样性与创新绩效之间的关系。在联盟资源转化为企业创新绩效的过程中，创新搜索强度在一定程度上能够改善转化的效率。

孙永磊等（2014）利用战略新兴产业的数据，实证分析发现：适度探索能力与利用能力都有助于提升合作创新绩效，利用能力和探索能力的交互均衡和不均衡都会增强企业的竞争优势；企业需要合理利用探索能力和利用能力，获取外部网络的互补性创新资源，从而提升企业的合作创新绩效。朱秀梅等（2010）将网络能力分为组合资源能力和动态部署资源的能力，它可以有效克服资源约束，获取网络外部资源，提升企业的创新绩效能力。但是，沙振权和周飞（2012）通过实证分析发现：企业网络能力本身并不会对合作创新绩效产生影响，而是需要在网络结构和吸收能力的帮助下，才会对合作创新绩效产生显著影响。吸收能力是对外部新知识的价值进行识别，然后吸收消化，并最终实现商业化的目的。大量研究表明，企业的合作创新绩效与吸收能力之间关系密切。例如，Lichtenthaler（2009）认为，对知识能力的持续投资，并将之吸收转化，有利于企业适应动态环境下的市场变化和技术革新，即吸收能力越强的企业，企业的合作创新所得到的绩效产出越大。Tsai（2009）实证研究发现，吸收能力正向影响企业创新绩效，企业吸收能力越强，越容易获取外部网络知识和资源，且对获取的知识和资源越能有效进行吸收和内化为自身的资源，从而提升企业的技术研发能力，加速产品的更新迭代速度，满足消费者不断提升的顾客价值。

此外，合作伙伴的特性也会在很大程度上影响合作创新。例如，Mora - Valentin 等（2004）、Lhuillery 和 Pfister（2009）研究证实，与信誉程度较高的企业进行合作，可以有效降低企业合作创新所带来的成本和失败风险。Petersen 等（2005）考察了经济实力、供应商的可信度、供应商的能力与合作创新之间的关系，研究发现，它们呈现正向关系，且研发新产品的程度和时间对它们起调节作用。Okamuro（2007）的研究显示，在合作网络中，网络中节点的行业性质与数量都会显著影响合作创新的绩效。

（2）企业间层面影响因素分析。企业若想有效获取合作创新绩效，必须将联盟网络成员中不同的异质性知识进行消化、吸收，并在此基础上整合成企业自身的新知识属性。即使企业成功地构建了联盟组织，但由于个体联盟成员之间存在的机会主义行为，仍会无视联盟的共同目的而隐藏自己的知识和资源。在这种情况下，为使合作创新的目标有效成功，联盟成员之间必须建立有效的沟通机制，并采取措施，实现联盟成员之间的彼此信任。因此，信任作为一种非正式治理机制，能够协调企业行为，降低交易成本，构建彼此沟通机制，并在很大程度上增加知识转移量，从而使联盟成员之间实现知识和资源的共享，促进他们之间的合作创新绩效。

Dhanaraj 等（2004）划分了隐性知识和显性知识，并指出信任有助于合作伙伴间内外两种知识的转移。在信任的基础之上，联盟伙伴之间彼此对知识进行共享，并将企业自身知识属性与组织特征相融合，提升合作创新的互补性与独特性。Fawcett 等（2012）认为合作创新建立的基础是信任，若联盟成员之间彼此不信任，合作联盟的目的也将难以实现，并据此提出信任的动态系统模型，以期对合作行为、创新绩效进行解释。

Lavie 等（2012）通过对 420 家联盟企业的实证研究发现，紧密联结有助于加强组织间的协作效率进而提升合作绩效。因此企业在选择自己的联盟伙伴时，需要与伙伴进行充分的互动交流，构建联盟成员之间的信任基础（李林蔚和郑志清，2013），从而减少双方合作沟通中的阻碍，推动伙伴分享资源的意愿，提高知识共享程度、提升知识整合价值以及加强知识互补频率，从而促进企业与联盟伙伴间的创新绩效。

Mora-Valentin 等（2004）指出，除了信任之外，合作创新还需要关注承诺、交流、冲突和依赖等重要的组织因素。企业间的文化特征、制度特征以及制度距离等会通过不同的方式影响合作创新绩效（Capaldo and Petruzzelli，2014；Azar and Drogendijk，2014）。Perks 等（2009）从中国独特的社会文化背景出发，以其独特的中国式"关系"视角研究合作创新之间的影响，认为社会系统的非正式性以关系为中介来影响合作创新绩效，且关系还会在中期、后期对新产品研发活动产生影响。

（3）网络层面影响因素分析。依据关联性，学者们将网络关系划分为间接关系、直接关系、结构洞关系三种。Ahuja（2000）根据网络关系的这三种具体划分，实证分析了它们与合作创新之间的关系，结果显示间接和直接关系正向影响合作创新绩效；结构洞负向影响合作创新绩效；网络结构和网络位置也会对合作创新绩效产生影响。例如，Tsai（2001）从组织学习理论视角出发，考察企业在网络中的位置与合作创新之间的关系，结果显示网络位置越靠近中心，在获取伙伴成员的新知识时越便利，从而间接证明了创新绩效中网络位置的重要性。Lam（2003）研究了网络结构对合作创新绩效的影响，并将网络结构划分为分散式与集中式两种，结果显示：日本企业喜欢采用分散式网络结构，美国企业倾向于集中式网络结构；创新网络自身的属性也会对合作创新产生重要的影响。例如，Rothaermel 和 Deeds（2004）研究了联盟网络二元性（利用型和探索型）与创新绩效的关系，实证结果显示利用型联盟有助于市场绩效的提升，而探索型联盟有助于新产品研发绩效的提升。

五、创新网络内企业间知识合作关系研究述评

通过对本书所涉及的关键概念、相关研究主题（创新网络、知识合作、企业间要素特征、创新网络内企业间知识合作动因、知识合作过程、知识合作关系、知识合作绩效）等文献的系统回顾和梳理，提出未来的研究方向。

近年来关于知识共享、知识转移、知识合作等方面的研究文献十分丰富，但绝大部分研究都聚焦于组织内部或者是企业之间的单向知识共享问题，或者是从单个企业出发研究创新网络、联盟等对企业绩效的影响，从企业间交叉视角研究创新网络内企业间知识合作问题的研究少之又少。

现有以演化博弈方法对创新网络内企业间的知识合作策略选择的研究虽然有涉及，但是大多只是针对一种状态两种策略的研究，更为具体的两种状态三种策略的研究基本没有。

鲜有文献对创新网络内知识合作情境下的企业间要素特征概念内涵和维度构成进行系统阐述和测量，且以此为基础的相关实证研究也较为缺乏。虽然目前在企业战略联盟研究领域有较多关于企业间要素特征的概念内涵和维度构成的探讨，且大多数学者认为企业间要素特征是一个多维度的概念，但遗憾的是，在维度构成及各维度的内涵界定方面，到目前为止国内外学者尚未形成统一的认识。对于有异于企业战略联盟研究情境的创新网络知识合作情境，合作要素特征的概念内涵是什么、由什么维度构成、各个维度又有何特定内涵，在现有研究中鲜有

学者对其进行过系统的阐述和测量，同时也较缺乏相关的实证研究。

现有研究主要从平行的视角来看待知识合作双方的属性特征，强调其差异性，而较少从交叉的视角，即从合作伙伴双方匹配的视角出发来考察双方属性特征之间的关系，因此，基于知识企业间要素特征的视角来探讨其对伙伴间关系特征和合作绩效的影响是一个新的研究视角。

六、本章小结

根据本书的研究主题，本章分别对创新网络、知识合作、创新网络内企业间知识合作的相关研究进行了系统的回顾与梳理。

首先，对创新网络而言，本章详细地介绍了创新网络的内涵、特征及其功能，梳理了以往学者对于创新网络概念的界定，辨析了创新网络与联盟、供应链、虚拟企业等其他组织的区别，分析了创新网络的特征维度以及创新网络的知识传播、知识扩散、知识创造等功能。

其次，对知识合作相关研究进行回顾，主要分为三个部分：知识合作的客体及其分类、知识合作的主体及其特征、知识合作要素的特征。从本书的研究视角出发界定出本书的知识合作客体是广义上的知识，知识合作主体主要是企业，并介绍了企业间客观存在的异质性特征以及知识企业间要素特征，由此引出本书的研究视角以及研究自变量。

再次，对创新网络内知识合作进行研究述评，回顾了创新网络内知识合作的动因、知识合作过程、知识合作关系以及知识合作绩效。知识合作动因的梳理揭示了本书研究的必要性，知识合作过程奠定了本书研究的视角，知识合作关系和知识合作绩效为本书后续研究奠定了理论基础。

最后，综观现有文献成果，提出未来可能的研究方向。

第三章 创新网络内企业间知识合作关系演化博弈分析

一、理论基础

(一) 知识位势理论

1. 知识位势的概念及相关原理

知识位势又叫知识势，来自物理学概念，表示的是企业由于拥有知识存量而具有的势。知识位势概念基于物理学中"物体由于处于某一位置必然具有一定的势能"提出，物理学认为物质或非物质总由高势能向低势能扩散，知识也不例外，各知识主体之间由于势差的存在，彼此之间必然存在一定的交互作用。有的知识主体掌握着前沿的、高端的、广泛的知识，而有的知识主体则拥有相对落后的、已被普及和格式化的、狭隘的知识。不同知识主体所拥有的知识存量是不同的，在知识区位中有着高低位势的差别。因为在知识区位中的高低位势的不同，不同知识主体之间存在知识的势差，形成从高位势知识主体向低位势知识主体的一种自然的压力，推动低位势知识主体向高位势知识主体靠近并促使知识的转移。这在技术领域表现为不同知识主体之间的技术学习，低位势知识主体主动向高位势知识主体购买或学习相应的知识。然而高低位势之间的差距并不和知识自然流动的压力成正比。如果差距太大，低位势知识主体可能不会产生向高位势主体学习的想法，或通过学习也不能吸收转移来的高位势知识。

知识位势表示为知识宽度和知识深度。知识宽度反映了企业对自身专注领域之外的其他异质性知识的理解，是一个横向概念。知识深度反映了企业在其熟悉领域对于复杂性和独特性知识的掌握，是一个纵向概念。在物理学中，物体由于处于某一种位置，必然会具有一定的势能，这个势能代表物体此时所处的状态和拥有的能量。相对地，知识位势也代表该知识主体的战略地位，反映了特定主体占有知识的优势程度。和物理学类似，世界上的传导和扩散都是由势差引起的，物质和非物质通常由高势能主体流向低势能主体。所以，企业的知识位势越高，主体的势能越大，越倾向于将已有的知识向外散播；企业的知识位势越低，主体具有的势能越小，就越倾向于从外部获取知识，使知识向内流入。参考物质世界的物质流动规律，高势能主体和低势能主体由于存在势差，会客观地存在能量流动的可能，但具体思考的话，高低势能主体的能量会存在质的差别和物理距离的差距，这些都可能成为阻碍能量在两者之间流动的因素。能量的异质性使存在位势差的主体在能量流动产生后无法兼容，此处的兼容其实仅指低势能主体无法融合高势能主体的能量，导致流动过程不能产生实质性的结果。高低势能主体之间若存在较大的势差，那么其物理距离可能会比较远，这也会阻止能量的流动。同理，势差过大的知识主体之间的知识流动会由于低位势主体凭借自身的知识深度和知识宽度，无法有效地消化吸收来自高位势主体的知识而无法学到东西，这种现象其实也可以说明知识位势代表着知识主体对知识的支配能力。企业作为知识主体，其知识位势的高低由知识深度和知识宽度共同决定。根据前人的研究，知识深度和知识宽度并不是通过简单的加总或平均来得到知识位势的，而是通过一定的函数关系运算来确定企业的知识位势。

网络环境下企业技术创新过程实质上是一个知识组织和知识运用的过程，体现了网络环境作为知识经济象征的关键特征，包括专业技术知识和管理知识在内的知识基础的特性。在知识共享过程中，低位势知识个体理解与吸收知识的能力依赖于其与高位势知识个体之间的重叠知识，他们彼此之间重叠知识的相似程度直接影响着知识共享的效率。知识主体的知识位势间必然有差距，从而使网络环境下各知识主体进行知识扩散成为可能。这种差距就是促使知识主体间知识转移的一种自然力量，知识资源分布的非均衡性是造成个体间知识势差的重要原因。高位势知识主体主要依靠自身的知识创新形成知识势能，低位势知识主体的知识势能增长主要是通过学习吸收高知识位势知识主体的先进知识，或投入相关的物质资源和人力资源进行知识创新以增加自身的知识势能。高位势知识主体愿意传授知识给低位势知识主体的动力源于利益驱动，知识势差决定了知识流动的客观性，知识从高位势溢出，转移到低位势的需求方，如同物质能量的扩散一样，知识就会由高位势扩散开来。

2. 知识位势的作用条件

知识区位中高低位势的不同，各知识主体间存在知识势差，形成从高位势知识主体向低位势知识主体的一种自然的压力，推动低位势知识主体向高位势知识主体靠近并促使知识的转移。然而知识能否转移还受到一些因素的影响。

（1）知识主体获取知识的动力。知识的转移往往伴随着人、财、物的消耗，也就是说知识的转移需要付出一定的代价。当知识需求主体对采用某项知识所获得的预期收益大于其在知识转移过程中所支付的学习成本时，知识需求主体才可能选择该知识，知识转移才可能发生。知识的转移成本与知识的性质、知识供给主体的传递能力、知识需求主体的学习能力等因素密切相关。

（2）知识势差的大小。具有高低不同位势的知识主体之间的知识转移活动，往往在一定的位势阈值内进行，因为知识主体之间知识势差并不和其所造成的促进知识自然流动的压力成正比。如果知识势差太大，低位势知识主体可能不会产生向高位势知识主体学习的想法，或者通过学习也不能接受高位势主体转移来的知识，而高位势知识主体也没有和低位势知识主体进行知识转移的动力和动机。

（3）知识主体的路径依赖性使知识主体在解决面对的问题时，总是倾向于在原有的知识基础附近来找寻相关的信息，这样就导致了知识主体的行为路径依赖性。也就是说，知识主体的知识存量决定了其收集、获取、吸收都是按照某一路径演进的，而不是一个随机的过程。由于这样的路径依赖性，知识主体找寻知识的能力直接影响了其获取知识的范围和路径。在实际操作中一般表现为，知识主体不太可能与自身知识势差过大的知识主体进行知识接触，只能在自身位势的附近找寻学习目标主体，因此不能获得足够高的知识位势处自然压力下传递来的知识。

由于网络环境的存在被赋予了新的特征，知识进化的路径依赖性、知识来源的多样化、知识演变的快速化和知识收益的盗用性是网络环境的本质属性，网络环境的交互影响加剧了这些特性并进而影响技术创新过程。因而，从某种角度来说，网络环境下的企业技术创新可以看作是合作知识创新，我们可将技术创新企业看作一个知识库，认为企业的存在是因为企业能够创造出独特的生产性知识、制度性知识和管理性知识，企业进行知识创造和知识转换的能力是企业存在的原因，企业专业化生产与协作过程中积累的共有知识和私人知识决定着企业的效率边界。基于知识对企业的重要性，这里用知识主体来表征企业。借助物理学中

"物体由于处于某一位置而必然具有一定的势能（Potential）"的理论，我们认为，网络环境下进行技术创新合作的所有企业共同组成一个知识场，每个处于其中的企业称为一个知识主体。各个知识主体之间由于本身固有的某种特性而使得彼此之间必然存在着一定的交互作用（即知识的共享、创造、扩散及应用等活动），这种特性便是我们要定义的知识位势的作用。由于知识主体之间所掌握知识的深度、广度存在着差距，从而导致知识主体间的知识位势也必然存在差距。这种差距就是促使知识主体间知识流动、扩散的一种自然的力量。因此，定义知识位势很有必要。

在网络环境下，知识主体参与知识合作活动，有着各种各样的动机。有的知识主体认为，通过学习网络内其他知识主体所在领域的技能、知识，可以充分挖掘网络环境所提供知识平台的潜力，吸收、创造更多有价值的知识，充实本企业的知识库，提高本企业在网络中所处的知识位势，并有助于保持企业核心竞争力，进而促进企业技术创新能力的进一步提高；有的知识主体进行知识合作更多的是出于减少交易成本、适应变化的环境、获取规模经济和范围经济、逃避或尽可能地降低市场需求多变和全球化的竞争及基于时间的竞争所带来的环境不确定性的目的，或试图通过合作扩大企业的关系资本等，并期望通过知识合作，达到对每一个知识主体中已有能力进行更集中、更紧密利用的目的。

此外，知识主体对进行知识合作活动后所带来的收益预期，是知识主体进行知识合作很重要的一个动力。知识主体只有在权衡知识合作的收益与所必须付出的成本的大小之后，才会决定是否进行知识合作活动。

3. 知识位势的相关研究

对知识位势这一概念，学者普遍认为一项创新成果在节省资本和劳动力的基础上，提高系统的运行效率或开发出新市场，这样的行为会导致创造者和其周围的环境产生势差，一种维持平衡的力量会使创新者向外扩散和传播其创新所需的知识及相关资源，供其他企业学习和模仿，来消除空间内的差异，这里提到的差异就是知识势差。同时，国家和企业之间也存在技术势差，这种势差会促使技术转移的发生，催生对应企业进行技术输出和技术引进，使技术差距缩小，平均技术水平得到提高，技术势差的本质其实是与该技术有关的知识势差引起的。若创新网络内存在知识势差，在静态方面，低位势企业因为知识不足只能生产出低于行业质量水平的产品，劣质产品在市场上的交换为优质产品带来负外部性，消费者由于信息不对称无法对产品的优劣进行分辨，所以会用统一偏低的价格购买同类产品。高位势企业利益被侵蚀后也逐渐放弃创新，整个网络的发展就会进入停滞和退化的恶性循环。在动态方面，网络知识存量增加必然经过企业间存在知识势差的过程，如果势差随时间向积极的方向转变，网络整体的知识存量得到提高，若向消极方向转变，则创新网络的发展可能会减缓甚至退化。Zhang 等（2009）从激励机制设计方面分析了组织中知识转移和共享过程及面临的障碍，探究了知识转移和共享的博弈模型，提出具有不同知识位势的主体需要用不同的方式去激励，引入股权激励将使高知识位势者陷入无限重复博弈，这个群体是组织中知识转移和共享的关键来源。

4. 知识位势与外部知识获取、技术创新绩效

外部知识获取、知识位势和技术创新绩效分别作为知识种类、企业原有的知识基础和对获取知识的利用成果，三者之间有着密不可分的联系，现有的关于上述变量的研究也都是基于这样的变量含义陈述。

党兴华等（2010）构造了知识创造 O-KP-PK 模型，说明了处于不同知识位势企业在技术创新合作中的知识创造过程。有学者探究了不同知识位势的企业在技术合作中知识扩散的条件，并给出了知识扩散函数。也有学者分行业研究了企业在不同的知识位势水平下，知识获取方式与技术创新绩效的关系，研究结果表明，对于知识储备较宽的企业，内部知识获取比外部知识获取更有利于其技术创新绩效的提高，对于知识储备较深的企业，从外部获取市场知识比内部知识共享更有利于技术创新绩效的提高。

（二）互惠理论

1. 直接互惠

互惠研究源于生物学对利他行为的解释。Darwin 最早详细描述了"付出代价帮助其他个体"的利他行为，发现像蜜蜂这样的社会性昆虫在部落内存在着某种利他现象，与物竞天择的自然选择规律相悖。针对利他行为的产生机制，生物学家 Hamiltom 提出了亲缘选择说，认为生物之间亲缘关系越近则利他行为倾向越强烈，亲缘关系越疏远则反之。Trivers 在演化博弈的框架下提出"直接互惠"的概念，用来解释两个非亲缘关系的个体之间相互帮助这一现象，指出重复互动的环境能够促使直接互惠的产生，使两个毫无血缘关系的个体保持着"这次你帮助我，下次我帮助你"的关系。

由上述结论可知，创新网络内企业间的重复交易是产生直接互惠的重要条

件。此时，对未来远期效益的展望会使两个潜在的竞争对手压制短期机会主义行为，促进彼此间互惠的形成，而创新网络嵌入性则为满足这一条件提供了可能。

从关系嵌入上来看，强关系创新网络内企业之间强烈的、充满感情的和长期的、累积性的相互联系为彼此重复交易提供了可能。首先，强关系创新网络内企业之间高度情感契约水平的关系资源具有持久性，能够提升双方继续展开深度合作的意愿。其次，强关系意味着未来重复交易成本的降低，在合作之前可以节约信息搜寻成本，而无须再花费大量的时间、金钱和精力去获取对方的信息，在合作过程中，可以降低监督成本和验证成本，从而释放更多的资源。最后，强关系能够通过合作经验的积累增加合作绩效。强关系创新网络内企业之间对彼此文化、管理风格、能力、弱点的深入了解，能够降低合作中的不确定性，可以更好地利用双方的资源禀赋，有效地协调和解决合作中存在的问题，通过消除大部分合作中的干扰噪声便利了合作价值的创造，从而最终提升合作绩效。

从结构嵌入上来看，创新网络内企业之间的密集网络与结构对等性所产生的扩散效应为彼此重复交易提供了可能。网络内部供应链主导下的高密度网络近乎一种社区或俱乐部，具有相对的区域范围与成员限制。因此，一个成员采纳的某项行动很容易"传染"至其他成员，在创新网络内企业之间发展共同的行为模式，培养认知近似性，形成共享的态度、主张以及信念，并进而形成在管理模式、商业习惯和内部惯例等方面的相似性，产生强烈的一致行为惯性。与此同时，创新网络内企业还倾向于模仿创新网络中与自身结构相似者的行为。一旦某个企业采取了行动，与其身份相似者也会迅速追随，以避免最后一个采纳某项得到认同的行为。因此，具有结构对等性的创新网络企业之间往往产生相同的态度、资源与行为。综上所述，密集网络与结构对等性的扩散效应能够驱动惯例、行为等在创新网络中进行传播扩散，使创新网络企业掌握与其他企业相同的当地所特有的文化习俗、圈内语言、背景知识和交易习惯，甚至可以引发战略的一致性，重复交易的可能性也由此得以提高。

直接互惠模型解释了固定交易对象条件下的互惠，但人类社会交易行为不仅局限于重复交易这一种情况，在更多的时候是多边交易。因此，必须超越直接互惠的视角来寻求群体内互惠的解释。基于此，Alexande（1987）提出了"间接互惠"的概念，用来解释"对助人者恩惠的报答不一定来自受助者，而可能来自其他人"这一现象，指出声誉的传导机制能够促使间接互惠产生，使个体之间存在着"你帮助我，他帮助你"或"你帮助我，我帮助他"的关系。

2. 间接互惠

创新网络企业之间的交易在相对固定的基础上，又具有一定的动态开放性，既可能发生在重复交易的对象之间，又可能由于任务的复杂性、环境的不确定性和技术变迁的迅速性而发生在没有交易记录的企业之间。因此，需要利用间接互惠来解释"创新网络内企业利他行为的回报并非来自之前的受助者，而来自其他企业"的现象。下面将基于 Nowak 和 Sigmund（2005）"基于形象记分"的间接互惠模型对创新网络内企业间接互惠的产生条件进行解读。

通过上述结论可知，声誉信息传播是创新网络内企业之间产生间接互惠的重要条件。当信息能够快速准确传播时，创新网络内企业的声誉不仅能被与自己交易过的对象所观察到，还能被其他创新网络内企业观察到。此时，创新网络内企业为了获得"好声誉"就会压制短期机会主义行为，从而促进间接互惠的形成，而网络嵌入性则为满足这一条件提供了可能。

从关系嵌入上来看，与其他网络主体之间的弱关系提升了创新网络内企业获取声誉信息的有效性。建立了强关系的创新网络内企业之间相互熟悉，导致所获得的声誉信息大多是同质性的，信息有效性难以保证。创新网络关系的多元化则弥补了此种不足。通过某些创新网络内企业之间以及创新网络内企业与学校和科研机构、行业协会、培训机构等所建立的弱关系，可以实现异质性网络结点间的相互沟通与合作，促进跨界联系，传递有助于声誉评估的新信息、新观念、新视角和新方法，使交流更具价值。

从结构嵌入上来看，创新网络关系分布的不均匀性促进了创新网络内企业声誉信息的扩散。在具有较高网络密度的凝聚子群内部，密集的网络关系本身就是丰富的知识转移渠道，使企业更容易获取所需的声誉信息，并能够通过比较不同渠道转移来的相关信息，分析其完整性或扭曲程度，提高对声誉信息有效性的鉴别能力。此外，从拓扑学角度理解，丰富的转移渠道还缩短了信息传递的平均路径，这意味着声誉信息在网络内部迅速地得到传播，能够避免信息失真的风险。在凝聚子群之间的结构洞位置，虽然关系较为稀疏，少有信息流动，但是居于其间的创新网络内企业可以通过与不同凝聚子群相连成为信息集散中心，获取来自多方面的非重复信息，使处于不同凝聚子群、彼此之间没有直接联系的创新网络内企业可以通过"桥"来完成知识和信息的传递（Burt，2009）。除了结构洞位置的企业具有获取和传播重要信息的便利性和控制优势外，处于创新网络内中心位置的核心企业也在知识转移与信息搜集方面占有显著优势。由于拥有更多数量和种类的联结渠道，核心企业成为创新网络内大量信息的交汇点，有更多获得其他创新网络内企业的技术、资金、管理技能和诚信程度等信息的机会，并对其声誉进行更好的了解和评估。

由此可见，创新网络嵌入性带来了信息传递的便利，使声誉信息不仅被交易双方获知，不局限于与双方都相连的第三方，还在网络内部迅速传播开来。好的声誉可为创新网络内企业带来未来交易空间的扩展，而一个创新网络内企业的机会主义行为也会被迅速散布，使其失去未来交易的机会。当声誉极其恶化时，它将面临被整个创新网络排斥拒绝的局面，导致其分销渠道的堵塞，知识获取机会的减少，中间产品、风险资本以及人力资本等资源的难以获取，而此前投资所形成的沉淀资本也将迅速贬值。这种因自身声誉而产生的待遇差别能够促使创新网络内企业在主动实施利他行为的同时压抑机会主义动机，间接互惠也因此得以建立和维持。

（三）博弈理论

"博弈论"（Game Theory）又叫对策论，是一种关于游戏的理论，所以"Game Theory"又被称为"游戏理论"。博弈论认为理性的人往往会在约束条件下利益最大化，但人们在相互合作过程中会有依赖、信息不对称等问题，故人们在合作过程中会有利益冲突、相互影响等问题的发生。博弈论就是基于这样的问题，在合作双方相互作用时研究人们的行为以及决策均衡等问题。

博弈论基于个人通过合作追求自身利益最大化，研究人们在深刻理解经济行为和社会问题的基础上，如何最大化地提高价值。对开放式创新主体知识共享行为博弈分析就是在追求各自利益最大化的前提下，人们将采取怎样行动的研究。

1. 博弈相关理论

知识是一种稀缺资源，尤其是稀缺性知识可以为所有者带来很大的收益。开放式创新网络内主体如果能选择知识共享，可以在创新竞争过程中处于有利地位，从而造成知识共享过程中的逆向选择和"囚徒困境"。因此，博弈论在知识共享研究中得到了广泛的应用。诺贝尔经济学奖得主奥曼（Aumann）认为博弈就是策略性的互动决策，是专门研究互动局势下策略行为的学科。博弈论在政治、经济、生物、心理等领域都取得了广泛的关注，尤其在经济领域取得了相当大的成就。1994~2002 年，诺贝尔经济学奖得主有六次是研究博弈论的，这充分表明博弈论在经济领域的重要地位。在经济学领域，最早是从垄断定价、生产、交易行为等方面对博弈论进行研究，但这些研究只是从基础理论出发，并没有从实质上改变经济学家思考问题的方法。Cournot 和 Bertrand 在 1983 年分别提出了"库诺特模型"和"伯川德模型"，前者主要研究的是产量决策问题，后者主要研究的是价格决策问题，在对这两个问题进行深入的分析后，逐渐使这两个模型成为博弈论领域最为经典的博弈模型。

20 世纪，博弈论才迎来了发展的黄金时期。从最佳策略的概念出发，法国数学家波雷尔（Borel）研究了下棋决策等问题，并试图把下棋决策等问题作为数学分支来进行研究。尽管在分析过程中，他没有得出有意义的结论，但在确立博弈论的理论框架以及方向研究中，他做了很好的铺垫。冯·诺依曼和摩根斯坦的《博弈论和经济行为》奠定了博弈论的历史地位，在书中他们大量引用博弈思想来分析经济问题，并且详细介绍了博弈论的标准式和扩展式的表示法，并且定义了最大最小解，并在两人参与合作过程中定义了合作博弈的存在。通过对这些问题的探究，基本上奠定了博弈论的研究方向和理论框架。

20 世纪中期是博弈论发展的黄金时期，博弈学者层出不穷，纷纷引领博弈论飞速发展，这其中最著名的应该是 Nash，他提出了"纳什均衡"（Nashe Quilibrium），并且发表了两篇非合作博弈文章，这在博弈论领域引起了非常大的轰动。通过对以上问题的研究揭示了博弈论和经济均衡之间有着深刻的联系。在对有限博弈研究中，Nash 还证明了在均衡点上，合作行动应该是最优的。在后续研究中，博弈论都是围绕这一问题展开。1950 年，Tucker 定义了"囚徒困境"（Prisoners' Dilemma）；Nash 和 Shapley 构建了讨价还价模型；Gillies 和 Shapley 定义了核心（Core）的概念；Selten 定义了"子博弈完美纳什均衡"的概念。

20 世纪 70 年代博弈论取得了飞速的发展，并成为经济领域中不可或缺的重要组成部分，尤其是奠定了微观经济学的理论基础。在宏观经济领域，博弈论在社会福利、劳动、经济、产业组织等经济学也占有重要地位。在这一时期出现了 Kreps、Fudenberg、Tirole 和 Wilson 等一批比较有影响的博弈论先驱。Rubinstein 构建了著名的讨价还价模型；Smith 设计了双向口头拍卖机制；Price、Smith 提出了演化稳定策略（Evolutionarily Stable Strategy，ESS）。与此同时，奥曼提出的"共同知识"（Common Knowledge）理论也在博弈论中引起了相当广泛的重视。Harsanyi 定义了"贝叶斯纳什均衡"的概念。Akerlof 开创了逆向选择的先河；Spence 开创了信号传递理论，Rothschild 和 Stiglitz 构建了信息甄别模型。在这一系列的研究中，博弈论在关键节点上取得了非常大的突破，为后续的研究做了非常好的铺垫。

20 世纪八九十年代是主流经济学和博弈论相融合的快速时期，同样也是博弈论快速成熟的时期。在这一阶段的博弈论研究中，经济学、管理学等学科和博弈论理论框架之间的相互影响关系逐渐清晰，并对经济学有着非常重要的影响，从而奠定了博弈论在经济学中的地位。这一时期的博弈论理论中，主要有 Kohlberg 的"前向归纳法"、Wilson 的"序列均衡"、Smith 提出的进化与博弈论、Bernheim 和 Peare 提出的"可理性化性"、Fudenberg 和 Tirole 提出的"精炼贝叶斯均衡"等。

随着博弈论在这一时期的快速成熟，博弈论受到越来越多经济学家的重视，经济学家们把博弈论运用到产业经济学、微观经济学等经济学领域，使博弈论渐渐成为经济学分析的核心方法。20 世纪末，两位诺贝尔奖获得者都是运用了博弈理论，他们都是凭借不对称信息条件下的激励机制问题的研究从而获得的诺贝尔经济学奖。

博弈论被引入中国已有很长时间，在引入的初期，国内学者并不是很认同该理论的贡献，研究著作较少。从 20 世纪中期开始，国内学者逐渐翻译了国外的部分博弈论著作，随着博弈论在各个学科的广泛引用，我国学者在众多领域也慢慢开始运用博弈论。起初博弈论主要是运筹学的一个分支，到了 20 世纪末，国内才逐渐有了比较全面的介绍现代博弈论的著作和教材，特别是改革开放以来，博弈论在我国取得了飞速的发展，国内众多学者都对该理论充分认可，我国经济学界对博弈论的研究越来越重视，博弈论也成为我国国内具有发展前途的学科之一。

2. 博弈理论的分类

在博弈过程中，如果博弈双方有一个有约束力的协议，博弈一般分为合作博弈和非合作博弈。非合作博弈主要是强调个体理性、个体最优决策，个体追求自身利益最大化，在合作过程中，博弈结果可能是有效率的，也可能是无效率的，主要是基于是否有约束力的协议来保证，如果没有达成一致的约束力，对合作双方来说博弈结果可能会导致结果无效率。

非合作博弈的发展直接演化出非对称信息博弈论。在博弈过程中，如果博弈一方已经拥有了其他博弈方的信息，可以将博弈称为完全信息博弈，如果没有获得其他方的信息，就称为不完全信息博弈。此外，将非合作博弈理论与动态演化博弈相结合，形成演化博弈理论。

在博弈理论中，合作博弈和非合作博弈的含义有着本质上的不同。合作博弈是基于网络成员的合作获得收益，但网络是怎样形成的没有特别的说明。相反，非合作博弈要说明博弈参与人的先后顺序、博弈时间以及信息结构情况，非合作博弈参与者主要是基于自身利益最大化原则做决策。

3. 博弈模型的均衡

博弈模型的均衡就是博弈模型的解，主要用于博弈主体的策略，主要分为以下四种：

（1）完全信息静态博弈的均衡。①占优策略均衡主要是指参与人的策略不依赖于其他人的策略，只是依照自己的选择、战略来实行本身的策略，该参与人的策略选择是唯一的。在博弈过程中，如果所有的参与人都有占优策略存在，博弈将在所有博弈主体之间的占优策略上达到均衡。②重复剔除的占有策略均衡。假如每个博弈主体都有占优策略，故在该博弈过程中占优策略均衡将是非常合乎逻辑的。但在现实经济分析中，占优策略均衡是不存在的。在博弈分析过程中，主要运用"重复剔除严格劣策略"的研究思路来进行。首先，找出博弈主体的严格劣策略，并且将它剔除，之后重新构造一个没有严格劣策略的博弈模型，对该新模型，应该再次找出博弈主体的严格劣策略，继续将它剔除，再重新构造一个没有严格劣策略的博弈模型，一直重复该过程直到剩下唯一的博弈主体策略组合为止，这一过程就称为"重复剔除的占有策略均衡"。该过程中的严格劣策略主要是指博弈主体可能采取的策略对自己不是最优策略。③纳什均衡。纳什均衡主要是指在博弈过程中，博弈主体都确定自己选择了最优策略以回应其他博弈参与者的策略。纳什均衡属于完全信息静态博弈，主要由重复剔除严格劣策略中不能被剔除的策略构成。占优策略均衡都是纳什均衡，在重复剔除的占优策略均衡中，最后剩下的策略组合一定是最优战略组合，该组合一定是重复剔除了严格劣策略，因此，重复剔除的占优策略组合一定是纳什均衡。

（2）完全信息动态博弈的均衡。1965年，泽尔腾提出了子博弈精炼纳什均衡，提出的初衷主要是将纳什均衡中的不可置信威胁剔除，得出动态博弈的均衡解。子博弈是原博弈的一部分，也可以作为单独的部分来进行分析，并且严格意义上来讲，原博弈也可以理解为一个子博弈。当且仅当原博弈中的子博弈都构成了纳什均衡才称策略组合为子博弈精炼纳什均衡。如果原博弈是一个子博弈，纳什均衡和子博弈精炼纳什均衡将是完全一样的。

（3）不完全信息静态博弈的均衡。海萨尼对不完全信息静态博弈的均衡进行了系统的分析，并按照该博弈的特点提出了不完全信息静态博弈的均衡的研究方法。该方法主要依据博弈主体的真实类型是随机变量，其他人不知道别人的真实意图，但是知道可能出现的概率分布。只要知道博弈主体不同类型的概率分布，就将不确定性下的选择转换为风险条件下的选择，这种转换称为"海萨尼转换"。通过该转换，不完全信息博弈转变为完全不完美信息博弈。在海萨尼转换的基础上，其提出了贝叶斯纳什均衡，该均衡主要是指在不完全信息静态博弈中，博弈主体同时进行行动，各自都没有机会观察其他主体的行为，每个参与人的最优策略均是依赖于自己的策略。如果博弈主体不知道其他主题选择的策略，但是只要知道其他主体的概率分布，就能够正确地预测其他参与主体的选择与其各自的有关类型之间的关系。因此，该博弈主体是在既定的条件下，依据其他博弈主体的类型和策略选择之间的关系，选择使自己的期望收益最大化的策略。

（4）不完全信息动态博弈的均衡。博弈的参与者在不完全信息条件下都会了解其他参与者类型的概率分布，但就参与者的真实类型而言，博弈的参与者不会非常了解。在不完全信息静态博弈中，通过之前所述的海萨尼转换，该转换主要是假定博弈参与者了解其他参与者类型的概率分布，以计算博弈的贝叶斯纳什均衡解。在不完全信息动态博弈中，由于博弈过程有先后顺序，后行动的博弈参与者可以通过观察了解先行动者的信息，从而修正自己之前的判断。

精炼贝叶斯均衡过程是在不完全信息动态博弈开始的过程中，博弈参与者会根据其他参与者的类型以及特征从而选择自己的策略。在博弈进行过程中，该参与者就会根据其他参与者的进行来对自己的判断进行有效的修正，并根据这种不断变化的过程来选择自己最优的策略。精炼贝叶斯均衡主要由不完全信息静态博弈的贝叶斯纳什均衡和完全信息动态博弈的子博弈精炼纳什均衡相结合组成。该方法是对先验概率进行有效修正的标准方法。

在不完全信息动态博弈中，由于存在着依据信息对参与人类型判断的问题，均衡的计算依赖于参与人的信念体系。同一博弈，不同的信念体系会有不同的均衡。为了体现信念体系的理性要求，又提出了各种理性的标准对精炼贝叶斯均衡再精炼的均衡概念。但所有这些均衡概念本质上都是对信念体系理性的强调。

"囚徒困境"揭示了当博弈双方追求"自身利益最大化"时纳什均衡与帕累托最优的冲突。这意味着"自利的经济人理性"对集体福利的损害。然而创新网络内企业间互惠则可以显现出"集体理性"的优越性，通过提升创新绩效、节约交易成本、优化资源配置的途径促进网络企业整体福利的扩张性发展，增强网络企业竞争优势。

1）提升创新绩效个体通常将其所拥有的专门知识看作权力和利益的重要来源，而不愿意与其他个体共享。创新网络内企业间互惠则构成了一种强有力的激励源，有效促进知识在创新网络内企业之间转移和共享。这一方面是因为创新网络内企业对回报有所期待，希望其他企业能够在其需要的时候提供更多知识、技术上的支持；另一方面是长期互惠所培养的认同感和信任使创新网络内企业更愿意降低对知识的保护，分享有价值的信息，甚至出现主动的知识转移。这将有效降低知识流入企业获取知识的成本和风险，使其能够深入地洞察和获取那些具有潜在价值的资源，从而生成一些难以被竞争对手模仿的异质能力，为其创新绩效的提高提供了保障。对知识流出企业而言，同样可以通过将创造或摸索出来的经验、知识与其他组织进行互动和交流，从外部获取对自身有益的知识作为回报，进而提升企业的创新绩效。因此，创新网络内企业以互利共赢为目标的互惠能够通过提升知识源的共享意愿，有效地促进网络企业整体创新绩效的提升。

2）节约交易成本创新网络内企业间互惠有利于形成比较强烈的认同感和相似性。在任何产业网络企业中，企业之间的对立和矛盾都是存在的，而相近的理解能够提供创新网络内企业间互动的一般性导向，使其愿意依集体主义原则行动，为共同利益与目标而努力，同时在各自需求之间进行有效匹配和协调，克制利用自身有利地位获利的动机。从而有效缓解彼此间的冲突和对抗，创造出一种较为和谐的气氛，使产业网络企业具有统一、包容和自我调适的特性。这种特性降低了对机会主义行为防范、调查取证和治理的成本，减少了管理人员、管理机构、管理设施和管理制度的必要性，是简化网络企业内部交易过程、降低交易成本的重要条件。

3）优化资源配置理论界对产业网络企业提供的物质资源、市场资源、人力资源、金融资产、技术和知识、政策资源、社会资本等各类资源进行了广泛研究。虽然对于创新网络内企业来说，这些资源具有公共产品的性质，但事实上由于资源具有"择优流动"倾向，并不能平等地惠及所有创新网络内企业，导致一些创新网络内企业的资源需求和自身拥有量不相匹配。创新网络内企业间互惠本质上是一种互助的关系，有利于产生同心协力的精神动力，在网络企业内部营造团结、无私奉献的行为规范和文化氛围，使资源能够以更快的速度、更低的成本进行供给和共享。这样，创新网络内企业就扩展了可以利用的资源边界，不仅可以支配自身直接占有的资源，还可以取得互补的、丰富的、质优价廉的知识和技术、资金、人才、管理经验、生产资料等外部非自有资源来弥补自身不足。这有利于优化网络企业内部的资源配置，提升整合绩效，实现协同效应。

二、创新网络内企业间知识合作关系博弈的条件

博弈是指在面对特定的环境、既定的约束条件下，个人、团体或者组织依靠各自掌握的信息，依据一定的先后顺序，分重点、分批次地按照一定的顺序进行个体策略选择和策略实施的行为。

（一）知识合作关系博弈的产生

知识存量是企业重要的资源，存量大的企业能在合作中占据重要的地位。知识合作又依据知识存量的存在而在创新网络内转移。知识合作过程实际上就是知识流转的过程，创新网络内知识的转移导致知识一直处在变化当中。在知识流转过程中，主要存在非合作博弈，产生的原因主要有三个方面：

1. 决策目标

一般情况下，在决策过程中企业是以利益最大化为决策依据的，企业往往希望通过最低的价格，在最短的时间内获得最大化的效用，该效用可能是经济方面的，也可能是网络成员信息。在这一过程中，网络成员虽为知识提供者但没有义务分享其知识，如果将自己的知识与他人分享意味着价值的转移，考虑到自身利益最大化，双方会在没有约束机制的前提下采取非合作博弈。此外，社会关系是建立在一定的竞争关系基础之上的，并且网络成员属于个体理性，在知识合作过程中，网络成员会通过保护自己知识的独占性而选择不与他人合作，或者暂时与他人合作。

2. 行为能力

完全理性人在现实生活中基本上不可能存在，博弈论主要研究人在特定条件下的决策行为，从某种意义而言，完全理性假设可能存在，在这一假设中也不能否认理性局限情况存在的普遍性。创新网络主体可以建立交流平台从网络成员处获得知识，也可以直接与网络成员交流共享网络成员知识，由于创新网络主体在合作过程中必须与其他创新主体合作才能获得价值量高的信息，因此网络成员知

识合作博弈包括个人网络成员之间的博弈和网络成员与企业之间的博弈。一般情况下，个体网络成员之间的博弈具有有限理性，因为个体网络成员之间的知识合作过程的理性层次较低，策略调整的能力和理解能力不高，其行为变化是一种相对缓慢的方式。网络成员与企业之间的博弈具有完全理性，因为网络成员与企业之间一般要建立保障的契约，针对不同的问题企业也有快速应急处理机制，企业的调整策略和理解能力较强，学习机制和组织结构较完善。

3. 信息结构

信息结构是博弈产生的关键因素，掌握信息量大的创新主体希望在合作过程中获得更大的利益，掌握信息量小的创新主体又不希望自己在投入资源的前提下获得的回报较少，因此在不同的信息结构中，往往会产生博弈行为。

（二）博弈论分析的特征

博弈论已形成一套完整的理论体系和方法论体系。

1. 合乎理性的假设

开放式创新网络主体在博弈过程中往往把个体收益最大化和理性人假设当作合作的基本前提。企业只有在合作过程中实现个体利益最大化才能进行合作。个体收益最大化假设是基于开放式创新网络主体在博弈过程中必须最大化自己的目标函数，一定会选择自身收益最大化的策略；理性人假设基于开放式创新网络主体在博弈过程中肯定会相互作用、相互影响，在决策过程中肯定会做出合乎理性的假设。

2. 方法的独特性

博弈论作为一种重要的方法论体系，主要具有模式化、抽象化特征。在对开放式创新主体知识合作关系博弈的研究过程中主要运用突变函数、微分方程等数学工具来分析经济学、管理学、行为科学等多学科内容。在这一分析过程中，运用博弈论对知识合作关系进行研究具有明显的公理化特征，分析问题会更加准确。

3. 范围的广泛性

博弈论不仅涉及管理学、经济学、社会学等基础学科，还涉及外交学、生物学、工程学等现实领域。就开放式创新主体知识合作关系内容而言，主要涉及管理学内容，运用博弈论对其进行研究，方法论上的领先性会使研究更加充分。

4. 结论的真实性

博弈过程主要是参与者之间相互影响、相互依赖的过程。在博弈过程中，信息是否完全作为博弈的重要条件，这使通过博弈研究的问题和得出的结论非常接近于现实，即结论具有真实性。在知识合作过程中，创新网络主体会相互影响，有相互依赖的心态，因此，运用博弈论对知识合作关系进行研究得出的结论会非常真实。

创新网络主体知识合作关系博弈主要是非合作博弈，网络成员知识合作过程中各方行为的博弈分析是建立在网络成员知识合作基础之上的。

（三）非合作博弈条件下网络成员知识合作的特征

1. 知识合作优势性

创新网络主体知识合作具有确定的走向，其发展是不可逆的。网络成员知识合作显然是一个优势系统，每个企业和网络成员所拥有的知识存量的深度和广度存在着本质上的差别，即网络成员知识结构之间存在显著的差异性。无论是需求知识储备还是网络成员的知识体系都更加追求质量和数量上的变化。网络成员的知识体系比需求知识储备有更高的势能，因此，网络成员知识体系在空间和时间上的分布是非常不均衡的。网络成员势能相对较低的往往成为知识的接收方，网络成员知识势能高的企业自然成为知识的提供方，由此使网络成员知识在两者之间保持长期的流动。知识一般会从势能较高的网络成员流向知识势能较低的企业，然后企业会运用这些知识创造新产品或者新知识给网络成员，网络成员在使用这些产品后会有意见反馈，从而产生新的知识又流向企业，在这样的循环流动中，形成了一个良性的互动。

2. 知识合作复杂性

创新网络内合作主体、合作客体、合作环境等多方面的因素决定着知识合作在创新网络内企业之间能否成功。与此同时，在合作过程中，创新网络内主体间知识合作过程存在着相互博弈的关系，并且是一个复杂的动态非线性系统。首先，可以将知识合作分为企业间知识合作和各自企业内个体间知识合作。企业必须针对不同类型的主体选择不同的合作机制。其次，知识分为隐性知识和显性知识，网络成员知识合作可以分为隐性知识合作和显性知识合作，并且在合作过程中，隐性知识和显性知识合作交叉存在。最后，在理性条件下，合作主体不同使得合作博弈有所不同，创新网络内成员之间博弈属于有限理性。

3. 知识合作弱约束性

企业在创新过程中，创新网络中的成员既不属于企业内部成员又没有为企业创造更多的价值，因此没有义务和企业共享知识。企业不能用自己公司的规章制度来要求网络成员和自己进行必要的知识传递，网络成员也没有为对方考虑利益的必要，网络成员的行为通常是由意愿和动机来决定是否参与知识合作。因此，在合作过程中，创新网络主体的约束力相对较弱，企业要想与网络成员长期合作就必须及时关注网络成员和周围的环境变化来调整自己的策略。

（四）知识合作博弈的要素

在现实生活中，博弈是一种非常普遍的现象。在经济学中，博弈论主要是研究某一经济体的主体决策行为影响其他经济体的决策问题和均衡问题。在合作过程中，博弈行为就是两个经济体之间互相影响、互相作用的行为。创新网络内企业间知识合作关系博弈一般由以下八个因素构成：

1. 博弈方（Player）

博弈的参与人主要指在博弈过程中独立决策、独立承担后果，并且以自身利益最大化为主要出发点的决策主体。该主体可以是个人、团体或者政府组织等。在博弈过程中，一旦博弈的规则被制定后，各方都应该在平等的基础上博弈。在创新网络内主体知识合作关系中，博弈方主要包括企业、供应商、科研机构、竞争者、政府等创新网络的主体。

2. 博弈行动（Action）

该行动是指博弈方所有可能的策略和博弈行动的集合。例如，消费者在购买商品中为了使效用最大化的购买量；厂商为了利润最大化时的产量、该产量下的价格等。根据该集合是有限还是无限的分为有限次博弈和无限次博弈。在开放式创新网络主体知识合作关系中，博弈行动主要是指博弈方相互合作的过程，以及在基于各自的目的所采取的行动。

3. 博弈信息（Information）

信息在博弈过程中是非常重要的变量，也是影响博弈结果的重要因素，信息结构的变化会直接导致博弈结果的变化。博弈信息主要指在博弈过程中博弈方所掌握的其他参与人的特征和行动的知识，尤其是对执行策略有帮助的知识。在开放式创新网络主体知识合作关系中，博弈信息主要是指博弈双方各自所掌握的信息，以及在合作过程中所共享的信息行为。这些信息对博弈结果有非常重要的影响。

4. 博弈策略（Strategies）

博弈策略又称战略，是指博弈方在既有条件下所选择的活动、行为、方法的集合。博弈方选择的合作方法能显著影响经济活动的整体发展水平，并在合作过程中能保证博弈方的利益最大化。对于不同的博弈类型，可能有不同的博弈方法，在同一博弈过程中，博弈方选择的策略和方法往往也不相同。在不同博弈过程中，双方又往往能选择相同的博弈策略和方法。在开放式创新网络主体知识合作中，博弈策略主要是指博弈方基于自己的战略和想法以及所要达到的结果而采取的行动。这些行动都是基于目的而形成。

5. 博弈次序（Order）

博弈次序主要是指博弈方在做决策时的先后顺序，在决策分析中，一般情况下都会有多个决策需要博弈方做出选择，只有这样才能保证最优决策，并且有时候博弈方选择的决策往往不是单一的，而是存在博弈次序问题。在开放式创新网络主体知识合作关系中，博弈次序主要是指主体在取得预期结果过程中所采取的措施来安排博弈的先后顺序。

6. 博弈方收益（Pay off）

博弈方收益又称支付，是指博弈过程中博弈方得到的收益，它是博弈策略的函数，是博弈分析中博弈方首先要考虑的东西。如厂商的利润、消费者的效用等。在开放式创新网络主体知识合作关系中，博弈方收益主要是指博弈主体取得的结果。基于本属性而言，创新网络主体基本都以利益最大化为最终目标。

7. 博弈结果（Out Come）

博弈结果是博弈方通过博弈分析而得出的要素集合，这是博弈收益直接的体现，有时候博弈方选择的策略、相关收益、策略路径等也是博弈结果的体现。在开放式创新网络主体知识合作关系中，博弈结果就是创新网络主体取得的绩效体现等。

8. 博弈均衡（Equilibrium）

博弈均衡是博弈方通过博弈分析而得出的要素集合或者行动的组合。一般情况下用"纳什均衡"（Nash Equilibrium）来表示博弈均衡。在开放式创新网络主体知识合作关系中，博弈均衡主要是指博弈双方都能取得各自的预期目的。

三、对称状态下企业间知识合作的演化博弈

演化博弈是将现实现象抽象成数理问题的过程，那么演化稳定性就是数理问题的解，求解的过程实际上就是博弈各方在约束条件下对收益最大化的一个判断排序过程。因此演化稳定性隐含博弈中支付与策略之间的关系，在关于演化博弈的描述中，博弈的支付代表生物的适应度，那么演化稳定性标准概括了达尔文的适者生存理论（Nowak and Sigmund，2005）中认为的从一个外生环境到一个策略环境的过程，在策略环境中，既定策略的适应度实际上取决于其他人的策略。

演化博弈过程可以被描述为在一个规模足够大的总体中，成员之间重复且随机地进行两两博弈，博弈各方的信息结构是对称的，每个成员均会采取固定策略 x，假设在这个总体中由于自身变异或者是外来者的入侵导致出现变异者，在总体中所占比例为 $1-\theta$，即会以 $1-\theta$ 的概率采取策略 x，以 θ 的概率采取变异策略 y，博弈各方的支付与混合策略 $\upsilon = \theta y + (1-\theta) x \in \Phi$ 的支付相同，假设现有策略在变异策略进入后的支付为 $\varphi(x, \upsilon)$，变异策略的支付为 $\varphi(y, \upsilon)$，不管有没有变异策略 y，现有策略 x 都是最优的，那么现有策略 x 为演化稳定策略 ESS，即

$$\varphi[x, \theta y + (1-\theta) x] > \varphi[y, \theta y + (1-\theta) x] \tag{3-1}$$

当 $\theta \to 0$，$\varphi(x, x) \geqslant \varphi(y, x)$，策略 x 是博弈方自身的最优策略，意味着 ESS 为纳什均衡策略又严格于纳什均衡。当变异策略 y 也是现有策略 x 的一个最优反应时，也就是说，x 必然针对 y 又是比 y 更优的一个选择，基于此，演化稳定性的判定条件可以被写成一个二阶条件：

$$\varphi(y, x) \leqslant \varphi(x, x)，\forall y \tag{3-2}$$

$$\varphi(y, x) = \varphi(x, x) 时，\varphi(y, y) < \varphi(x, y)，\forall y \neq x \tag{3-3}$$

式（3-2）称为均衡性条件，是对博弈系统的纳什均衡点进行判定的依据；式（3-3）称为稳定性条件，是对博弈系统的稳定性进行判定的依据，以下将基于式（3-2）、式（3-3）进行均衡性和稳定性的判断。

复制动态方程是将现实问题按照生物学进化过程进行模拟，假设生物种群中的个体类型 E_1，E_2，…，E_n，分别占总体的比例为 x_1，x_2，…，x_n。E_i 的适应度

是 x 的函数，假设种群的规模足够大且在连续繁殖和复制，则 x（t）为 t 的可微函数，E_i 的增长率即为 $\dot{x}_i/x_i$，种群演化的结果按照生物进化原则应为 E_i 的适应度 $f_i(x)$ 与种群的平均适应度 $\bar{f}(x) = \sum x_i f_i(x)$ 的差，则复制动态方程为：

$$\dot{x}_i = x_i[f_i(x) - \bar{f}(x)] \quad i = 1, \cdots, n \tag{3-4}$$

x_i 构成的集合的轨迹收敛于边界但无法到达边界，根据上述复制动态方程，演化稳定性的判别条件（3-2）可以通过饱和性的判断进行确定。

假设存在一个支付矩阵为 A 的 n×n 对称博弈，u 为这一博弈的纳什均衡，式（3-2）等价于如下条件：

$$(Au)_i \leq u \cdot Au \quad u_i = 0 \tag{3-5}$$

$$(Au)_i - u \cdot Au \leq 0 \tag{3-6}$$

$(Au)_i - u \cdot Au$ 是在点 u 处的雅可比矩阵的横截特征值，上述 E_i 的增长率 $\dot{x}_i/x_i$，根据 Sigmund（2011），当且仅当其横截特征值为非正——饱和性的判定标准，即式（3-6）成立时，u 为复制动态方程（3-4）的饱和驻点，也就是纳什均衡。

现实中，人们策略的选择更多是模仿的结果而不是通过遗传，式（3-4）是对遗传的描述，需进一步建立模仿基础上的复制动态，假设博弈方在时间 t 以 x(t) 的概率采用纯策略 P_1 到 P_n，策略 P_i 的期望支付为 $(Ax)_i = \sum a_{ij}x_j$，总体的平均支付为 $x \cdot Ax$，总体中难免有个体以某一概率模仿其他个体而采取对方的策略，则模仿动力学的模型为：

$$\dot{x}_i = x_i \sum_j [g_{ij}(x) - g_{ji}(x)]x_j \tag{3-7}$$

其中，假设模仿是为了采取更好的策略，$g_{ij}(x)$ 为采用 j 策略的个体转而采用 i 策略的概率，转换为 $g(u, v) = \lambda(u-v)$ 支付差函数的形式，且 λ 单调递增，经过函数变换，式（3-7）可转化为：

$$\dot{x}_i = x_i \sum_j \lambda[(Ax)_i - (Ax)_j]x_j \tag{3-8}$$

（一） 对称演化的动力学过程

为探索创新网络内企业间知识合作关系的演化机理，按企业参与知识合作策略不同，可以划分为参与合作、不参与合作以及通过观察对方的合作声誉决定自身是否参与合作。龙剑军（2015）提出，获取对方企业的一阶信息，可以帮助企业在合作策略选择时做出更有利于自身的策略，然而只通过一阶信息就断定对方企业的合作态度是有一定风险的,因为对方企业的策略选择也可能是观望,对其声誉的评价不能仅仅依靠前一期的选择进行断言。有学者建议通过获取更高阶的信息对博弈双方的声誉进行评判,只是高阶信息的搜集成本较高,且运算较为复杂,因此大多的研究中采用宽容评定的准则,即对合作伙伴的前期合作行为进行抽样,只要其在所选的两期内都是合作态度的,那么就将其声誉评价为好,这是相对准确度、效率和成本都能为企业接受的办法。

创新网络内企业的合作策略选择会有所不同,尤其是企业间的声誉信息是不对称的,如何防止合作伙伴的机会主义行为成为愿意进行积极知识合作企业的主要顾虑,传统的方法是通过惩罚机制或者是签订契约来预防投机行为的发生,但是这些措施带来的效果却不尽如人意,于是,学者们提出的基于声誉的间接互惠合作为企业间合作的开展提供了新的思路,本书借鉴吴强(2016)研究中的数理推演方法,对创新网络情境中对称状态下企业间的知识合作策略选择以及合作关系的建立和维系进行演化博弈分析。

(二) 对称演化的基本假设

创新网络内企业间的联结较为松散,出于研究的简便性,假设企业间是零重复相遇的,假设创新网络内企业之间的合作频率为 γ($0 \leqslant \gamma < 1$),则网络内企业的知识合作频度为其极值即 $1/(1-\gamma)$。网络内企业的知识合作声誉也有“好”或“坏”两种情况。企业按照知识合作的态度不同可以划分为三种类型:合作者、不合作者和观望者,其中观望者是按照知识合作对方声誉的“好”和“坏”决定合作或不合作。假设创新网络内对称状态下的企业采取合作、不合作、观望合作的比例分别为 p、q、r,则 $p+q+r=1$,在企业知识位势对等的情况下,合作双方选择各种策略的支付是相同的。

为了突出企业间要素约束对于知识合作的影响机理,本书在演化博弈的假设中将充分考虑企业间要素带来的知识合作成本和收益。假设企业进行知识合作时采用一定的媒介所需花费的成本,以及克服彼此间文化差异冲突等增加的沟通成本,本书称这一部分成本为知识合作付出知识转移成本 C_1,因为知识合作企业丧失对于转移知识的垄断价值,这一部分成本为丧失垄断知识的成本 C_2,知识合作带来创新能力提升、产品或服务创新获得的潜在经济回报称为潜在经济收益 R_1,企业参与合作获得的其他企业的信任和关系资本称为潜在情感收益 R_2,知识合作过程中企业基于自身能力学习合作企业的知识付出的时间或者是精力等称

为学习成本 C_3，合作实现目标获得的基本收益称为 R_3，包括学习到新的知识或者完成了特定合作任务。企业会根据前一轮选择带来的收益和成本进行反思确定下一轮是否进行知识合作，考虑到本书以创新网络为背景，而创新网络内企业间的关系较为松散，根据 Nowak 和 Sigmund（2005）的研究，模型构建将采用一阶信息模型，初始合作声誉为"好"，设为"1"，因为现实企业均有采取知识合作的趋势，在后续的轮次中声誉的"好"和"坏"取决于企业选择合作或不合作策略。假设企业之间是完全对称信息，则第 t 轮获得好声誉概率为 f_t：

$$f_t = (p + f_{t-1}r) \quad t = 1, \cdots, n \tag{3-9}$$

根据复制动态原则，当企业对知识合作策略进行反思时，会随机地将自己的支付与其他企业比较，若自身支付较高，则会继续采取原来的策略；若自身支付较低，则会对自身策略进行调整，而这个策略转变的概率与企业间的支付差异成正比，企业的模仿动态转化为经典的复制动态：

$$\dot{x}_i = x_i(\varphi_i - \overline{\varphi}) \tag{3-10}$$

其中，$\dot{x}_i = \dfrac{dx}{dt}$；$\overline{\varphi} = \sum x_i \varphi_i$（$x_i > 0$，$\sum x_i = 1$）为群体的平均支付。

（三）对称演化的均衡性和稳定性分析

1. 演化过程的均衡点

知识位势对等的企业 A 和企业 B，它们的支付总是相同的。

如果采取合作策略，它们的每一轮的期望支付为 $R_1 + R_2 - C_1 - C_2 + (R_3 - C_3)(p+r)$，因此，每一反思阶段的总支付为：

$$\varphi_1 = \frac{1}{1-\gamma}[R_1 + R_2 - C_1 - C_3 + (R_3 - C_3)(p+r)] \tag{3-11}$$

如果采取不合作策略，第 1 轮的期望支付为 $(R_3 - C_3)(p+r)$，之后每轮的期望支付均为 $(R_3 - C_3)p$，因此，每一反思阶段的总支付为：

$$\varphi_2 = \frac{1}{1-\gamma}(R_3 - C_3)p + (R_3 - C_3)r \tag{3-12}$$

如果采取观望策略，第 1 轮的期望支付为 $R_1 + R_2 - C_1 - C_2 + (R_3 - C_3)(p+r)$，在第 t 轮(t>1)，获得好声誉的概率为 f_{t-1}，企业的期望支付为 $(R_1 + R_2 - C_1 - C_2)f_{t-1} + (R_3 - C_3)(p+r)$，坏声誉企业的期望支付为 $(R_1 + R_2 - C_1 - C_2)f_t + (R_3 - C_3)p$，将之乘上各自的比例得第 t 轮的期望支付为 $(R_1 + R_2 + R_3 - C_1 - C_2 - C_3)f_t$，因此，每一反思阶段

的总支付为：

$$\varphi_3 = (R_1+R_2+R_3-C_1-C_2-C_3)(\gamma f_2+\gamma^2 f_3+\cdots+\gamma^{t-2}f_{t-1}+\gamma^{t-1}f_t) +$$
$$R_1+R_2-C_1-C_2+(R_3-C_3)(p+r)$$
$$= (R_1+R_2+R_3-C_1-C_2-C_3)f-(R_3-C_3)q \tag{3-13}$$

其中 $f = f_1+\gamma f_2+\gamma^2 f_3+\cdots+\gamma^{t-2}f_{t-1}+\gamma^{t-1}f_t \tag{3-14}$

将式（3-9）代入式（3-14）得：

$$f = 1+\gamma(p+f_1 r)+\gamma^2(p+f_2 r)+\cdots = 1+\frac{\gamma p}{1-\gamma}+r\gamma f \tag{3-15}$$

因此，得到 $f = \dfrac{1-\gamma+\gamma p}{(1-\gamma)(1-\gamma r)} \tag{3-16}$

由此，得到创新网络内企业间知识合作博弈的支付矩阵如表 3-1 所示。

表 3-1　对称状态下知识合作博弈支付矩阵

		企业 A		
		合作	不合作	观望
企业 B	合作	$\dfrac{R_1+R_2+R_3-C_1-C_2-C_3}{1-\gamma}$	$\dfrac{R_1+R_2-C_1-C_2}{1-\gamma}$	$\dfrac{R_1+R_2+R_3-C_1-C_2-C_3}{1-\gamma}$
	不合作	$\dfrac{R_3-C_3}{1-\gamma}$	0	R_3-C_3
	观望	$\dfrac{R_1+R_2+R_3-C_1-C_2-C_3}{1-\gamma}$	$R_1+R_2-C_1-C_2$	$(R_1+R_2+R_3-C_1-C_2-C_3)(1+\gamma f)$

将式（3-11）~式（3-13）代入式（3-10）可得企业间合作关系演化的一个二维动力系统（Ⅰ）：

$$\begin{cases} \dot{p} = p\left\{\dfrac{1}{1-\gamma}[R_1+R_2-C_1-C_2+(R_3-C_3)(p+q)]-\overline{\varphi}\right\} \\ \dot{q} = q\left[\dfrac{1}{1-\gamma}(R_3-C_3)p+(R_3-C_3)r-\overline{\varphi}\right] \\ \dot{r} = r\left[(R_1+R_2+R_3-C_1-C_2-C_3)f-(R_3-C_3)q-\overline{\varphi}\right] \end{cases} \tag{3-17}$$

其中，$\overline{\varphi} = p\varphi_1+q\varphi_2+r\varphi_3$

为了简便运算过程，按照博弈论的标准化处理过程同时减去同一函数，系统（Ⅰ）从式（3-17）转化为式（3-18）：

$$
\begin{cases}
\dot{p} = p\left[\dfrac{R_1+R_2-C_1-C_2+(R_3-C_3)\gamma r}{1-\gamma} - \bar{\varphi}\right] \\[3mm]
\dot{q} = -\bar{\varphi}q \\[3mm]
\dot{r} = r\left\{\dfrac{1-\gamma+\gamma p}{1-\gamma}\left[\dfrac{R_1+R_2+R_3-C_1-C_2-C_3}{1-\gamma r}-(R_3-C_3)\right]-\bar{\varphi}\right\}
\end{cases}
\tag{3-18}
$$

令 $\dot{p}=0$，$\dot{q}=0$，$\dot{r}=0$，对上式（3-18）进行求解，有 $(0,1,0)$ 和 $x_2=0$ 为系统（Ⅰ）的均衡解；当 $C_1+C_2-R_1-R_3 \leqslant \gamma(R_3-C_3)$ 时，系统（Ⅰ）的均衡解为 $r=\dfrac{C_1+C_2-R_1-R_2}{\gamma(R_3-C_3)}$。

2. 均衡点的稳定性分析

首先根据前文的判定方式对其均衡性条件判定，当均衡点满足 $\dot{x}_i/x_i \leqslant 0$ 时，该点饱和，为纳什均衡点。对称状态下企业间知识合作各均衡点的饱和性判定结果如表3-2所示。

表3-2　对称状态下驻点饱和性分析结果

驻点	$\dot{p}/p$	$\dot{q}/q$	$\dot{r}/r$	饱和条件
$(0,1,0)$	$\dfrac{R_1+R_2-C_1-C_2}{1-\gamma}$	0	$R_1+R_2-C_1-C_2$	$R_1+R_2 \leqslant C_1+C_2$
$q=0$	0	$\dfrac{C_1+C_2-R_1-R_2-\gamma(R_3-C_3)\,r}{1-\gamma}$	0	$R_1+R_2 \geqslant C_1+C_2$ 或 $r \geqslant \dfrac{C_1+C_2-R_1-R_2}{\gamma(R_3-C_3)}$
$r=\dfrac{C_1+C_2-R_1-R_3}{\gamma(R_3-C_3)}$	0	0	0	饱和

由表3-2可知，系统（Ⅰ）的饱和点由点 E_2 $(0,1,0)$ 以及两条线段 E_1E_3 $(q=0)$、$D_1D_2\left(r=\dfrac{C_1+C_2-R_1-R_2}{\gamma(R_3-C_3)}\right)$ 组成，其中这两条线段 E_1E_3 和 D_1D_2 都是由饱和点组成的。即 $R_1+R_2 \geqslant C_1+C_2$ 时，E_1E_3 $(q=0)$ 边上的所有驻点均为饱和点，而 $R_1+R_2 \leqslant C_1+C_2$ 时，则只有 $r \geqslant \dfrac{C_1+C_2-R_1-R_2}{\gamma(R_3-C_3)}$ 以上的驻点才是饱和点。

接下来复制动态方程的稳定性条件进行判定。

在 E_2 $(0,1,0)$ 点有：

$$\varphi(x,\ y)-\varphi(y,\ y)=-\frac{(y_1+y_3-\gamma y_3)\left[R_1+R_2-C_1-C_2+\gamma(R_3-C_3)y_3\right]}{(1-\gamma)(1-\gamma y_3)} \quad (3-19)$$

在 E_1E_3（$q=0$）边有：

$$\varphi(x,\ y)-\varphi(y,\ y)=\frac{(1-y_1-y_3)\left[R_1+R_2-C_1-C_2+\gamma(R_3-C_3)y_3\right](1-\gamma r)}{(1-\gamma)(1-\gamma y_3)} \quad (3-20)$$

在 $D_1D_2\left(r=\dfrac{C_1+C_2-R_1-R_2}{\gamma(R_3-C_3)}\right)$ 边有：

$$\varphi(x,\ x)-\varphi(y,\ x)=\frac{\left[p+r-\gamma r-(1-\gamma r)y_1-(1-\gamma+\gamma r)y_3\right]}{(1-\gamma)(1-\gamma r)}\times$$

$$\frac{\left[R_3-C_3+(R_1+R_2-C_1-C_2)\gamma r\right]}{(1-\gamma)(1-\gamma r)}$$

$$=0 \quad (3-21)$$

求解式（3-21）可得到方程的两个解：

$$p=\frac{(1-\gamma r)y_1-(1-\gamma)(r-y_3)}{1-\gamma y_3}\ 或\ r=\frac{R_3-C_3}{\gamma(R_1+R_2-C_1-C_2)} \quad (3-22)$$

其中，$r=\dfrac{R_3-C_3}{\gamma(R_1+R_2-C_1-C_2)}$ 与饱和点 $r=\dfrac{C_1+C_2-R_1-R_2}{\gamma(R_3-C_3)}$ 的位置矛盾，因此方程的最终解为：

$$p=\frac{(1-\gamma r)y_3-(1-\gamma)(r-y_3)}{1-\gamma y_3} \quad (3-23)$$

将式（3-23）代入式（3-3）则有：

$$\varphi(x,\ y)-\varphi(y,\ y)=0$$

由此得到两个结论：

（1）当 $R_1+R_2<C_1+C_2$ 时，即企业知识合作获得的收益小于知识合作带来的损失时，如果 $y_3\leqslant\dfrac{C_1+C_2-R_1-R_2}{\gamma(R_3-C_3)}$，则除了 E_2（0，1，0）点，式（3-19）在其他任意点均恒大于0，点 E_2（0，1，0）为系统的局部演化稳定均衡点，不合作是系统的局部演化稳定策略，企业间的知识合作关系难以形成。

（2）依据前面关于均衡性条件的分析，演化稳定策略在饱和点产生，那么，如表3-2所示，当 $R_1+R_2>C_1+C_2$ 时，E_2（0，1，0）点不能保证式（3-19）恒大于0，因此 E_2（0，1，0）点非演化稳定点，而对于 E_1E_3（$q=0$）边和 D_1D_2

边，多个支付相同的驻点出现在 E_1E_3 和 D_1D_2 边上，所有驻点均非演化稳定点，系统不存在演化稳定策略。

（四）对称状态下演化结果分析

对称状态下创新网络内企业间知识合作演化受到企业预计知识合作带来的潜在经济收益和情感收益与知识合作付出的垄断的知识资源和知识转移中的消耗的比值，以及创新网络内整体知识合作氛围的影响。

企业在与创新网络内对称知识位势的企业进行知识合作时主要考量的是合作能否实现其潜在收益，包括潜在的经济收益和情感收益，如通过知识合作是否能增加未来获取市场优势的可能性以及与合作企业的关系是否会变得更加紧密，能否赢得关系资本和信任等，只要企业能够在知识合作获得潜在收益，就会采取长期稳定的合作态度。按照对称状态的演化博弈结果显示分析，在合作潜在收益小于合作成本情况下，只要企业持观望比例超过一定阈值，企业间也会形成良好的知识合作氛围。因此，在合作过程中，企业也需评估对方企业观望态度的概率，这就需要企业保持对创新网络内成员观望态度的持续监控。一旦企业出现观望的倾向，或者是对合作产生犹豫态度，进行观望的比例下降到阈值以下，那么企业就需要加大其知识合作投入来提高合作企业的合作信心，促使其回到原有的状态，或者在合作伙伴选择时选择合作态度明显的企业进行知识合作。

四、非对称状态下企业间知识合作演化博弈

前文中主要是对创新网络内知识位势相当的企业的知识合作演化规律进行了分析，在企业实践当中，由于企业间资源禀赋的不同，异质性要素普遍存在，表现出更多的是企业间的知识位势有差异，这会导致企业间知识价值的差异和信息结构的不对称。知识位势高的企业往往在创新网络中表现出位置的中心性越明显，知识权力越大，对其他企业有更多的影响和控制，同时在声誉信息方面的可获得性也越强，然而知识位势低的企业因获得较少关注而不为人所知。因此，根据企业在创新网络内的位置和知识位势的差异，将企业类型划分为核心企业和非核心企业，由于核心企业的知识资源的价值更高，所以一般表现为处于知识发送

方的地位，相对地，非核心企业处于知识接收者的地位。相对于对称企业间的知识合作，非对称状态的企业的知识合作对于提高企业间的资源和能力互补性有着更重要的意义，那么受合作伙伴间要素约束的非对称企业间的合作关系的演化机理为何，接下来将给出解答。

（一）非对称知识合作演化的动力学过程

假设创新网络中存在两类企业即核心企业和非核心企业，核心企业有 n 个策略构成支付矩阵 A；非核心企业有 m 个策略构成支付矩阵 B。令核心企业的混合策略表示为 $x \in S_n$，非核心企业的混合策略表示为 $y \in S_m$，则核心企业和非核心企业的支付分别为 $x \cdot Ay$ 和 $y \cdot Ax$。如果 $\hat{x}$ 与 $\hat{y}$ 互为最佳响应，则：

$$x \cdot A\hat{y} \leqslant \hat{x} \cdot A\hat{y} \tag{3-24}$$

对于所有的 $x \in S_n$ 成立且

$$\hat{y} \cdot Bx \leqslant \hat{y} \cdot B\hat{x} \tag{3-25}$$

当 $\hat{x} \neq x$ 和 $\hat{y} \neq y$ 时分别严格成立时，则（$\hat{x}$，$\hat{y}$）为严格的纳什均衡，即演化稳定均衡。沿用对称状态下均衡性的判定方式，根据 Hofbauert 和 Sigmund（1998）提出采用 Nash-Pareto 均衡对非对称博弈的演化稳定性进行判定。

1. 均衡性条件

$x \cdot Ay \geqslant x^* \cdot Ay$ 且 $y \cdot Bx \geqslant y^* \cdot Bx$ 对于所有的（x^*，y^*）$\in S_n \cdot S_m$ 成立。

2. 稳定性条件

$x \cdot Ay \geqslant x^* \cdot Ay$ 且 $y \cdot Bx \geqslant y^* \cdot Bx$ 等号成立的所有状态（x^*，y^*）$\in S_n \cdot S_m$ 成立，有：

如果 $x^* \cdot Ay^* > x \cdot Ay^*$，则 $y^* \cdot Bx^* < y \cdot Bx^*$ （3-26）

如果 $y^* \cdot Bx^* > y \cdot Bx^*$，则 $x^* \cdot Ay^* < x \cdot Ay^*$ （3-27）

其中，（x，y）为博弈双方的任意策略，（x^*，y^*）为博弈双方的均衡策略。

（二）非对称演化的基本假设

创新网络中有两类成员组成，一类为核心企业，另一类为非核心企业。在企业实践当中，即便核心企业的知识价值和地位都高于非核心企业，但是每个非核心企业也都有其专业上特殊的或者情境性的隐性知识难以被模仿和超越，正如曾德明等（2011）认为的核心企业和非核心企业也存在着知识的双向流动，或者是王慧（2018）认为的非核心企业也会对核心企业有知识反哺的情形。与上一章类似，假设网络成员重复相遇的概率近似为 0，由于核心企业在网络内的关注度较高，声誉信息在网络中容易被获得，同样借鉴吴强（2016）研究中的数理推演方法，对创新网络情境中非对称状态下企业间的知识合作策略选择以及合作关系的建立和维系进行演化博弈分析。

本书假设核心企业有两种策略类型：合作和不合作，采用这两种策略的概率用 a 和 b 表示；非核心企业有合作、不合作和观望三种策略类型。本书进一步假设核心企业与非核心企业之间的知识合作也是双向的。当然，核心企业与非核心企业知识的双向合作并不代表合作关系是对称的，企业间拥有的知识存量和知识价值是不对等的，核心企业必然更多的时候是作为知识发送方，相对地，非核心企业大多时候是知识的学习者；另外，知识合作关系中双方的成本和收益也是不同的，核心企业传递的知识的价值损失和进行知识转移时由于复杂知识所带来的转移成本也相对较高，而非核心企业获得的知识资源的价值和知识学习成本较高，但是只是转移成本和转移知识的价值较低。因此，对创新网络内核心企业和非核心企业间的双向知识合作做出以下假设：核心企业发送知识概率为 η（$0.5 < \eta < 1$）；非核心企业与任一核心企业随机地相遇；核心企业通过知识合作获得的净收益为 R_n，非核心对应的为 R'_n；当核心企业作为知识发送方时，如果选择知识合作，则会得到潜在经济收益 R_{e1}，得到潜在情感收益 R_{e2}，同时自身丧失知识垄断价值与知识转移成本等为知识合作的净成本 C_n；当核心企业作为知识接受方时，则得到非核心企业给予的知识的价值去掉学习成本后的知识合作净收益 R_n。同样地，非核心企业的类似参数为 R'_{e1}、R'_{e2}、C'_n。

（三）非对称演化的均衡性和稳定性分析

1. 核心企业的期望支付

如果采取合作策略，每一轮的期望支付为 $\eta(R_{e_1} + R_{e_2} - C_n) + (1-\eta)(p+r)R_n$，因此，每一反思阶段的总支付为：

$$\phi_1 = \frac{1}{1-\gamma}\left[\eta(R_{e_1} + R_{e_2} - C_n) + (1-\eta)(p+r)R_n\right] \tag{3-28}$$

如果采取不合作策略，第一轮的期望支付为 $(1-\eta)R_n$，其后每一轮的期望支付均为 $(1-\eta)pR_n$，因此，每一反思阶段的总支付为：

$$\phi_2 = \frac{1-\gamma+\gamma p}{1-\gamma}(1-\eta)R_n \tag{3-29}$$

2. 非核心企业的期望支付

如果采取合作策略，每一轮的期望支付为 $(1-\eta)(R'_e - C'_n) + \eta aR'_n$，因此，每一反思阶段的总支付为：

$$\Phi_1 = \frac{1}{1-\gamma}\left[(1-\eta)(R'_{e_1} + R'_{e_2} - C'_n) + \eta aR'_n\right] \tag{3-30}$$

如果采取不合作策略，每一轮的期望支付均为 $\eta aR'_n$，因此，每一反思阶段的总支付为：

$$\Phi_2 = \frac{1}{1-\gamma}\eta aR'_n \tag{3-31}$$

如果采取观望策略，第一轮的期望支付为 $(1-\eta)(R'_{e_1} + R'_{e_2} - C'_n) + \eta aR'_n$，其后每一轮的期望支付为 $\left[(1-\eta)(R'_{e_1} + R'_{e_2} - C'_n) + \eta aR'_n\right]a$，因此，每一反思阶段的总支付为：

$$\Phi_3 = \frac{(1-\gamma+\gamma a)(1-\eta)(R'_{e_1} + R'_{e_2} - C'_n) + \eta R'_n a}{1-\gamma} \tag{3-32}$$

由此，非对称状态下企业间知识合作博弈支付矩阵如表3-3所示。

表3-3　非对称状态下企业间知识合作博弈支付矩阵

		核心企业		
		合作		不合作
非核心企业	合作	$\left(\frac{(1-\eta)(R'_{e_1}+R'_{e_2}-C'_n)+\eta R'n}{1-\gamma}\right.,$	$\left.\frac{\eta(R_{e_1}+R_{e_2}-C_n)+(1-\eta)R_n}{1-\gamma}\right)$	$\left(\frac{(1-\eta)(R'_{e_1}+R'_{e_2}-C'_n)}{1-\gamma}, \frac{(1-\eta)R_n}{1-\gamma}\right)$
	不合作	$\left(\frac{\eta R'_n}{1-\gamma},\right.$	$\left.\frac{\eta(R_{e_1}+R_{e_2}-C_n)}{1-\gamma}\right)$	$(0, 0)$
	观望	$\left(\frac{(1-\eta)(R'_{e_1}+R'_{e_2}-C'_n)+\eta R'n}{1-\gamma}\right.,$	$\left.\frac{\eta(R_{e_1}+R_{e_2}-C_n)+(1-\eta)R_n}{1-\gamma}\right)$	$\left((1-\eta)(R'_{e_1}+R'_{e_2}-C'_n), (1-\eta)R_n\right)$

把式（3-28）~式（3-32）代入式（3-10）可得非对称状态下企业间合作关系演化的一个三维动力系统（Ⅱ）：

$$\begin{cases} \dot{p}=p\left\{\dfrac{1}{1-\gamma}\left[(1-\eta)(R'_{e_1}+R'_{e_2}-C'n)+\eta aR'_n\right]-\overline{\Phi}\right\} \\[2mm] \dot{r}=r\left\{\dfrac{1}{1-\gamma}\left[\dfrac{(1-\gamma+\gamma a)(1-\eta)(R'_{e_1}+R'_{e_2}-C'_n)+\eta R'_n a}{1-\gamma}-\overline{\Phi}\right]\right\} \\[3mm] \dot{a}=a\left\{\dfrac{1}{1-\gamma}\left[\eta(R_{e_1}+R_{e_2}-C_n)+(1-\eta)(p+r)R_n\right]\overline{\phi}\right\} \end{cases}$$

其中，$\overline{\phi}=a\phi_1+(1-a)\phi_2$；$\overline{\Phi}=p\Phi_1+(1-p-r)\Phi_2+r\Phi_3$　　　　　(3-33)

分别令 $\dot{p}=0$，$\dot{r}=0$，$\dot{a}=0$，对式（3-33）进行求解，$\{(1,0,0),(0,1)\}$、$\{(0,1,0),(0,1)\}$、$\{(0,0,1),(0,1)\}$ 和 $\{a=1\}$ 的驻点面为系统（Ⅱ）的均衡解。

当 $C_n>R_{e_1}+R_{e_2}$，$C'_n>R'_{e_1}+R'_{e_2}$，$\eta(C_n-R_{e_1}-R_{e_2})<(1-\eta)R_n$ 且 $(1-\eta)(R'_{e_1}+R'_{e_2}-C'_n)<\eta R'_n$ 时，能确保每个解的值大于0且小于1，此时可以得到两个边界点解。

$$Q_1\left\{\left(0,\ 1-\frac{\eta(C_n-R_{e_1}-R_{e_2})}{(1-\eta)R_n},\ \frac{\eta(C_n-R_{e_1}-R_{e_2})}{(1-\eta)R_n}\right),\right.$$

$$\left.\left(\frac{(1-\gamma)(1-\eta)(C'_n-R'_{e_1}-R'_{e_2})}{\gamma(1-\eta)(C'_n-R'_{e_1}-R'_{e_2})+\eta R'_n},\ 1-\frac{(1-\gamma)(1-\eta)(C'_n-R'_{e_1}R'_{e_2})}{\gamma(1-\eta)(C'_n-R'_{e_1}-R'_{e_2})+\eta R'_n}\right)\right\}$$ 和

$$Q_2\left\{\left(\frac{\eta(C_n-R_{e_1}-R_{e_2})}{(1-\eta)R_n},\ 1-\frac{\eta(C_n-R_{e_1}-R_{e_2})}{(1-\eta)R_n},\ 0\right),\right.$$

$$\left.\left(\frac{(1-\eta)(C'_n-R'_{e_1}-R'_{e_2})}{\eta R'_n},\ 1-\frac{(1-\eta)(C'_n-R'_{e_1}-R'_{e_2})}{\eta R'_n}\right)\right\}$$ 是系统（Ⅱ）

的均衡解。

（1）均衡性条件判断。

首先求出各均衡点的支付与任意点的支付的差值。

在 $\{(1,0,0),(0,1)\}$ 点有：

$$x^*\cdot Ay^*-x\cdot Ay^*=\frac{(1-\eta)(1-p-r+\gamma r)(R'_{e_1}+R'_{e_2}-C'_n)}{1-\gamma}\qquad(3-34)$$

$$y^*\cdot Bx^*-y\cdot Bx^*=\frac{C_n-R_{e_1}-R_{e_2}}{1-\gamma}\eta a\qquad(3-35)$$

在 $\{(0,1,0),(0,1)\}$ 点有：

$$x^* \cdot Ay^* - x \cdot Ay^* = \frac{(1-\eta)(p+r-\gamma r)(R'_{e_1}+R'_{e_2}-C'_n)}{1-\gamma} \tag{3-36}$$

$$y^* \cdot Bx^* - y \cdot Bx^* = \frac{C_n - R_{e_1} - R_{e_2}}{1-\gamma}\eta a \tag{3-37}$$

在 $\{(0, 0, 1), (0, 1)\}$ 点有：

$$x^* \cdot Ay^* - x \cdot Ay^* = \frac{(1-\eta)(1-\gamma-p-r+\gamma r)(R'_{e_1}+R'_{e_2}-C'_n)}{1-\gamma} \tag{3-38}$$

$$y^* \cdot Bx^* - y \cdot Bx^* = \frac{\eta(C_n - R_{e_1} - R_{e_2}) + (1-\eta)\gamma R_n}{1-\gamma}a \tag{3-39}$$

在点 $\left\{\left(0,\ 1-\dfrac{\eta(C_n-R_{e_1}-R_{e_2})}{(1-\eta)R_n},\ \dfrac{\eta(C_n-R_{e_1}-R_{e_2})}{(1-\eta)R_n}\right),\right.$

$\left.\left(\dfrac{(1-\gamma)(1-\eta)(C'_n-R'_{e_1}-R'_{e_2})}{\gamma(1-\eta)(C'_n-R'_{e_1}-R'_{e_2})+\eta R'_n},\ 1-\dfrac{(1-\gamma)(1-\eta)(C'_n-R'_{e_1}-R'_{e_2})}{\gamma(1-\eta)(C'_n-R'_{e_1}-R'_{e_2})+\eta R'_n}\right)\right\}$ 有：

$$x^* \cdot Ay^* - x \cdot Ay^* = \frac{\eta R'_n[\eta(1-\gamma)(R_{e_1}+R_{e_2}-C_n)+R_n(1-\eta)(p+r-\gamma r)]}{(1-\gamma)R_n[\gamma(1-\eta)(R'_{e_1}+R'_{e_2}-C'_n)+\eta R'_n]}(C'_n-R'_{e_1}-R'_{e_2})+$$

$$\frac{\gamma R_n x_1(1-\eta)^2(R'_{e_1}+R'_{e_2}-C'_n)}{(1-\gamma)R_n[\gamma(1-\eta)(R'_{e_1}+R'_{e_2}-C'_n)+\eta R'_n]}(C'_n-R'_{e_1}-R'_{e_2})$$

$$\tag{3-40}$$

$$y^* \cdot Bx^* - y \cdot Bx^* = \frac{(1-\eta)(1-\gamma\beta)(R'_{e_1}+R'_{e_2}-C'_n)+\eta R'_n(1-\beta)}{\gamma(1-\eta)(R'_{e_1}+R'_{e_2}-C'_n)+\eta R'_n}\eta(C_n-R_{e_1}-R_{e_2})$$

$$\tag{3-41}$$

在点 $\left\{\left(\dfrac{\eta(C_n-R_{e_1}-R_{e_2})}{(1-\eta)R_n},\ 1-\dfrac{\eta(C_n-R_{e_1}-R_{e_2})}{(1-\eta)R_n},\ 0\right),\right.$

$\left.\left(\dfrac{(1-\eta)(C'_n-R'_{e_1}-R'_{e_2})}{\eta R'_n},\ 1-\dfrac{(1-\eta)(C'_n-R'_{e_1}-R'_{e_2})}{\eta R'_n}\right)\right\}$ 有：

$$x^* \cdot Ay^* - x \cdot Ay^* = \frac{\eta[\eta(R_{e_1}+R_{e_2}-C_n)+R_n(1-\eta)(p+r-\gamma r)]}{(1-\gamma)\eta R_n R'_n}(R'_{e_1}+R'_{e_2}-C'_n)+$$

$$\frac{\gamma R_n r(1-\eta)^2(R'_{e_1}+R'_{e_2}-C'_n)}{(1-\gamma)\eta R_n R'_n}(R'_{e_1}+R'_{e_2}-C'_n) \tag{3-42}$$

$$y^* \cdot Bx^* - y \cdot Bx^* = \frac{(1-\eta)(R'_{e_1}+R'_{e_2}-C'_n)-\eta R'_n a}{(1-\eta)R'_n}\eta(R_{e_1}+R_{e_2}-C_n) \qquad (3-43)$$

在 a＝1 的驻点面有：

$$u \cdot Ay^* - x \cdot Ay^* = \frac{(1-\eta)(u_1+u_3-p-r)}{1-\gamma}(R'_{e_1}+R'_{e_2}-C'_n) \qquad (3-44)$$

$$y^* \cdot Bu - y \cdot Bu = \frac{\eta(R_{e_1}+R_{e_2}-C_n)+R_n\gamma u_3(1-\eta)}{1-\gamma}b \qquad (3-45)$$

其中，u 为 a＝1 驻点面上非核心企业的任意确定的策略组合。特别地，当 u 为（0，1，0）时有：

$$u \cdot Ay^* - x \cdot Ay^* = \frac{(1-\eta)(p+r)}{1-\gamma}(R'_{e_1}+R'_{e_2}-C'_n) \qquad (3-46)$$

$$y^* \cdot Bu - y \cdot Bu = \frac{\eta(R_{e_1}+R_{e_2}-C_n)}{1-\gamma}b \qquad (3-47)$$

当 u 为 ｛u＝0｝ 时有：

$$u \cdot Ay^* - x \cdot Ay^* = \frac{(1-\eta)(1-p-r)}{1-\gamma}(R'_{e_1}+R'_{e_2}-C'_n) \qquad (3-48)$$

$$y^* \cdot Bu - y \cdot Bu = \frac{\eta(R_{e_1}+R_{e_2}-C_n)+R_n\gamma u_3(1-\eta)}{1-\gamma}b \qquad (3-49)$$

根据式（3-34）~式（3-49）推导出各均衡点的均衡条件，如表3-4所示。

表3-4　非对称状态下知识合作各均衡点的支付差符号分析

均衡点	支付差类型	支付差符号
｛（1，0，0），（0，1）｝		当 $R'_{e_1}+R'_{e_2}-C'_n \geq 0$，支付差大于等于 0，反之为负
		当 $R'_{e_1}+R'_{e_2}-C_n \leq 0$，支付差大于等于 0，反之为负
｛（0，1，0），（0，1）｝		当 $R'_{e_1}+R'_{e_2}-C'_n \leq 0$，支付差大于等于 0，反之为负
		当 $R'_{e_1}+R'_{e_2}-C_n \leq 0$，支付差大于等于 0，反之为负
｛（0，0，1），（0，1）｝	$x^* \cdot Ay^* - x \cdot Ay^*$ $y^* \cdot Bx^* - y \cdot Bx^*$	支付差符号与非核心企业的合作策略比例相关， 当 $\dfrac{C_n-R_{e_1}-R_{e_2}}{R_n} \geq \dfrac{(1-\eta)\ \gamma}{\eta}$，支付差大于等于 0，反之为负
Q_1 点		支付差符号与非核心企业的合作策略比例相关
		支付差符号与核心企业的合作策略比例相关

均衡点	支付差类型	支付差符号
Q_2 点		支付差符号与非核心企业的合作策略比例相关
		支付差符号与核心企业的合作策略比例相关
$\{a=1\}$	$u \cdot Ay^* - x \cdot Ay^*$ $y^* \cdot Bu - y \cdot Bu$	当 $R'_{e_1} + R'_{e_2} - C'_n \leq 0$ 且 $u_1 + u_3 \leq p + r$，支付差大于等于 0
		当 $u_3 \geq \dfrac{\eta\,(C_n - R_{e_1} - R_{e_2})}{\gamma\,(1-\eta)\,R_n}$，支付差大于等于 0，反之为负

由表 3-4 可知：

对于 $\{(1, 0, 0), (0, 1)\}$ 点，当 $R_{e_1}' + R_{e_2}' - C_n' \geq 0$ 且 $R_{e_1} + R_{e_2} - C_n \leq 0$ 时，根据均衡性条件可知，$x^* \cdot Ay^* - x \cdot Ay \geq 0$ 和 $y^* \cdot Bx^* - y \cdot Bx^* \geq 0$ 恒成立，$\{(1, 0, 0), (0, 1)\}$ 点为系统（Ⅱ）的纳什均衡点。

对于 $\{(0, 1, 0), (0, 1)\}$ 点，当 $R_{e_1}' + R_{e_2}' - C_n' \leq 0$ 且 $R_{e_1} + R_{e_2} - C_n \leq 0$ 时，$x^* \cdot Ay^* - x \cdot Ay \geq 0$ 和 $y^* \cdot Bx^* - y \cdot Bx^* \geq 0$ 恒成立，根据均衡性条件可知，$\{(0, 1, 0), (0, 1)\}$ 点为系统（Ⅱ）的纳什均衡点。

对于 $a = 1$，当 $R_{e_1}' + R_{e_2}' - C_n' \geq 0$，$u_1 + u_3 \geq p + r$ 条件唯有在 $u_1 + u_3 = 1$（$u_2 = 0$）时对于任意的 $\{x, y\}$ 成立，同时，对于 $\{q = 0, a = 1\}$ 边，系统唯有在当 $R_{e_1}' + R_{e_2}' - C_n' \geq 0$ 且 $r \geq \dfrac{\eta\,(C_n - R_{e_1} - R_{e_2})}{\gamma\,(1-\eta)\,R_n}$ 时有 $x^* \cdot Ay^* - x \cdot Ay \geq 0$ 和 $y^* \cdot Bx^* - y \cdot Bx^* \geq 0$ 恒成立，由此可知，$\left\{q = 0, r \geq \dfrac{\eta\,(C_n - R_{e1} - R_{e2})}{\gamma\,(1-\eta)\,R_n}, a = 1\right\}$ 上的任意点均为系统（Ⅱ）的纳什均衡点。

对于 $\left\{(0, 0, 1), (0, 1)\right\}$、$\left\{\left(0, 1 - \dfrac{\eta(C_n - R_{e_1} - R_{e_2})}{(1-\eta)R_n}, \dfrac{\eta(C_n - R_{e_1} - R_{e_2})}{(1-\eta)R_n}\right),\right.$ $\left. \left(\dfrac{(1-\gamma)(1-\eta)(C'_n R'_{e_1} - R'_{e_2})}{\gamma(1-\eta)(C'_n - R'_{e_1} - R'_{e_2}) + \eta R'_n}, 1 - \dfrac{(1-\gamma)(1-\eta)(C'_n - R'_{e_1} - R'_{e_2})}{\gamma(1-\eta)(C'_n - R'_{e_1} - R'_{e_2}) + \eta R'_n}\right)\right\}$ 和 $\left\{\left(\dfrac{\eta(C_n - R_{e_1} - R_{e_2})}{(1-\eta)R_n}, 1 - \dfrac{\eta(C_n - R_{e_1} - R_{e_2})}{(1-\eta)R_n}, 0\right), \left(\dfrac{(1-\eta)(C'_n - R'_{e_1} - R'_{e_2})}{\eta R'_n}\right),\right.$ $\left. \left(1 - \dfrac{(1-\eta)(C'_n - R'_{e_1} - R'_{e_2})}{\eta R'_n}\right)\right\}$ 点，由表 3-4 可知，此三点的支付差符号均与创新

网络内企业采取合作的比例有关，此三点不是系统（Ⅱ）的纳什均衡点。

（2）稳定性分析。

对于 $\{(1, 0, 0), (0, 1)\}$ 点，根据式（3-34）、式（3-35）可知，唯有在 $p=1$，$a=0$ 时，$x^* \cdot Ay^* - x \cdot Ay = 0$ 和 $y^* \cdot Bx^* - y \cdot Bx^* = 0$ 成立，而对于非 $\{(1, 0, 0), (0, 1)\}$ 点以外的任意点，如果 $R'_{e_1} + R'_{e_2} - C'_n > 0$ 且 $R_{e_1} + R_{e_2} - C_n < 0$，则有 $x^* \cdot Ay^* - x \cdot Ay > 0$ 和 $y^* \cdot Bx^* - y \cdot Bx^* > 0$ 恒成立。因此，当 $R'_{e_1} + R'_{e_2} - C'_n > 0$ 且 $R_{e_1} + R_{e_2} - C_n < 0$ 时，$\{(1, 0, 0), (0, 1)\}$ 点为严格的纳什均衡，即系统（Ⅱ）的演化稳定均衡点。

对于 $\left\{ q=0,\ r \geqslant \dfrac{\eta\ (C_n - R_{e_1} - R_{e_2})}{\gamma\ (1-\eta)\ R_n},\ a=1 \right\}$，由式（3-48）、式（3-49）可知，系统（Ⅱ）有多个收益相同的策略组合存在于在此边界线上，博弈参与者能够随意偏离其中任一均衡点而不需要付出任何代价。由此可知，$\left\{ q=0,\ r \geqslant \dfrac{\eta\ (C_n - R_{e_1} - R_{e_2})}{\gamma\ (1-\eta)\ R_n},\ a=1 \right\}$ 中的任意均衡点都不是系统（Ⅱ）的演化稳定策略。当非核心企业获得的潜在收益大于其知识合作的净成本且核心企业获得的潜在收益小于其知识合作的净成本时，（合作，不合作）为系统（Ⅱ）的演化稳定均衡策略；然而 $\left\{ q=0,\ r \geqslant \dfrac{\eta\ (C_n - R_{e_1} - R_{e_2})}{\gamma\ (1-\eta)\ R_n},\ a=1 \right\}$ 这一混合策略不是系统（Ⅱ）的演化稳定策略。

对于 $\{q=0, a=1\}$ 边，由式（3-48）、式（3-49）可知，此边界线上有多个收益相同的策略组合，因此系统不存在演化稳定均衡策略。但是系统（Ⅱ）在 $p+r=1$（$q=0$）和 $a=1$ 时有 $x^* \cdot Ay^* - x \cdot Ay = 0$ 和 $y^* \cdot Bx^* - y \cdot Bx^* = 0$ 成立，而对于非 $\{q=0, a=1\}$ 边的任意点，如果 $R_{e_1}' + R_{e_2}' - C_n' > 0$ 且 $R_{e_1} + R_{e_2} - C_n < 0$，则有 $x^* \cdot Ay^* - x \cdot Ay > 0$ 和 $y^* \cdot Bx^* - y \cdot Bx^* > 0$ 恒成立。因此，此时系统（Ⅱ）的均衡点将沿 $\{q=0, a=1\}$ 边移动但不会偏离此边。综上可知，当非核心企业与核心企业获得的潜在收益均大于其知识合作的净成本时，系统（Ⅱ）不存在演化稳定策略，但是系统不会偏离 $\{(无条件合作，观望合作)，合作\}$ 这一混合策略。

对于 $\{(0, 1, 0), (0, 1)\}$ 点，由式（3-36）、式（3-37）可知，唯有在 $q=1$ 和 $a=0$ 时有 $x^* \cdot Ay^* - x \cdot Ay = 0$ 和 $y^* \cdot Bx^* - y \cdot Bx^* = 0$ 成立，而对于非

$\{(0，1，0)，(0，1)\}$ 点，如果 $R_{e_1}'+R_{e_2}'-C_n'<0$ 且 $R_{e_1}+R_{e_2}-C_n<0$，则有 $x^* \cdot Ay^*-x \cdot Ay>0$ 和 $y^* \cdot Bx^*-y \cdot Bx^*>0$ 恒成立。因此，当 $R_{e_1}'+R_{e_2}'-C_n'<0$ 且 $R_{e_1}+R_{e_2}-C_n<0$，$\{(0，1，0)，(0，1)\}$ 点为严格纳什均衡点，也就是系统（Ⅱ）的演化稳定均衡点。因此，当非核心企业与核心企业获得的潜在收益均小于其知识合作的净成本的条件下，两类企业均采取不合作策略，即（不合作，不合作）为系统（Ⅱ）的演化稳定策略。

（四）非对称状态下演化结果分析

由上述创新网络内核心企业和非核心企业的博弈演化结果可知，核心企业和非核心企业合作关系的演化过程取决于知识合作预期收益和成本参数的取值，通过软件对参数赋值模拟，得到具体的稳定演化结果的三种情形。

1. 当 $R_{e_1}'+R_{e_2}'-C_n'>0$ 且 $R_{e_1}+R_{e_2}-C_n>0$

当非核心企业和核心企业收到的潜在经济收益和情感收益均大于其知识合作净成本时，系统（Ⅱ）总是收敛于 $\{q=0，a=1\}$ 边，此种情况下，核心企业和非核心企业间不存在演化稳定策略。非核心企业中的无条件合作与观望共存，而不合作者将被排出系统；核心企业选择合作，不合作者将被排出系统，核心企业与非核心企业均愿意进行知识合作，企业间良好的合作关系得以形成。这说明企业间要想维持长期稳定的合作关系，确保核心企业与非核心企业得到的潜在收益均大于其知识合作净成本依然是最直接的方法。核心企业和非核心企业对于成本和收益的要求和期待是不同的，因此不能一概而论，需要分别关注他们更看重哪方面的收益和损失，有针对性地进行调整。

2. 当 $R_{e_1}'+R_{e_2}'-C_n'<0$ 且 $R_{e_1}+R_{e_2}-C_n<0$

当非核心企业和核心企业收到的潜在经济收益和情感收益均小于其知识合作净成本时，系统（Ⅱ）总是收敛于$\{(1，0，0)，(0，1)\}$点，为唯一的演化稳定均衡点，即非核心企业与核心企业都选择不进行知识合作，创新网络内核心企业和非核心企业间难以形成合作关系。要想保证非对称状态下企业间的合作关系的形成，至少要保证非核心企业获得的潜在收益大于其知识合作净成本，相对来说，非核心企业的知识合作意愿更加强烈，因此采用适当的手段促使其进行知识合作策略选择是较为容易的。

3. 当 $R_{e_1}'+R_{e_2}'-C_n'>0$ 且 $R_{e1}+R_{e2}-C_n<0$

当非核心企业获得的潜在经济收益和情感收益大于其知识合作的净成本

（$R_{e_1}'+R_{e_2}'-C_n'>0$），而核心企业获得的潜在经济收益和情感收益小于其知识合作的净成本（$R_{e_1}+R_{e_2}-C_n<0$）时，非核心企业中的合作与观望者共存，核心企业是不明确的。在此情况下，若非核心企业与核心企业均选择知识合作，企业之间合作关系得以形成，然而这一状态并不稳定。非核心企业中观望者的比例减少到 $r<\dfrac{\eta\,(C_n-R_{e_1}-R_{e_2})}{\gamma\,(1-\eta)\,R_n}$，系统（Ⅱ）收敛于 $\{(1,0,0),(0,1)\}$ 点。上述演化结果说明：当非核心企业中观望比例高于阈值时，关系网络能够维持短期的合作关系，而核心企业的合作态度无论如何变化，对创新网络内企业最终的合作关系均无法构成影响，通过调整非核心企业合作态度才能对合作关系产生效果。因此，就增强合作信心，提升合作态度而言，企业关注的重点应当是非核心企业而不是核心企业；知识合作频率越高，核心企业获得的知识的净收益越大，不合作可能性越低，核心企业与非核心企业之间合作关系就越长久和稳定。由于只有核心企业学习知识的净收益与合作关系的稳定性相关，而非核心企业获得的知识的净收益与两者之间合作关系无关，因此能够推断非核心企业所拥有的知识价值越大，核心企业越容易获得非核心企业的知识，则企业之间的合作关系越稳定；然而核心企业所拥有的知识价值和非核心企业的学习成本不能影响合作关系的稳定性。

通过创新网络内企业间合作关系演化规律的揭示，企业在知识合作选择时会有知识位势、潜在收益（经济收益和情感收益）、知识合作损失等各种顾虑，这些都是由合作的不确定性带来的，本书认为企业间要素特征会对知识合作关系选择产生影响。

五、本章小结

本章主要对知识合作关系在对称状态下和不对称状态下的演化规律进行研究。针对对称状态下合作关系的特征和非对称状态下合作关系的特征分别进行了分析。研究结果显示，企业间合作关系除了受到合作成本的影响，还与企业能够获得的潜在收益即合作带来的潜在经济收益以及潜在情感收益有关，因此在创新网络内企业间进行知识合作时，要关注合作能否带来潜在收益以及通过潜在收益来诱发其他企业与其进行合作，同时也需要与其异质性要素适当匹配的企业进行合作。本章的内容从数量分析的角度出发，将企业间的要素特征作为知识合作关系和合作绩效的约束条件，通过对企业间要素特征约束条件下的成本、收益和合作绩效的定量进行假设，分析了创新网络内企业在要素约束条件的成本收益考量下是否做出知识合作的策略选择，即知识合作关系能否建立和维持稳定，这既是从现象抽象的角度探究了企业间要素特征、知识合作关系与合作绩效的关系，也为后续实证研究三者之间的关系奠定了基础。

第四章　创新网络内企业间要素特征对知识合作关系的影响机理

前面章节解决了在以预期基本收益、潜在收益和合作成本等为判断依据，创新网络内对称和非对称状态下企业间是否建立和维持知识合作关系，研究结论表明企业间的知识位势差距较大时，知识合作关系难以建立，反之，企业间的知识要素特征会如何影响知识合作关系，本章将给予进一步的解答。以我国电梯行业为例，企业间期望通过参与创新网络内的合作实现"以市场换技术"，然而，迄今为止，广州电梯、上海电梯和天津电梯仍然没有一家合资企业学习并掌握电梯的核心技术，最为关键的电力驱动技术和安全钳材料还是牢牢被外资同行企业垄断，我国技术人员最多就在轿厢等外围方面提出一些适合中国情境下的改进建议。这种现象在汽车等行业也屡见不鲜，为什么会发生这样的情况？究其原因，既有合作方故意设置了知识转移障碍，即知识转移意愿不够，又与我国技术研发人员缺乏相应的知识基础，无法消化吸收国外同行业先进技术存在密切联系，即合作双方的匹配条件不够的问题。创新网络为企业间的合作提供了可能和方向，但是企业间要素特征具体包含哪些内容，以及要素特征如何影响企业间的知识合作关系进而影响绩效都需要进一步研究，本章从企业间要素特征、知识合作关系、知识合作绩效的关系出发，探究其内在的作用机理。同时本书认为企业间要素特征在外部环境发生变化后，匹配效果以及对知识合作的影响都会发生变化，所以将会引入创新网络开放度这一情境变量作为调节变量进行更深入的研究。

一、企业间要素特征的维度

基于对偶理论的视角，创新网络合作中企业间合作对象的选择是基于对偶能力大小，企业会优先选择与对偶能力大的企业合作，以提升合作效率。企业基于对偶能力选择合作对象核心要素是相似性、兼容性、要素特征、契合性。相似性包括战略目标相似和认知相似，战略目标相似是指目标间互促互利的程度；认知相似是指合作主体在组织文化、战略定位、管理流程、商业模式方面的认知相似程度，企业间的相似度越高，越容易在合作中达成共识，消除冲突。兼容性包括技术兼容和文化兼容，技术兼容是指技术领域相似或衔接，文化兼容即企业文化内容和强度的兼容。要素特征包括知识匹配和能力匹配，知识匹配即知识基础的重叠域大小，重叠域越大对偶能力越强，企业间越具有快速合作的潜力。企业间可以通过知识基础三个方面的内容来判断合作对象知识基础重叠域大小，即知识内容的默会性、知识结构的复杂性和知识成分的相似性。合作企业可通过分析知识基础的内容，对比存在的差异，增加知识基础重叠域提升对偶能力。能力匹配是企业知识能力相似性，它包括两个方面：企业内部能力和外部能力，内部能力即企业内部组织管理能力；外部能力即企业更加容易与外部发生交换和合作的能力。企业间能力的要素特征越高，合作主体之间越容易有效配合、相互协调，共同完成创新任务。

综上所述，企业间要素特征（Partner Fit）这一构念正好与对偶理论不谋而合，得到了战略管理学者的广泛探讨，并且不同学者基于不同的研究情境和不同视角对其内涵进行了阐释。然而，由于企业间要素特征是从大量混合因素中演化而来的、内涵丰富的多维度构念（Inkpen and Currall, 1998），因而目前学术界对其定义的界定和维度的划分尚未达成共识。为了获得对该概念深入准确的理解，学者普遍认为对其进行维度解构是一种行之有效的方法。Jemison 和 Sitkin（1986）在有关并购整合的研究文献中，首先提出了"战略匹配"（Strategic Fit）和"组织匹配"（Organizational Fit）的二维度概念，他们指出，战略匹配即组织之间在技术、产品和市场方面的相似性，应该不同于组织匹配，组织间在文化、人力资源政策和管理体系等组织流程上的相似性，以及企业间的要素特征决定了不同合作伙伴合并后实现预期协同效应的程度（Jemison and Sitkin, 1986）。Sarkar 等（1997）将企业间要素特征划分为三个维度：企业间战略目标的相容性、资源互补性、领域一致性（Domain Congruence/Consensus）。然而 Johnson 等（1996）从反面阐述了企业间不匹配的三个标准：对立性、文化敏感性和非完善性。Douma 等（2000）通过研究认为联盟的成功有赖于伙伴之间在五个方面具有良好的匹配度，即战略匹配（Strategic Fit）、组织匹配（Organizational Fit）、人力资源匹配（Human Fit）、运营匹配（Operational Fit）、文化匹配（Cultural Fit），并给出了五个伙伴匹配维度的框架图（见图4-1）。

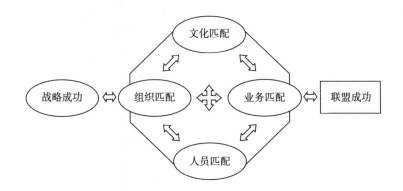

图4-1　合作伙伴匹配维度框架

资料来源：Douma M U，Bilderbeek J，Idenburg P J，et al . Strategic Alliances：Managing the Dynamics of Fit［J］．Long Range Planning，2000（4）：579-598．

　　Yant 和 Duan（2003）在总结前人研究基础上，揭示了企业间要素特征的四种可能的维度，即将该构念概念化为在四个维度上达成伙伴间相容性的程度：①伙伴间战略目标的一致性；②资源的互补性；③伙伴间在经营方针上达成的一致性；④伙伴间讨价还价能力和管理控制之间的要素特征。Kwon（2007）在研究合资企业伙伴间要素特征时，将企业间要素特征分为战略适应性、资源互补性和组织文化兼容性三个维度。Ozorhon 等（2008）以土耳其68家国际建筑合资企业为样本，实证研究了合作企业间要素特征对其绩效的影响，将合作企业间要素特征的概念操作化为三个维度：战略匹配、组织匹配和国家文化匹配。Seng 和 Idris（2009）则认为 Ozorhon 等（2008）对合作企业间要素特征的维度划分存在缺陷，指出组织文化匹配和资源匹配也应是合作企业间要素特征构念中非常重要的因素，会对联盟绩效产生重要影响，因而进一步将合作企业间要素特征的概念进行了完善和补充，划分为四个维度，即战略匹配、组织匹配、文化匹配和资源匹配。其中文化匹配包含了国家文化匹配和组织文化匹配两个子维度。Mitsu-hashi 和 Greve（2009）在应用匹配理论研究全球班轮航运业跨组织联盟的形成机理时，认为联盟中组织间的匹配既包括可观察的匹配因素（如市场资源、生产和服务资源等），又包括难以观察的匹配因素（如知识和能力因素），为了符合全球班轮航运业的具体情境，他们将市场互补性和资源相容性作为该行业联盟形成的两个关键匹配标准，并证实其良好的匹配会增强联盟企业的绩效。Nielsen 和 Gudergan（2012）从战略联盟的形成动机视角，将伙伴间匹配维度划分为探索式匹配（Exploration Fit）和利用式匹配（Exploitation Fit），并将利用式匹配定义为：与任务和伙伴属性相关的伙伴能力特点（关于有效销售产品的能力）与联盟以开发现有产品并将其在新市场进行销售作为形成动机之间的契合程度。将探索式匹配定义为：与任务和伙伴属性相关的伙伴能力特点（关于互补性知识、技能、技术的获取能力）与联盟强调新产品和新技术开发的形成动机之间的契合程度。若知识合作主体开展合作的动机或目标是共同研发一项新技术，该项目任务的特点具有较大的复杂性和挑战性，需要密切配合和互动，也需要合作双方具有对于互补性知识、技术的获取和吸收能力，如果这两方面匹配良好，则合作目标协同性更容易实现。反之，如果合作双方或其中任何一方因为自身的吸收能力较差而导致知识共享效果不好，则难以完成合作目标协同性。在国内学者关于企业间要素特征的研究方面，吉莉（2009）在研究非营利性组织和企业之间的要素特征时，分别从文化匹配、管理匹配、资源匹配、能力匹配四个方面建立匹配指标体系。武志伟等（2005）将关系认知界定为合作伙伴之间要素特征的衡量过程，并从目标相关性、文化兼容性、资源互补性三个方面来衡量伙伴之间的匹配关系。李健（2008）在研究企业战略联盟的要素特征标准时，综合考虑了"硬性"指标和"软性"指标，并将企业战略联盟的要素特征分为目标兼容性、文化相似性、资源互补性、市场非重合性四个维度指标。赵岑和姜彦福（2010）在总结李健（2008）以及其他学者既有研究成果的基础上，将我国企业战略联盟伙伴的匹配标准主要归纳为资源互补度、战略目标相容度、文化协同度与联盟前联系度四个方面。

经过系统的文献回顾可知，企业间要素特征的概念主要应用于合资企业、并购、企业战略联盟管理、供应链管理等涉及不同独立实体之间进行合作的研究领域。现有文献对企业间要素特征的维度划分如表4-1所示。

表4-1　企业间要素特征维度划分

维度划分	文献来源
战略要素特征、组织要素特征、人力资源要素特征、运营要素特征、文化要素特征	Douma 等（2000）
资源互补性、文化兼容性、运营相容性	Sarkar 等（2001）

续表

维度划分	文献来源
战略目标一致性、资源互补性、经营方针达成的共识度、讨价还价能力与管理控制要素特征	Yan 和 Duan（2003）
战略要素特征、业务要素特征、个人要素特征	Richards（2007）
战略适应性、资源互补性、组织文化兼容性	Kwon（2007）
战略要素特征、组织要素特征、文化要素特征	Ozorhon 等（2008）
战略要素特征、组织要素特征、文化要素特征	Heiman 等（2008）
战略要素特征、组织要素特征、文化要素特征、资源要素特征	Seng 和 Idris（2009）
市场互补性、资源相容性	Mitsuhashi 和 Greve（2009）
探索式要素特征、利用式要素特征	Nielsen 和 Gudergan（2012）
任务要素特征、伙伴关系要素特征、风险要素特征	Cummings 和 Holmberg（2012）
能力互补性、组织相容性	Thorgren 等（2012）
目标相关性、文化兼容性、资源互补性	武志伟等（2005）
资源互补性、文化相似性、目标兼容性	胡杨成（2007）
目标兼容性、文化相似性、资源互补性、市场非重合性	李健（2008）
战略匹配、组织匹配、运营匹配	苏勇（2009）
文化匹配、管理匹配、资源匹配、能力匹配	吉莉（2009）
战略目标相容度、文化协同度、资源互补度、联盟前联系度	赵岑和姜彦福（2010）
资源互补、能力兼容、行为契合	刘克寅和汤临佳（2016）
目标协同性、文化兼容性、资源互补性	徐梦丹（2018）

资料来源：笔者根据相关文献整理。

从现有文献对企业间要素特征的界定看，尚未形成理论方面的共识，概念的解构和测度也未形成统一的标准。但现有文献在考察联盟伙伴之间的要素特征的维度划分标准大致可归纳为两个方面：与任务相关的匹配标准（Task-Related Criteria）、与伙伴关系相关的匹配标准（Partnering-Related Criteria）（Das and He，2006；Cummings and Holmberg，2012）。其中与任务相关的匹配标准主要是指企业间资源和能力的互补性；然而与伙伴关系相关的匹配标准主要是指伙伴组织间的相容性，具体指伙伴间在目标、文化等方面的相容性。创新网络内知识合作作为一种战略联盟组织形式，其企业间要素特征与非核心企业战略联盟研究中的企业间要素特征具有相似的内涵，但又具有知识合作创新情境的特殊性，主要原因在于知识合作伙伴之间是一种异质性组织之间的合作，与一般的企业战略联盟的合作伙伴相比，伙伴间在各方面的差异程度更大也更为复杂，而且每个匹配维度又具有特定的内涵。鉴于上述分析，本书认为，对于创新网络内知识合作情境而言，合作企业间要素特征也主要体现在与任务相关的要素特征和与伙伴关系相关的要素特征两个方面，但其具体维度和内涵又有所不同。因此，本书在现有文献的基础上，结合创新网络内知识合作的特定情境，将合作企业间要素特征界定为企业和合作伙伴之间在合作要素特征方面所具备的适配状态。具体而言，主要是指知识合作双方之间的目标协同性、文化相似性、资源互补性、能力契合性。

（一）目标协同性

结合现有文献对战略联盟伙伴目标匹配内涵的界定，再结合企业间知识合作的特点，本书将合作伙伴目标协同性界定为合作伙伴双方各自的目标间互促互利的程度以及合作双方各自目标与合作目标协同性一致或兼容的程度。

在企业间合作过程中，合作双方有两种目标：一个是各自的目标；另一个是合作目标协同性，即合作要完成的任务内容及要达到的预期结果。在各自的目标方面，企业的终极目标在于获得自身经济利益最大化，追求新技术、新产品或新服务带来的市场经济效益，但是单独依靠自身实力不能实现从产品研发到产品市场化的全部过程，因此在某一环节需要借助外力来更快更好地完成。在合作目标协同性方面，企业间合作伙伴可以从自身的目标出发，就某一些具体的项目开展合作，并对合作项目要达成的预期结果有一个约定，即每一项企业间合作都有其合作目标协同性，只是不同的企业间伙伴在合作时对合作目标协同性界定的清晰程度、认知的偏差度以及是否从内心真正接受并达成真正共识存在差异性。

（二）文化兼容性

组织文化是一个具有丰富内涵、外延宽广的概念，主要指组织基于长期积累的良好运作经验而形成的一套相对稳定的基本假设、价值观和行为实践，它们被组织全体成员认可和接受，并对组织成员的意识、态度和行为产生深刻的影响。基于知识合作创新的特定情境，本书将合作双方组织文化的要素特征主要聚焦于合作双方组织文化的外部适应性功能的相容性方面，并将合作伙伴文化兼容性界定为合作伙伴对彼此的价值观、理念、行为处事等方面相互适应、认同、尊重、包容的程度。文化相容有利于在知识合作伙伴之间营造一种良好的合作氛围，使得合作双方更容易在合作过程中进行沟通、协调并尽可能避免合作冲突，否则合作伙伴之间会因文化差异引发文化冲突，产生相互对立和排斥情绪，最终导致合作关系破裂。由此可见，上述四个构成维度均为合作企业间要素特征的关键要素，它们互为补充，从不同的构面为合作企业间要素特征这一整体构念贡献相应的内涵。

（三）资源互补性

知识合作过程中，合作双方创新资源互补是合作获得超额收益、促进研发合作及形成协同效应的关键，直接决定合作的效率和效果。企业间合作双方均存在诸多不同的资源（如资金、市场、技术、人脉、网络资源等），为了与知识合作创新特定情境相符，本书主要关注双方创新资源的互补性，借鉴埃奇沃思互补（Edgeworth Complements）的概念，即双方的资源组合能达到优化配置，在合作中，任意一方所贡献的资源对另一方都具有边际收益递增效应（罗珉和徐宏玲，2007）。根据埃奇沃思互补概念的内涵，本书将合作伙伴创新资源互补性界定为合作伙伴双方所贡献的创新资源对彼此需要并有价值的程度，以及合作双方创新资源组合能产生优势互补和协同增值效应的程度。关于创新资源的具体类型，本书借鉴王雪原和王宏起（2012）的建议，主要包括知识合作创新过程中所需要的人力及其技术知识资源、信息资源、财力资源和物力资源等方面。

（四）能力契合性

合作能否成功还取决于企业间的动态能力是否匹配，动态能力匹配包含两个方面的内容，一方面是企业间对于知识的管理能力相当，另一方面是企业间相互转移知识的能力（主要体现），对于知识能力，如果合作双方的管理水平无法匹配，那么对于同一目标完成所需要的显性和隐性知识，即使能够获得，却无法进行吸收消化和应用，那么知识合作势必会出现阻力。如果一方的知识存量是足够的，但是无法将知识顺利传递到合作伙伴那里，那么合作的效果也会大打折扣，更别说进一步的知识创造，所以本书所指的动态能力匹配主要是指知识能力、转移能力、吸收能力。企业间能否顺利实现合作并完成合作目标协同性，动态能力的匹配也是彼此间考量的重要变量。合作关系以互惠、互动为核心，使企业间的互动深度嵌入网络合作中，合作关系成为合作网络中的基础，动态能力是影响企业间合作效率的最重要的因素，对于创新网络内合作关系的影响主要表现在对合作对象、合作程度、企业间关系治理机制以及合作方式的选择。Gassmann 和 En-kel（2004）认为知识输入、知识输出以及知识整合三个方面组成一个完整的开放式创新过程，创新互动过程中每一环节的顺利开展都需要企业具备相应的能力进行支持。在知识输入过程中，企业有效获取外部创新资源并进行消化吸收以及整合应用的能力对于企业创新活动十分重要；在知识输出过程中需要企业知识转移能力的支持。企业自身知识能够有效地转移到外部环境的能力是与其他合作者建立密切关系的基础；整合过程需要企业关系能力的支持。企业合作伙伴关系的构建对于企业能否在战略联盟中占据有效位置并有效开展创新活动十分关键。企业合作伙伴关系以及与竞争者的关系是企业重要的网络资本，是企业实施开放式创新战略的基本前提。在企业间进行合作时，企业间的知识能力是否匹配会影响企业间知识合作选择，因为企业在外部知识搜索时会侧重选择与自己匹配、对自身能力有所裨益的企业进行合作，合作时，企业可能是知识吸收的一方，也有可能是知识发送的一方。在作为知识吸收一方的时候，进行知识输入需要企业吸收能力的支持，如果知识发送方的转移能力与知识接收方的知识吸收能力不能匹配，就意味着对于合作的知识不能从知识发送方成功转移到知识吸收方，尤其是隐性知识，完成目标协同的效果就会大打折扣，反之亦然。

本书认为，合作企业间要素特征主要包括目标协同性、文化兼容性、资源互补性、能力契合性四个关键构成维度，这四个构成维度相辅相成，分别反映了合作企业间要素特征不同的构面含义。其中，资源互补性是知识合作双方建立合作关系的基本动机和理由所在，也是合作的客观条件和基础，如果合作双方不能为彼此提供互补性的资源，则没有合作的基础和意义。目标协同性保证了企业和合作伙伴从合作伊始就能步调一致，朝着共同方向一起努力，形成合力和动力，推动合作向前发展，否则会造成合作伙伴之间从一开始的"貌合形离"或"同床异梦"到最终的"分道扬镳"。

二、企业间要素特征与知识合作绩效

（一）目标协同性与知识合作绩效

企业间目标协同性是企业间要素特征的一个非常关键的构面因素，因为成功的合作必然是建立在双方协同的目标之上的。换言之，合作双方目标协同对于合作的成功至关重要。企业间假如没有相互适应和协同的目标，就没有合作的基础和理由。那么，目标协同性在企业间合作情境中究竟体现哪些具体内涵呢？本书对此进行了具体的分析。

前面所述的两种目标贯穿于企业间合作的整个过程。对于这两类目标，存在三种关系：第一，双方各自目标之间的潜在冲突程度；第二，双方各自的目标与合作目标协同性的潜在冲突程度；第三，双方对合作目标协同性界定的清晰度、认知的偏差度以及对合作目标协同性的真实接受度和共识的真正达成度。

企业间合作中两类目标之间的三种关系如何体现出双方的目标协同性？Rackham 在研究企业间的目标关系时，将伙伴间的目标关系按照冲突程度分为共同的目标、可予以支持的目标和相冲突的目标三种情形，并建立了目标连续带。他在这一目标连续带中，承认了伙伴双方目标关系的宽广性，其中有些目标是双方可以共享的，也有可能有些目标落在现有共享目标范围之外。伙伴双方若有共同的目标，则合作双方会非常同意这些目标，并均予以全力支持；若某些目标不是双方共享的目标，只是某一方所追求或感兴趣的目标，另一方不支持也不反对时，这样的目标成为"可予以支持的目标"，这时双方的目标关系不会造成冲突；然而若伙伴间的各自目标一方支持另一方反对，或者说一方目标的实现是以另一方目标的损害为代价时，就会形成相互冲突和对抗的目标关系，此时伙伴间的目标呈现负相关性，伙伴彼此会非常不同意对方的目标。

结合上文对企业间合作过程中伙伴双方各自目标和合作目标协同性关系的分析，本书认为企业间合作伙伴在决定参与合作之前，双方各自的目标可能是一致的，如共同研发某一项新技术或者共同对某一新技术进行商业化应用开发；但大多数情形则可能是不同的，如学研机构伙伴主要目标在于追求技术的先进性和高水平论文的发表，或者更好地培养研究生，企业的目标则追求合作研发的技术能尽快实现产业化应用，以便为其带来可观的经济效应。按照 Rackham 的伙伴间目标连续带思想，学研方和企业方各自目标的不一致，可能会产生冲突，但也未必一定是相冲突的，是否产生冲突主要取决于相互之间对彼此目标是否反对，如果相互反对或一方反对，则必然产生冲突，否则，双方的目标便不会冲突，甚至可能形成互促互利的正相关关系。鉴于此，本书认为企业间合作伙伴的目标协同主要体现在三个方面：

第一，合作双方各自的目标之间是互促互利的，即双方对彼此的目标是相互支持和相互促进的，且各自目标之间具有互利性，一方目标的实现有利于另一方目标的实现，双方能通过合作来更好地达成自己的目标（李健，2008；赵岑，2010）。比如，一方企业与某企业合作的目标旨在深入了解或检验自身研究成果在产业应用中的适用性和前瞻性，并试图在企业的应用中加以完善最终实现产业化，而另一方的目标在于用该学研伙伴的这项研究成果进行新产品开发并推向市场，此时双方的目标就会形成相互支持且互促互利的关系。

第二，双方各自的目标与合作目标协同性具有一致性或较好的兼容性，而不是相互冲突或相互损害的关系，即双方在参与企业间合作过程中，为共同完成合作目标协同性，不会对各自的目标造成损害或冲突。由于企业间合作双方在建立合作关系之前，经常会有不同且多样化的真实目标和动机，这些真实目标和动机或是公开的或是隐藏的，因而如果合作目标协同性与伙伴自身的真实目标和动机发生偏离或不兼容时，那么伙伴在参与合作过程中会为了达到自身真实目标而将资源、时间和精力过多地用在有利于自身目标的实现上，而忽略双方合作目标协同性的实现。

第三，双方对合作目标协同性界定清晰准确；对合作中要完成的任务内容以及达到何种预期结果不会因为背景不同而存在认知和理解上的偏差；对合作目标协同性要完成的任务内容和预期结果都有接受的真实意愿并真正地达成了共识。这一点对于企业间合作成功的重要性得到了许多学者的强调和认同（Barnes et al.，2002；Mora-Valentin et al.，2004）。本书认为上述三个方面共同构成了企业间伙伴双方目标协同的标准，即越满足上述三个方面的标准，则伙伴之间的目标越协同。当然，这只是理想的目标协同标准，在实际的企业间合作过程中，会因为合作伙伴组合的不同而导致它们在目标协同程度上的差异。

鉴于上述分析，企业间伙伴目标协同性所强调的是伙伴之间的目标是否具有互促互利性、是否能通过合作更好地同时达成各自的目标、双方是否对合作目标协同性有清晰的认知并真正达成了共识，而不是强调企业间目标是否完全一致，这也是与非核心企业战略联盟伙伴目标关系的主要区别。企业间合作伙伴目标协同相当于利奥·赫尔维茨（Leonid Hurwicz）机制设计理论中一种"先天"的"激励相容"（Incentive Compatibility）机制设计，在合作双方目标协同这种"先天"的"激励相容"机制设计情况下，即便每个参与者按照自利原则制定各自的目标，机制实施的客观效果也能达到合作所要实现的目标。也就是说，伙伴间目标越协同，合作双方各自的目标之间及其与合作目标协同性之间的促进性依赖关系会越紧密，因为合作双方各自目标的达成有赖于对方目标与合作目标协同性的实现，反之亦然。从这个意义上看，合作伙伴可能不愿意通过机会主义行为或其他不受欢迎的行为来破坏这种关系（Thorgren et al.，2012），这时就会诱发和激励合作双方的行为都朝着有利于合作目标协同性实现的方向发展，从而形成一种有利于提高知识合作绩效的"合力"。另外，从现有研究看，伙伴目标协同对合作绩效的促进作用也得到了众多学者的认同和证实，如 Angeles 和 Nath（2001）认为伙伴目标的协同有助于合作双方在合作过程中达成共识，并激发双方共同努力去实现合作目标协同性，促进合作目标协同性和各自目标的达成。Pelton 等（2002）研究发现，良好的伙伴知识合作绩效一般都开始于一个清晰并达成共识的目标愿景，很多合作失败的原因都在于合作双方之间缺乏可以共享的目标。Das 和 He（2006）通过研究指出，如果选择与目标不协同或不匹配的伙伴进行合作，那么在随后的合作过程中很可能会遇到较大的障碍。他给出的解释是现在的伙伴选择会对随后的合作造成影响，合作关系建立后的互动过程会放大由目标冲突所引发的各种问题。另外，根据 Wong 等（2005）的观点，伙伴之间具有协同的目标，更有助于增强彼此的互信关系，从而能创造更大的协同价值。换言之，目标协同不仅能够统一伙伴之间的合作行为，还能加深彼此间的互信，进而催生稳定的合作关系，最终有效提升知识合作绩效。综上所述，本书提出假设 H1a。

H1a：目标协同性对知识合作绩效具有正向影响。

（二）文化兼容性与知识合作绩效

组织文化是被组织成员广泛共享与认同的一套价值观、信念和基本假设，支配着成员的观念、思想、情感和行为。由于组织文化在特定的环境中形成，使得不同组织的文化往往具有不同的"个性"特征。当企业间伙伴因合作而经常接触时，双方文化差异对知识合作绩效的影响可能就特别明显。企业间合作过程中的分歧大多源于双方文化差异所引起的冲突，企业间文化的差异往往表现为各自在长期实践过程中所形成的独特的"个性"，即企业间合作双方各自具有不同的价值观念、行为处事方式、对待事物的态度和看法、话语体系或沟通表达方式等。与认知相似性有相同之处也有区别，合作者之间的价值认知趋于一致会使双方减少利益冲突；双方共同认可的目标越明确，彼此之间出现机会主义的行为就会越少。当主体间价值认知度较高时，双方会更容易理解对方的行为选择，双方会更容易沟通。Calantone 等（2006）认为价值认知为组织学习提供了统一的方向，这种统一方向会使组织内不同成员克服彼此间的差异与障碍，降低彼此学习、形成共识的成本，促进创新共识的形成。Wong 等（2005）认为价值认知可以看作一种制度安排，这种机制可以促成相互合作，降低机会主义行为。文化上的差异对双方合作的成功和高绩效产出是有所助益还是有所损害，则主要取决于这种文化差异是否会引发文化冲突。换言之，如果双方因文化差异引发了文化冲突，即双方对彼此不同的文化因素产生了相互对立和排斥，这时就会对知识合作绩效产生负面影响；如果双方都能够用求同存异的观念、摒弃使用"自我参照原则"来看待这种文化差异，即对彼此有差异的文化因素能够相互认同、接受、理解、尊重、包容甚至欣赏，就会形成有利于合作、沟通和协调的文化相容局面，文化相容度越高，越有利于合作的成功。正如 Stafford（1994）的观点，伙伴间文化的相容对于保证组织间高质量的合作关系而言是不可或缺的重要因素。同时 Stiles（1994）也认为，在合作过程中，伙伴间文化的兼容可有效地减少合作过程中冲突的出现或增加解决冲突的灵活性，从而提升合作满意度和持久性，因而合作的成功与否在很大程度上取决于伙伴间文化的相容性。

现有研究关于伙伴相容性对知识合作绩效的正向影响效应，主要从两个视角出发进行阐释：第一，从伙伴文化相似有利于提高伙伴学习能力的角度出发进行解释。Wijk 等（2008）认为相似的组织文化有利于减少合作伙伴之间的沟通和理解障碍，使得显性知识和隐性知识在伙伴间进行相互学习共享变得更容易、更顺畅，从而提高伙伴获取知识、技能、资源的能力和效率，增加了双方知识创造产出的可能性；相反，组织文化不相容容易导致合作伙伴之间知识和能力转移的诸多障碍。Knoben 和 Oerlemans（2006）、Vaara 等（2012）指出，具有类似行为规范、价值准则和表征系统的伙伴之间，所形成的认知结构比较一致，使得双方在互动学习中具备较好的知识识别、理解和吸收能力，从而提高知识共享的效果。Cummings 和 Teng（2003）认为，一方面相似的文化和价值系统有助于增强伙伴双方的相互理解和行为预期，减少合作中的冲突，使工作方案更易于被对方接受；另一方面知识的情境嵌入性也使企业更容易吸收来自同样文化背景的合作伙伴的知识。他们的实证研究表明，技术合作中知识转移的成功率随着组织间文化差距的缩小而增加。Sirmon 和 Lane（2004）对国际企业联盟的研究结果显示，合作伙伴与企业具有相似的组织文化有利于提高它的组织学习效果、互动有效性和合作满意度，为双方的组织学习和资源整合提供新的机会和源泉（Björkman et al., 2007)。Olie 和 Verwaal (2004) 基于资源基础理论提出，并购使企业有机会获取嵌入于不同文化和制度背景下的独特而有价值的能力，并以此建立竞争优势。Cadden 等 (2013) 在研究供应链伙伴间文化要素特征对供应链绩效的影响时，也得到了类似的研究发现：高绩效供应链中的伙伴文化差异反而大于低绩效供应链中的伙伴文化差异，即供应链伙伴间的文化呈现出"相反相吸"（Opposites Attract) 的关系。他们进一步总结指出，互补而并非一致的伙伴间文化实现了供应链的高绩效 (Cadden et al., 2013)。根据 Boschma (2005) 的观点，合作伙伴过多的文化邻近容易导致企业文化的锁定和惰性，从而限制了企业识别和获取新知识的机会，使其遵循固有的文化轨迹发展而失去了调整和改善原有文化的动力。第二，在实证方面，许多学者从正面和（或）反面印证了不同组织间合作情境下伙伴文化相容或不相容对知识合作绩效的促进或阻碍作用。Cadden 等 (2013) 从正反两方面都证实了供应链企业间文化相容和文化不相容分别导致供应链的高绩效和低绩效；Cartwright 和 Cooper (1993)、Weber 和 Camerer (2003)、Pothukuchi 等 (2002) 分别从反面证实了并购、国际合资企业情境下文化不相容的两个伙伴进行合作，其知识合作绩效不能达到预期，会导致更低的生产率、更低的财务绩效产出、更低的关系满意度和更高的合作冲突等。综上所述，本书提出假设 H1b。

H1b：文化兼容性对知识合作绩效具有正向影响。

（三）资源互补性与知识合作绩效

目前学术界关于组织资源划分比较成熟的观点之一，是根据组织资源的有形性和无形性等标准将组织资源分为有形的实物类资源和无形的知识类资源 (Teece et al., 1997)。其中组织异质性的有形资源会为其带来"李嘉图租金" (Ricardian Rents)，而无形的知识（能力）的学习和积累会为组织创造"熊彼特租金" (Schumpeterian Rents) (Amit and Schoemaker, 1993)。Dyer (1997) 则进一步认为企业合作伙伴之间也是基于差异化有形资源的相互获取以及无形的知识和能力的相互学习，来实现有效的合作，即最小化交易成本和最大化交易价值。本书认为，这一观点同样也适用于企业间合作情境。因而，企业间合作双方建立合作关系主要有两个基本动机：一是获取对方互补性的有形资源，二是学习对方互补性的无形知识。换言之，企业间资源的互补性是双方建立企业间合作关系的客观条件和基础。

从我国企业间合作的实际情况看，在有形资源方面，通常而言有的企业拥有资源优势，比如先进的仪器设施、充足的研发人才等，而另一些企业则可能拥有创新资金、技术产业化应用场地和设施设备、市场需求信息资源等方面的资源优势。双方这些不同的资源优势组合对于完整的技术创新链条而言形成了互补关系，且都是不可缺少的。在实际的创新网络内企业间关系伙伴选择过程中，由于信息不透明和不对称，有的合作双方在资源和能力上会出现"错配"的情形，有的则会形成良好的互补性匹配关系，也即现实中企业间伙伴双方资源的互补程度会存在差异性。

正如上文所言，参与企业间合作的基本动机旨在通过合作获取更多有形资源并学习和积累有价值的知识和能力。那么，是否只要合作伙伴拥有优质的资源和能力就可认为是理想的合作伙伴呢？显然，情况并非如此。因为优质的资源和能力对于彼此来说不一定是有价值的，"有价值"意味着对于双方都是"有用且可利用"的。因此，企业间合作双方应该寻求的是最具要素特征资源的合作伙伴，而不是具有最优质资源和能力的合作伙伴。进一步地，何为要素特征的资源？本书认为企业和学研方伙伴间资源、能力的匹配是一种互补型匹配关系，这种互补关系是一种埃奇沃思互补（Edgeworth Complements），即双方的资源组合能达到优化配置，在合作中，任何一方所贡献的资源和能力对另一方都具有边际收益递增效应（罗珉和徐宏玲，2007）。具体而言，双方贡献的资源和能力对彼此而言都是需要的和有价值的，双方可借助彼此的资源达到优势互补的增值效果，双方合作后彼此的资源和能力都能得到更充分的利用和发挥，任一方贡献的资源对于合作的成功都是必不可少的且有助于达成对方的目标。

从资源基础理论看，组织内部的资源是其保持成长和维持竞争优势的源泉（Grant，1991），若组织内部通过自身的资源无法获取竞争优势时，则可寻求与外部具有互补性资源的伙伴进行合作以弥补自身资源的不足。根据资源基础观的战略联盟理论，企业间伙伴双方投入合作中的都是独特的、具有互补性的资源，而不是相似资源的简单叠加，这种互补性资源增强了合作伙伴双方的相互依赖性，减少了合作过程中的冲突和关系风险，从而有助于维持合作关系的稳定性（蔡继荣，2012）。另外，企业间合作双方互补性的资源投入，有助于企业间形成专业化分工协作的结构，从系统论观点看，这种专业化分工结构虽然可能不会带来规模经济，但将产生分工经济（杨小凯，2003），有助于企业间合作创新这一系统发挥其功能，为合作双方彼此学习能力的提高、新知识和新能力的发展提供了机会。关于合作伙伴创新资源的互补性对知识合作绩效的正向影响作用，也被许多学者的研究证实，Sinha 和 Cusumano（1991）指出，伙伴间具有互补性的资源是促成双方合作的重要原因，且互补度越高则合作成功的概率越大。Dyer 和 Singh（1998）认为，互补性资源体现了伙伴间所具备资源的独特性和价值性，其组合可以产生"1+1>2"的协同效应，从而对知识合作绩效产生显著正向影响。Gadde 和 Snehota（2000）通过研究指出，合作伙伴如果拥有对方所欠缺的专有核心技术资源与能力，会提高它们合作关系的发展潜力，对双方的关系强度也有积极的强化作用。Shan 和 Swaminathan（2008）更是认为，伙伴间资源和能力的互补性是合作伙伴选择和吸引力评估中的一个关键因素，当伙伴间有互补的资源和能力时，伙伴双方都会提高合作成功的预期，并积极投身其中去达成预期目标。综上所述，本书提出假设 H1c。

H1c：资源互补性对知识合作绩效具有正向影响。

（四）能力契合性与知识合作绩效的关系

合作创新不仅是一个静态的资源匹配过程，也是一个动态的能力发挥过程。由于创新的复杂性和不确定性，创新成果的实现有赖于合作各方发挥其在多个领域的技术专长和能力，包括研发能力、学习与吸收能力、技术连接、市场应用与转化能力等，合作中双方能力的高低以及能否正常发挥影响到合作效率的高低。Tsai（2009）的研究显示，技术吸收能力会影响到与不同合作伙伴的关系及创新绩效，他利用中国台湾技术创新调研数据（TTIS）证实了这一点：首先，吸收能力正向调节垂直合作中的新技术开发或产品改进绩效；其次，随着企业规模和行业类型变化，吸收能力的这种边际调节作用也有所不同；最后，吸收能力负向影响与客户的合作表现，而正向影响与竞争者、科研机构的合作表现。Mishra 和 Shah（2009）强调新产品发展是一个高度互动的过程，他们研究了企业与其供应商、客户等的合作能力对创新绩效的影响，通过 189 名新产品开发经理的调研数据分析发现了合作能力的重要性及其不同影响机制。Giuliani 和 Arza（2009）认为企业的知识基础对建立合作创新的正向影响，发现在产学研合作中，如果高校在某一技术领域具备较显著优势，如技术成果较为丰厚、技术力量声誉较高，那么合作创新较为容易开展；如果企业具备较强的获取与转移技术的能力，合作创新也易于开展。Duysters 等（2012）以组织学习理论为基础，研究了合作伙伴异质性（或多样化）与学习效应、创新绩效之间的关系，证实存在一种曲线关系，绩效高低还取决于企业的以往合作经验和能力。Nissen 等（2014）认为异质性团队通过不同形式的互动进行知识分享对于团队学习及创新绩效提升非常重要，而互动过程中的学习能力很重要，它使得合作成员不断整合、重构其他成员的异质性知识，推进技术创新发展。

不过，尽管很多学者强调了技术吸收能力的重要性，但是没有深入探讨合作中企业能力实现或发挥的激励与约束因素。首先，合作中企业的技术吸收能力主要来自企业的 R&D（研究与开发）努力，如果片面强调合作中的技术引进、技术应用，而忽略了技术的学习投入、消化投入，则创新绩效依然很低。其次，合作中不同能力之间的衔接问题也很重要，它是发挥合作互补效应的影响因素。如果企业不重视能力提升的管理，将使得能力发挥激励很弱，也将影响正常的合作发展。最后，合作模式的选择也与企业的能力高低有关。陈钰芬（2013）认为，开放式技术创新强调内外创新资源互补协同的本质，开放合作在一定程度上能提升创新绩效，不过要结合企业的内部 R&D 能力。一般而言，与科研伙伴合作，内部能力较强的企业可以提升创新效果；内部能力较弱的企业倾向于与其他企业开展横向合作，减轻创新风险。不同特质的企业应选择与内部能力相匹配的开放模式。综上所述，本书提出假设 H1d。

H1d：能力契合性对知识合作绩效具有正向影响。

三、企业间要素特征与知识合作关系

（一）目标协同性与知识合作关系

正如前文所分析的，当企业间具有高目标协同度时，会形成一种目标互促互利的关系。第一，这种目标关系会强化双方的相互依赖性，根据定义相互依赖的伙伴双方都会有动机去维持这种合作关系，并会为了达成自身目标而采取有利于实现合作目标协同性和对方目标的互动行为，这些互动行动中，双方的合作关系强度和关系质量都有所提升，因为企业间合作作为一种典型的知识合作模式，其主要目标就是基于双方知识共享的新知识创造。这一点也被 Norman（2002）和 Thorgren 等（2012）证实，即彼此相互依赖的合作方，更倾向于不保护自己的知识，而会以强烈的意愿和动机以及开放的心态向对方分享自己的各类知识并确保对方能够加以吸收，这些知识既包括对方需要的、与合作相关的技术文件、报告等显性知识又包括技术诀窍类的隐性知识，因此合作的频率和合作稳定性都会增强。第二，从关系资本的视角看，合作双方这种互促互利的目标关系，会使双方形成基于情感的信任关系（Affect-Based Trust），这种信任关系会促进彼此间的社会情感联系（Chowdhury，2005），使得双方更愿意也更容易缔结成亲密的伙伴关系。综上所述，本书提出假设 H2a 和假设 H2b。

H2a：目标协同性对合作关系质量具有正向影响。

H2b：目标协同性对合作关系强度具有正向影响。

（二）文化兼容性与知识合作关系

目前，已有学者考察了企业间文化距离给合作带来的负面影响（Plewa，2009）。Choi 和 Lee（1997）研究得出联盟内部成员之间的文化差异会增加伙伴间知识共享的难度。Bergman（2010）指出以追求自由学术探索为特征的大学文化和以追求功利化为特征的企业文化之间的差异会给双方合作带来障碍。然而，有些学者则认为，虽然企业和学研机构在文化因素方面存在差异，但如果合作双方正视这种差异，加强沟通，增强相互了解，理解、尊重和包容对方的价值取向、行为方式，这种文化差异是可以克服的，从而不会给合作带来障碍（D'Este and Perkmann，2011；Sendogdu and Diken，2013）。由此可见，伙伴间文化相容的内涵并非意味着文化一定要相同或相似，而是一种相互认同、理解、包容、无责备的伙伴文化关系。正如 Lavie 等（2012）研究所发现的，在一个特定的联盟中，合作伙伴之间的文化和组织实践完全相同或相似是不现实的，反而承认伙伴间这种文化的差异是鼓励双方对合作伙伴关系投入的机制，并有助于减轻这种差异带来的负面影响。根据上述的分析，本书界定伙伴文化兼容性是指伙伴对彼此的价值观、行为处事方式等文化因素方面相互适应、认同、理解、包容的程度。Sarkar 等（2001）指出，相容的价值观是社会关系建立的基础，也是社会互动的关键，它如同"社会黏合剂"一般维持组织间关系的稳定发展。他们通过对 561 家国际企业联盟的实证研究，证实组织间的文化兼容性对双边知识共享具有显著的积极影响。Morris 和 Cadogan（2001）也认为选择一个彼此文化相容度较高的伙伴，会增加合作的容忍度，减少潜在冲突，有利于增强合作双方知识共享的意愿和行为。从组织认知的角度看，企业间文化越相容，就越能更好地了解对方，从而降低双方的认知距离，这种认知距离的缩小将使得双方知识的共享和整合变得更为容易，因为企业成员之间对彼此的话语体系和表达方式沟通和理解起来更为顺畅，从而有助于更好地进行知识共享（Wirsich et al.，2016），促进合作关系。反之，伙伴双方在文化因素方面的误解，会降低它们之间知识的流动和相互学习（Le and Evangelista，2007）。从关系资本的视角看，企业间合作伙伴文化兼容性越高，伙伴间就越能相互了解、认同、尊重、包容彼此的价值观、行为处事的方式和态度，这样双方认同型信任或情感型信任就会随之产生和增加，使得双方更愿意交流和沟通，从而促进合作关系。综上所述，本书提出假设 H2c 和假设 H2d。

H2c：文化兼容性对合作关系质量具有正向影响。

H2d：文化兼容性对合作关系强度具有正向影响。

（三） 资源互补性与知识合作关系

从资源基础观的角度看，企业间合作关系的建立是基于双方都具有获取彼此互补性资源需求这一逻辑驱动的（Vuola and Hameri，2006）。资源的互补是双方开展合作以及合作过程中进行知识共享的基础，正是由于企业间互补性创新资源的存在，才会促使双方产生高度的涉入关系（Gadde and Snehota，2000），这种高度的涉入关系当然也会影响彼此之间的关系强度和关系质量。这一作用机制可用社会交换行为理论加以解释。社会交换行为主义观点认为，人们愿意持续某些行为是因为这些行为在经验中被证实能够得到正面的报酬；反之，若某些行为无法得到报酬，甚至要付出代价时，这个行为就会停止不再继续（Homans，1958）。换言之，人们自愿行为的动机是出于他（她）们期望能够而且事实上通常也确实能够从别人那里获得相应的回报（Blau，1964），人们只有觉得这个交换关系有吸引力时（可从对方身上获得一些有价值的资源）才会继续与对方互动，将信息告知并将知识分享给对方。因此，社会交换行为主义强调知识共享中互动双方等价报酬的提供，这种报酬可以为外显性报酬或内隐性报酬（蔡宁和黎常，2007）。具体到创新网络内知识合作情境中，既可以为对方提供研发资金、研发仪器设施、高素质科研人员等较为外显性的报酬，又可以为对方提供技术知识和能力等较为内隐性的报酬。企业间合作双方创新资源互补性越强，则越能为彼此提供这种等价的外显性和内隐性的报酬，从而激发双方关系强度和关系质量。

从创新经济性和组织学习的角度看，企业间合作双方之所以有参与合作的动机，在于看中对方所拥有的互补性创新资源，这样一方面可以利用对方现有的资源和能力进行技术创新，从而避免重复投资所带来的资源和时间的浪费；另一方面，双方对彼此互补性资源的利用、学习、共享与整合，就有可能成倍放大双方资源的价值和作用，达成各方自身无法或需要耗费大量时间和精力才能独立完成的目标（Bastos，2001；郝斌等，2014）。因而，企业间合作双方之间资源和能力的互补性越强，越容易参与知识共享（包括显性知识和隐性知识），因此会促进双方的沟通和交流，因为通过这种知识共享行为能学习和获取到对方的关键技术资源和技术经验诀窍（Kalaignanam et al.，2007）。

从关系资本视角看，信任是构成关系资本的关键元素，企业间合作伙伴双方具有的资源和能力的互补性越强，越能发挥彼此的能力长处，产生优势互补的协同效应，这样合作双方各自的目标和共同的合作目标协同性达成的可能性亦越高，这时伙伴双方对彼此发挥作用的能力预期和评价就越高，即彼此之间会强化基于能力的信任关系（Competence-Based Trust）（Shan and Swaminathan，2008）或基于认知的信任关系（Cognitive-Based Trust），而这种信任关系会促进双方加强专业技术知识上的合作与互动（Chowdhury，2005），即加强双方的关系强度和关系质量。综上所述，本书提出假设 H2e 和假设 H2f。

H2e：资源互补性对合作关系质量具有正向影响。

H2f：资源互补性对合作关系强度具有正向影响。

（四）能力契合性与知识合作关系

创新网络内各企业间虽然各自企业生产要素互不相同，但能在价值链环节上具有部分比较优势，为了网络在市场竞争中"共同优胜"，避"共同劣汰"，企业间在产业链环节上展开合作，为了实现合作效率，网络合作企业都会有目的地增加对偶吸收能力，以构建友好的共生网络模式。当合作双方能力契合时，合作双方的合作程度就较为密切和长久，企业间在合作过程中互惠和支撑内在需求的投入量越大，即增加企业间兼容和匹配的投资越大，相互依赖程度就越大，进一步促使企业合作中的信息交流，增进企业间人员的频繁往来，加强企业间合作程度。

网络内企业间能力契合性程度越高，双方的合作程度就越密切和长久。反之，一方在合作关系中的能力突出，则意味着具有较强的网络内部控制能力和讨价还价的能力，使该方从双方关系中获取比较多的利益，因而具有很强的网络制衡力量。合作能力的差异性过大一般来说会获得较高的垄断利润，但对于合作程度的紧密和长久并不是相关的关系。例如，大企业在网络中地位较高，具有较大的网络制衡力量，在网络中与其他企业间的合作深度和周期都低于对偶能力强即要素特征高的企业间的合作。

知识合作的完成，需要企业双方共同参与，知识发送方的知识转移能力在保障知识转移效果的过程中起到很重要的作用，发送方知识转移能力强，也能在更大范围内去宣扬自己的知识、技术，同时转移能力强，能让知识接收企业接受到容易理解、方便应用的知识，也能让更多的企业选择与其合作。发送方知识转移的强弱会影响到双方是否能够建立起良好而深入的沟通关系。知识交流活动可建立在高频率和深层次的交往活动基础上，知识交流为企业创新带来了更多的信息与资讯。因而，创新网络内的企业在创新过程中，若要得到更多的其他企业的生产技术类的信息，则需要依靠企业间更加深入的交流，作为知识发送企业来说，所具有的知识转移能力便是这种交流活动能够有效进行的保障。当企业具有较强的发送能力，网络内可与该企业发生知识交流的企业会主动选择其作为合作对象，也能进行更深层次的合作，从而影响企业对外交流对象数量的拓展以及与交流对象的深层次沟通，以此对企业的知识合作绩效产生影响。反过来，对于知识接收方来说，为了知识能在接收方得到良好的效果，就需要接收企业能够有匹配的知识吸收能力（Cohen and Levinthal，1990）。企业的知识吸收能力由知识搜寻能力、知识学习能力、知识吸收利用能力构成。知识搜寻能力体现企业对外界知识感知的敏锐性，企业能快速找到有自身所需知识的合作伙伴并与之进行交流。知识学习能力是指有能力把吸收进来的知识在企业内部进行传播交流，以达到新知识的内化作用。因此，平时应加强企业对知识吸收能力的提升培养工作，让企业有更多的场合参与知识转移活动。知识合作同时也可以促进企业吸收能力的提升。因此，合作企业间的动态能力的要素特征使得知识合作双方快速实现知识转移并且有效整合既有知识，从而实现知识的创新，企业更愿意与自身能力匹配的企业进行知识合作，也愿意投入更多的资源和精力维持与自身能力匹配的企业间的合作关系，提升合作关系强度和合作关系质量。综上所述，本书提出假设 H2g和假设 H2h。

H2g：能力契合性对合作关系质量具有正向影响。

H2h：能力契合性对合作关系强度具有正向影响。

四、知识合作关系与知识合作绩效

知识合作有赖于微观主体之间的有效配合、相互协调，共同完成创新任务。不过，在合作过程中，合作各方可能由于对合作目标的认知不一致、监督不到位以及组织管理无效，导致各方的行为迥异，出现各种机会主义行为，最终使得合作失败。如合作中的研发不努力或投入不足、任务完成拖时、刻意隐瞒部分成果、挪用项目资金、知识侵权等，这类行为不利于创新发展，它使得合作各方无法形成合力，知识信息传递受到极大阻碍，也给创新活动带来极大风险。Cummings 和 Teng（2003）指出，在合作中，除了要求各个成员增加其 R&D 投入以提升合作效率之外，合作成员之间是否构建顺畅、协调的合作关系，对整体的创新绩效也会产生重要影响，具体而言，合作成员之间的地理距离、关系融洽程度等都会显著影响合作的可靠程度及效益大小，因为地理邻近性使得区域内的各种相关联企业聚集在一起，降低合作中的各种交易成本，使它们更容易获得互补性资源，知识流动也会更为频繁，进而对合作创新效率产生积极影响。Petersen 等（2005）认为，在基于价值链的合作创新中，供应商的技术能力、可信程度以及经济实力会对合作创新绩效产生明显的正向效应，同时，供应商参与新产品开发的时间投入和资源投入等起着调节作用。Mohr 和 Spekman（1994）强调，合作企业间的关系承诺、合作伙伴间的生产与技术开发协调性、合作伙伴间的沟通顺畅性、合作伙伴的投入意愿、管理方面的顺畅程度是企业选择合作伙伴时需要注意的。Koufteros 等（2007）发现，合作伙伴的经验和声誉等对合作创新产生正向影响，经验和声誉形成的信任关系减少了合作过程中的不必要纷争，使得合作更顺畅地进行，各方能力也得到充分发挥，因而对合作绩效产生正向影响。Lhuiller 和 Pfister（2009）的研究也证实，合作伙伴的经验和声誉都可以显著降低合作中的失败风险，而一定程度的地理邻近性又有助于合作各方增进互信，并提升创新绩效。Fawcett 等（2012）认为合作创新的核心在于建立信任关系，没有信任的合作不稳定且不能持续，还通过一个动态模型论证了信任对合作绩效的影响。在国内研究中，范如国等（2012）以浙江省永康产业集群中的星月集团与双健集团合作创新为例，研究集群中企业合作创新的信任机制，发现信任关系的增强可以从关系强度和结构自主性两个方面加以实现，提升了合作中学习效率、信息透明，保障了气垫船项目开发成功。杨东奇等（2012）指出，合作伙伴的抗风险能力、合作关系因素如信任与沟通、知识产权问题协调以及合作中的交易成本都会影响合作绩效，特别是如果合作后效应对企业不利，通过合作培育出竞争对手，那么企业可能在事前放弃合作。刘群慧和李丽（2013）认为，当企业在创新网络中与其他伙伴之间关系嵌入程度越强时，伙伴的机会主义行为程度、风险感知程度会越低，企业的合作意愿越强，并以广东省中小企业局公布的企业名单做了随机调查研究，结果证实了他们的观点，他们建议中小企业要加强与外部环境的联系、增加互动频次和交往范围，在合作网络中树立良好形象和声誉，这些都有助于提升企业的合作创新绩效。

合作主体间的关系质量影响企业创新绩效是通过关系质量的两个维度产生作用，即信任与满意。学习主体间关系质量水平高首先表现为主体间高度的信任感，信任解释了主体间任何一方不会因为自身的利益而损害对方的利益，破坏彼此之间的关系稳定；信任是主体间的一种价值认可，这种稳定的感知产生了主体间利于资源交流的氛围。Smeltzer（1997）认为，组织之间和个人之间的信任对于交流主体的关系都非常重要，信任度的提高可以提升组织之间知识共享的效率。Mcevily 等（2003）认为，学习主体间信任程度会影响知识共享过程中的开放性，从而影响解决问题过程中的协作效率。Norman（2004）认为信任使得知识共享主体间的保护倾向降低，从而提高了知识转移效率，提高新知识产生的机会。Inkpen 和 Currall（1998）研究了企业联盟中的知识学习，结果显示联盟成员间信任度与学习效果及知识转移效果呈正相关，学习主体间的信任度与知识学习效果呈正相关关系。信任作为关系质量的主要因素，在学习者之间实质上是一种学习机制、一种制度安排，这种制度安排降低了知识共享过程的成本，增加了知识交换的频率以及新知识产生的机会，提高了组织创新的多样性。关系质量的另一个重要维度是满意。关系满意的早期研究集中在销售领域，Anderson 和 Narus（1990）认为关系满意是指消费者与销售商之间关系的综合情感评价。Wulf 等（2001）也认为，关系满意是一种对过去情感积累的评价，这种评价是对过去互动过程中经验的总结。Smith 和 Barclay（1997）认为，关系满意既是关系质量的重要组成维度又是主体关系的重要结果。关系质量的满意维度实质上影响了主体间关系的稳定性、持续性，满意度高的关系中，主体更愿意建立长久、稳定的交往，并会为了知识的交流创造便利的环境，提高知识交换的频率、成功率。

Leonard-Barton 和 Sinha（1993）、Eisenhardt 和 Tabrizi（1995）认为紧密的关系有利于双方关系质量的提升，因为紧密的关系可以提升跨组织的知识整合效率；Granovetter（1973）则认为松散的双方关系有利于知识的转移，因为松散关系可为相互之间没有联系的组织提供转移新知识的途径。Hansen（1999）从知识本身的特性出发，试图对两种不同的观点进行整合研究，发现紧密的关系有利于复杂知识的转移，松散的关系有利于简单知识的转移。Levin 和 Cross（2004）则认为信任可以分为：品行信任和能力信任两种，两种信任都对知识转移绩效产生积极影响，但当同时控制品行信任与能力信任两个变量后（也就是当处于同一信任程度的情景下），松散关系比紧密关系更利于有用知识的转移，即松散关系更能提升知识转移绩效。Reagans 和 Mcevily（2003）的研究表明，对于显性知识而言，无论是松散关系还是紧密关系，都可以取得知识转移的成功，只不过从效率的角度来衡量，松散关系不需要投入大量的时间和精力去维护关系；对于隐性知识而言，则只能采用紧密的关系。Reagans 和 Mcevily（2003）认为，无论对于何种类型的知识（隐性或者显性），紧密的关系都更加有利于知识转移，因为紧密的关系可以提升双方的凝聚力，进而增加双方合作的意愿和动机，可以使知识源愿意投入更多的时间和精力。这一观点获得了其他学者的赞同，并对其研究进行了丰富和发展。Tortoriello 等（2012）在 Reagans 和 Mcevily（2003）研究的基础上，就如何加强双方关系提出了具体建议，认为知识源和吸收方应通过设立"技术专家"职位的方式加强双方关系。Aalbers 等（2014）将关系分为正式与非正式两种，验证了紧密程度下的两种关系对知识合作均有积极促进作用。综上所述，本书提出假设 H3a 和假设 H3b。

H3a：合作关系质量对知识合作绩效具有正向影响。

H3b：合作关系强度对知识合作绩效具有正向影响。

五、知识合作关系的中介作用

关于知识合作绩效提升的问题，Williamson 基于交易成本理论提出了"交易特征—治理模式—合作绩效"分析框架。他认为不同的交易特征决定交易成本高低，从而产生偏市场化或科层化的合作治理模式。当某项合作中涉及的交易特征与双方选择的合作治理模式相匹配时，才能有效提升合作绩效。然而，交易成本理论缺乏对重复交易的考虑，暴露出一定的局限性。于是，学者们纷纷基于社会网络视角探讨关系特征对合作创新绩效的影响。借鉴 Williamson 的分析框架，本书认为合作关系特征也必然决定着与之相适应的技术创新模式，合作企业可以通过控制两者间要素匹配关系提升合作创新绩效。整理现有研究发现，诸多关于关系特征的概念在研究视角、层次和内容上缺乏区别，这不利于学者们获得合作关系特征影响合作创新绩效的规律性认识。在关系强度研究中，学者们关于哪一种网络邻近（Gulati and Gargiulo，1999）或哪种联结强度更有利于创新产生了完全相左的认识。另外，关于关系特征影响合作创新的分析，如联结强度的悖论（Hansen，1999）与信任机制的分歧（Dyer and Singh，1998），提示我们需要进一步细分联结强度和信任机制。社会网络视角重视"重复交易"中形成的关系特征，正好弥补了交易成本视角下合作治理分析框架的片面性，但关于合作关系特征内在联系和细分，现有研究仍存在许多未尽之处。在已有的研究中，大多数学者往往倾向于单独探讨关系强度或关系质量对组织间知识合作绩效的影响关系。然而，在组织间合作研发的过程中，特别是创新网络内企业间关系，关系强度和关系质量通常是相辅相成、并列存在的。换言之，企业间在合作过程中表现出来的关系特征既有强度又有质量，但遗憾的是，现有研究却很少对这两类关系属性并列进行探讨，这可能会使得对组织间合作的分析遗漏许多重要的信息。本书试图弥补这一研究不足，探讨在创新网络内企业间合作情境下，合作关系特征对于企业间要素特征与知识合作的中介作用。

创新网络理论强调创新网络是应付系统性创新的一种基本制度安排，网络构架的主要联结机制是企业间的创新合作关系，包含了正式和隐含特征的联系。基于这样的理论基础，区域聚集的网络企业由于其关联性特征，必然地构建创新网络，形成一种致力于创新的网络合作关系，并通过这种网络连接消除创新障碍，加强知识转移，从而有利于创新绩效。网络成员之间强大而有效的关系对网络企业创新的支持和帮助是创新网络形成的根本原因。这种关系可以通过知识转移和共享来帮助技术创新，特别是成员之间无形知识的转移（Grant，1991）。一个发挥强大作用的网络通过成员间的相互信赖以及稳定的互动使成员更容易接近合作伙伴的资源和能力，有助于协作的针对性和效率（Bell et al.，2010），网络成员之间信任关系使得成员得以保持良好的状态和信心，从而提高技术合作水平，交换彼此宝贵的知识和经验，网络成员需要从网络关系中获取协作、协调、解决问题的方法以及信息，从而使它们从网络中获利。

创新要素、组织间学习与绩效之间存在影响关系已经基本被学者们认可，所以学术和实践领域逐渐将争论的焦点转移到组织间学习通过何种途径、方式来提升绩效，即慢慢引入中介变量来挖掘这一过程的作用机理。在不同领域，市场导向、资源位势、运作流程、知识、能力和活动等均可能成为解释这一作用机理的中介变量（Zahra and George，2002；Zollo，2002）。合作创新本质上是一个动态的、企业间频繁交互的过程。这一过程为双方主体提供了一个信息与资源的网络交换平台，企业通过这一平台获取自己所需的稀缺资源与能力（Palvia，2002）。其中，发送方企业的创新能够源源不断为接收方提供新技术、稀缺资源，较强的要素特征有助于企业间通过这一平台获取稀缺信息与资源，通过在这交互过程中给予和获取的稀缺资源的数量与质量间接影响着合作创新绩效。基于社会交换理论，双方间的关系质量对交互过程中双方信息和资源交换的数量与质量往往产生决定性影响，所以企业间要素特征通过影响关系质量决定其在交互过程中与合作双方的信息和资源交换的数量与质量，进而影响合作绩效。换言之，发送方企业需要积极吸取接收方与之匹配的知识精华、结合自身特点进行技术以及管理上的创新，为接收方企业提供更匹配优质的知识技术资源，促使双方合作关系更为密切，增进彼此交流与信任，促进企业间缩短技术与认知差距，提高自身竞争力，形成良性循环，对合作绩效产生良性影响。结合前面的分析，合作对象间除了要素匹配会促进合作绩效，还可能会通过过程导向的变量—合作关系特征的关系质量和关系强度对合作绩效产生影响，即合作关系强度和合作关系质量很可能会起到中介作用。

根据温忠麟等（2004）对中介变量的定义，如果能够证明自变量 X 对因变量 Y 的影响关系，是自变量 X 通过影响变量 M、变量 M 进而影响 Y 来实现的，那么变量 M 则为自变量 X 与因变量 Y 之间的中介变量。从理论的逻辑上看，合作双方关系特征在企业间要素特征与知识合作绩效之间的中介作用机制也可做如下解释：企业间要素特征只是反映合作双方在合作伊始或合作过程中的一种伙伴特征状态，这种伙伴特征状态包括了双方目标的协同性、文化的相容性、创新资源互补性和能力契合性四个方面，从一般意义上讲，这四方面的程度水平越高，获得高水平的知识合作绩效的概率也就越大。无论再高匹配水平的伙伴，也必须通过合作双方持续的共同行动而自动地得到高水平的知识合作绩效。换言之，在以知识流动和共享为本质特征的知识合作情境中，合作伙伴匹配状态与知识合作绩效之间，很大可能存在以双方关系特征为表现的传导机制——共同行动，也即合作企业间要素特征四个维度对知识合作绩效的影响，很大可能是通过双方之间关系强度和关系质量这两个外显的中介传导机制来实现的。综上所述，本书提出研究假设 H4a~假设 H4h。

H4a：合作关系质量在目标协同性与知识合作绩效之间起中介作用。

H4b：合作关系强度在目标协同性与知识合作绩效之间起中介作用。

H4c：合作关系质量在文化兼容性与知识合作绩效之间起中介作用。

H4d：合作关系强度在文化兼容性与知识合作绩效之间起中介作用。

H4e：合作关系质量在资源互补性与知识合作绩效之间起中介作用。

H4f：合作关系强度在资源互补性与知识合作绩效之间起中介作用。

H4g：合作关系质量在能力契合性与知识合作绩效之间起中介作用。

H4h：合作关系强度在能力契合性与知识合作绩效之间起中介作用。

六、创新网络开放度的调节作用

日益开放的创新范式以及技术创新演化的事实对创新网络及其作用机理提出了新的挑战。开放式创新理论和探索式学习理论等强调技术创新要打破边界，不仅是企业的边界，还包括网络的边界，强调不断建立新的关系以及这种关系的功态变化（Dittrich and Duysters，2007；Chesbrough，2003；Eisingericha et al.，2010）。Vlarkusen（1996）证实了美国的一些制造业行业跨网络的联系平台对于集群网络绩效的显著作用，新成员的不断加入与网络的柔性对于保持网络内企业的绩效也同样重要，因为网络成员间的功能性和认知性锁定需要更开放的态度。Uzzi（1997）研究了纽约当地产业网络中的 23 个企业，认为网络关系的强连接在给企业带来竞争优势的同时，也限制了企业对于外界变化的应对能力，因此另一个决定创新网络如何发挥作用的因素就是创新网络的开放度。Laursen 和 Salter（2006）强调外部知识资源的能力对组织的创新能力非常关键，认为企业对外部资源的开放度越强，企业获得的技术机会就越多。外部知识搜寻既要有深度又要尽量扩大搜寻范围。同时，企业在创新时面临一个两难困境，创新往往需要开放度，而创新网络的内部合作与创新商业化的实现又要求具有一定的专属性，企业对外部创新资源的开放度与企业的专属性策略的强度之间呈现倒 U 形曲线关系（Visser，2009）。Chesbrough（2003）提出开放式新模式，创新网络是实现开放式创新的一种重要途径，同时其组织结构与网络关系又受到开放式创新环境的影响。目前越来越多的产业进入开放式创新范式，其创新外部联系网络也需要适应环境变化，不断地开放和发展。Dittrich 和 Duysters（2007）认为企业必须进行两种知识活动：知识探索和知识利用，两者缺一不可。如果说知识利用可以在创新网络内部通过专属化活动完成，那么知识探索要实现的目标在于建构新的能力，具有创造性破坏的倾向，需要新的成员加入以及与网络外部进行有效联系。而企业与企业间的强弱连接对于企业的探索式创新和利用式创新发挥的作用十分复杂。创新网络内企业可以通过选择网络开放度的最优化选择，从而影响自身创新资源的获取；网络开放有利于企业减弱对锁定的担忧，在企业的开放式创新中起着重要作用。创新网络开放度是网络内企业对内部及与其他创新主体进行治理的关键问题，是网络企业创新发展过程中重要的调节变量，学者们对创新网络开放度调节效应的研究较为少见，尤其是缺乏创新网络开放度对互补性要素与合作关系特征之间关系的调节作用的研究。

本书认为，创新网络内企业间知识合作关系不是一成不变的，是由主体间的相互作用形成的并受相关要素的影响随时变化的。外部环境是构成创新网络内企业间合作生存和发展的外部条件，与合作主体相互作用、相互影响，是创新网络内企业间合作关系质量变化的重要影响因子。创新网络开放度的大小，决定了企业撬动和利用网络生态系统中创新主体蕴藏的资源、能力、知识等要素的多少和程度，进而影响网络内企业的合作关系特征。创新网络开放度较高，网络接口连接的创新主体数量就越多（Lee et al.，2010），不同种类和不同端口的企业数量也就越多，它们携带的大量互补性资源就会聚集在创新网络生态系统中，创新网络内企业能够整合和利用的互补性信息和资源就会越多，有利于补充网络内企业的现有技术和能力，帮助企业提高产品和服务质量，提升供应效率，降低交易成本。正因为如此，企业间原有合作格局以及建立起的要素特征就会被打破，对企业间原本的合作关系造成影响，企业会根据自身需求重新选择更便捷和更有利的合作伙伴，会弱化企业间原本的合作关系强度和合作关系质量。创新网络开放度越高，对创新主体之间的限制就会降低，有利于网络企业在相关领域进行更多元化、多方位的合作，企业对之前合作对象的依赖程度会降低，同时也会减少对原合作伙伴的投入。创新网络开放度会增加网络成员的复杂性和资源的冗余性，外部环境频繁而又不确定的变化会降低信息相关性并增加合作主体之间相互学习的难度，同时，开放度使得企业间的目标协同性、文化兼容性、资源互补性、能力契合性都受到挑战，因而削弱了原本企业间要素特征带来的合作关系的稳定，进而影响合作绩效。综上所述，本书提出研究假设 H5a~假设 H5h。

    H5a：创新网络开放度负向调节目标协同性与合作关系质量之间的关系。

    H5b：创新网络开放度负向调节目标协同性与合作关系强度之间的关系。

    H5c：创新网络开放度负向调节文化兼容性与合作关系质量之间的关系。

    H5d：创新网络开放度负向调节文化兼容性与合作关系强度之间的关系。

    H5e：创新网络开放度负向调节资源互补性与合作关系质量之间的关系。

    H5f：创新网络开放度负向调节资源互补性与合作关系强度之间的关系。

    H5g：创新网络开放度负向调节能力契合性与合作关系质量之间的关系。

    H5h：创新网络开放度负向调节能力契合性与合作关系强度之间的关系。

七、构念模型及研究假设汇总

通过前文的理论分析，形成了企业间要素特征影响知识合作的构念模型，具体见图 4-2。

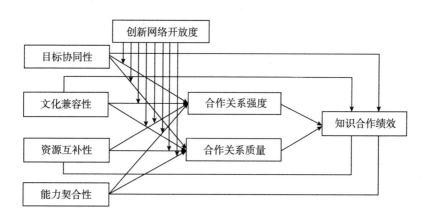

图 4-2　构念模型

基于前文的理论分析与逻辑推理，本书提出 5 组共 30 个假设，本书的假设如表 4-2 所示。

表 4-2 假设汇总

	企业间要素特征对知识合作绩效的直接影响
H1a	目标协同性对知识合作绩效具有正向影响
H1b	文化兼容性对知识合作绩效具有正向影响
H1c	资源互补性对知识合作绩效具有正向影响
H1d	能力契合性对知识合作绩效具有正向影响
H2a	目标协同性对合作关系质量具有正向影响
H2b	目标协同性对合作关系强度具有正向影响
H2c	文化兼容性对合作关系质量具有正向影响
H2d	文化兼容性对合作关系强度具有正向影响
H2e	资源互补性对合作关系质量具有正向影响
H2f	资源互补性对合作关系强度具有正向影响
H2g	能力契合性对合作关系质量具有正向影响
H2h	能力契合性对合作关系强度具有正向影响
	知识合作关系对知识合作绩效的影响
H3a	合作关系质量对知识合作绩效具有正向影响
H3b	合作关系强度对知识合作绩效具有正向影响
	知识合作关系对企业间要素特征与知识合作创新绩效之间关系的中介作用
H4a	合作关系质量在目标协同性与知识合作绩效之间起中介作用
H4b	合作关系强度在目标协同性与知识合作绩效之间起中介作用
H4c	合作关系质量在文化兼容性与知识合作绩效之间起中介作用
H4d	合作关系强度在文化兼容性与知识合作绩效之间起中介作用
H4e	合作关系质量在资源互补性与知识合作绩效之间起中介作用
H4f	合作关系强度在资源互补性与知识合作绩效之间起中介作用
H4g	合作关系质量在能力契合性与知识合作绩效之间起中介作用
H4h	合作关系强度在能力契合性与知识合作绩效之间起中介作用
	创新网络开放度的调节作用
H5a	创新网络开放度负向调节目标协同性与合作关系质量之间的关系
H5b	创新网络开放度负向调节目标协同性与合作关系强度之间的关系
H5c	创新网络开放度负向调节文化兼容性与合作关系质量之间的关系

续表

	创新网络开放度的调节作用
H5d	创新网络开放度负向调节文化兼容性与合作关系强度之间的关系
H5e	创新网络开放度负向调节资源互补性与合作关系质量之间的关系
H5f	创新网络开放度负向调节资源互补性与合作关系强度之间的关系
H5g	创新网络开放度负向调节能力契合性与合作关系质量之间的关系
H5h	创新网络开放度负向调节能力契合性与合作关系强度之间的关系

八、本章小结

在第二章文献综述和第三章数量分析的基础上，本章对影响创新网络内企业间知识合作关系建立和持续的因素归纳为企业间要素特征，进而分析企业间要素特征对于知识合作关系进而对知识合作绩效的影响。将企业间要素特征划分为目标协同性、文化兼容性、资源互补性以及能力契合性四个维度，将知识合作关系划分为合作关系强度和合作关系质量两个维度，从理论角度详细阐述了多维度的企业间要素特征对知识合作的影响机理，解释了企业间要素特征对知识合作关系、知识合作绩效的影响作用以及作为中介变量的知识合作关系的影响机理。此外，还深入地探讨了外部变化对企业间知识合作所产生的冲击，即引入情境变量——创新网络开放度作为调节变量，分析了创新网络开放度对于要素特征与知识合作关系的调节作用，在借鉴前人研究成果以及理论分析的基础上提出了本书实证部分的构念模型以及研究假设。

第五章　实证研究设计

为了能够建立良好的理论模型，科学合理地设计实证分析过程就显得尤为重要，本章主要介绍了整个研究过程的设计环节。由于本书研究的是企业知识积累与企业两种创新类型之间的关系，直接采用客观数据测量变量存在困难，因此，本书采用了问卷调查的方式。静态研究设计主要包括问卷的设计流程、问卷内容设计、问卷发放、问卷量表质量检测等内容。

一、问卷设计

本书实证研究主要探讨企业间要素特征对合作创新绩效的影响，以及企业间要素特征影响合作创新绩效的内在机理。由于研究对象为企业，研究变量多为潜变量，大样本问卷调查法所获取的横截面数据能够满足本书的研究主题，因此本书静态研究主要采取问卷调查法获取实证数据。下文将简单介绍相应的问卷设计与变量测量。

（一）问卷设计流程

问卷设计是一项实证研究的重要环节，也是获得高质量数据的前提条件。按照问卷设计原则，本书的量表开发过程主要包括四个步骤：

首先，以大量的相关文献为基础，梳理了较大范围内的相关研究量表，形成本书的初级问卷量表库。具体而言，以"企业间要素特征"为例，关于企业间要素特征的研究不多，学者们通过要素特征和差异性正反两个视角分析问题，因此也形成了大量的相关概念。笔者认为与企业间要素特征相关的概念包括目标匹配、文化匹配、资源匹配、能力匹配等。本书收集了以上所有相关概念的量表

（所选取的量表皆来自引用率较高的文献，且发表于较好的期刊），形成了本书的"企业间要素特征"概念量表库。采取同样的方法，产生了其他构念"知识合作关系""知识合作绩效""创新网络开放度"的初级量表库。

其次，对初级量表库进行筛选，选择出与本书密切相关的量表。以"企业间要素特征"为例，为了进一步深入探讨企业间要素特征对于合作创新绩效的影响，本书依据组织间要素特征维度将企业间要素特征这一构念进一步解构为目标、文化、资源、能力。这四个维度的要素特征同时并存于企业间知识合作过程中，为了更全面、准确地度量各类要素特征，以第一步骤所形成的量表库为基础，并在其中筛选出与本书研究的四种要素特征密切相关的量表，并将其分别归类，形成本书的研究构念量表库。

再次，量表精简。对上一步骤所形成的量表库深入分析，删除内容重复或相似的题项，进一步形成高度契合本书的量表。

最后，量表语言的本土化。量表语言的本土化分为四步：第一步，将上一步骤形成的量表中所含有的英文题项进行翻译（委托一名硕士专业为英语、博士专业为管理的博士生帮忙翻译）；第二步，把所形成的量表与中文文献中相应的表达进行对比，进一步改进量表的语言；第三步，在团队研讨会议上，邀请专家对问卷进行头脑风暴讨论，进一步调整相应语言表达，使其进一步本土化且便于理解；第四步，邀请5位企业管理者进行问卷题项测试，并就问卷的语言是否通俗、是否存在难以理解和歧义的题项等问题进行了深入探讨，进一步完善问卷表达。

（二）问卷内容设计

最终问卷内容分为卷首语、指导语、具体题项、结语四部分。其中，卷首语简单介绍调研的学术目的且不存在任何的商业目的，打消调研对象的心理抵触情绪；指导语对问卷的耗时以及对答案的要求进行简单说明；具体题项是问卷中的重要内容，包括企业以及被调研者的基本情况以及企业所处的外部环境的情况；在结语部分，我们设置了对本书感兴趣的作答者的联系方式，可自由填写，以及对作答者的再次感谢。

本问卷采用李克特七分量表，作答者根据具体问题与本企业的实际情况的符合程度进行选择，其中，1为非常不同意；2为不同意；3为比较不同意；4为不确定；5为比较同意；6为同意；7为非常同意。

因为整个问卷由一人全部作答，且均为主观性判断，可能会导致问卷结果出现偏差。因此，在设计与发放问卷时，笔者采取了控制措施：为了避免作答者不愿意依据真实情况作答，笔者在卷首语采用黑体字，且下划线的形式标明"调查结果仅用于学术研究，绝不涉及商业目的，且保证对您提供的一切信息严格保密"；为了避免一致性动机问题，问卷中并未涉及所问的核心变量名称，且问卷中的顺序采用乱序；为了避免作答者因为不清楚而乱答的现象，问卷发放对象为企业高管、中层管理者，且要求作答者在本企业至少工作三年，对于新创企业成立不足三年的，选取自企业创建以来一直在该企业工作的管理者作答。

二、变量测量

为保证测量变量的信度与效度，问卷的题项均来自现有文献中的成熟量表，量表均采用李克特七分量表测量，1~7分别表示"非常不同意""不同意""比较同意""不确定""比较同意""同意""非常同意"。

（一）自变量：企业间要素特征

学术界关于企业间要素特征的研究及其测量主要集中在企业战略合作研究领域，具体而言，现有文献在探讨企业战略合作伙伴的选择标准时，会将企业间要素特征问题纳入自己的研究范畴，并通过实证方法开发设计用于测度企业间要素特征或伙伴匹配状态的量表。在具体测量时，不同学者根据研究需要采用单一维度进行测量或将企业间要素特征划分为多个维度分别进行测量。例如，Kale 等（2000）采用四个测量题项从互补性和相容性两个构面出发对企业间要素特征进行整体测量："伙伴间在资源/能力方面具有高度互补性""伙伴间在组织结构和文化方面具有相容性""伙伴间在管理和运作风格方面具有相容性""伙伴间有过密切的良好合作经历"，Cronbach's $\alpha = 0.66$。Hsieh 等（2010）将企业间要素特征界定为外商伙伴与本土伙伴的相容性，并用四个题项进行测量："管理和运营风格的相容性""目标的相容性""组织文化的相容性""所贡献资源类型的相容性"等，Cronbach's $\alpha = 0.81$。Vivek 和 Richey（2013）整合了相似性和互补性的内涵，企业与合资企业伙伴间相容性用九个条目来整体测度企业间要素特征，Cronbach's $\alpha = 0.759$。

本书参考大多数学者的建议，认为企业间要素特征是一个内涵复杂的多维度构念，采用单一维度进行整体测量难免造成构念信息的完整性不足，而且不同要素特征维度对结果变量和中介变量也会产生差异化的影响。本书在参考前人对企业间要素特征维度划分的基础上，并结合企业间的研究情境，将企业间要素特征划分为目标协同性、文化兼容性、资源互补性、能力契合性这四个维度，现分别就这四个维度的测量依据和测量量表进行阐述。

1. 目标协同性的测量量表

目标协同性是指合作伙伴双方各自的目标互促互利的程度以及合作双方各自的目标与合作目标一致或兼容的程度。合作伙伴之间的各自目标本身就是有差异的，但这并不妨碍双方的合作，因而尼尔·瑞克曼的目标连续带思想对于伙伴目标关系的完整描述可以为伙伴间的目标协同性测量提供良好的启发。我国学者李健（2008）、赵岑和姜彦福（2021）在测量合作伙伴之间的战略目标一致性或相容性时，便借鉴了这一思想，他们用"双方的战略目标是一致的""双方的战略目标能够同时实现""一方战略目标的实现有利于另一方目标的实现""双方的战略目标不会冲突"等条目来测量合作伙伴战略目标的一致性或相容性。Lakpetch 和 Lorsuwannarat（2012）用"你的组织和你的合作伙伴之间没有达成一致的目标（反向）""合作的目标可在合作伙伴之间达成共识""合作伙伴之间的目标是相互冲突的（反向）"等条目来测量合作伙伴战略目标协同性。

本书基于尼尔·瑞克曼的目标连续带思想，综合参考李健（2008）、赵岑和姜彦福（2010）、Lakpetch 和 Lorsuwannarat（2012）等国内外学者的相关量表，并结合企业间的研究情境以及企业实地访谈的反馈意见和专家意见对测量指标进行了适当的修订，形成了本书的测量量表（见表5-1）。

表5-1 目标协同性测量量表

变量	题项	相关学者
目标协同性	A1 我们双方对合作目标达成了共识，并有清晰准确的界定	李健（2008）；赵岑和姜彦福（2010）；Lakpetch 和 Lorsuwannarat（2012）
	A2 我们双方的目标经常会出现冲突（反向）	
	A3 我们双方各自的目标可同时实现	
	A4 我们双方对彼此的目标是相互支持的	
	A5 我们双方其中一方目标的实现有助于另一方目标的实现	

资料来源：笔者整理所得。

2. 文化兼容性的测量量表

文化兼容性是指合作伙伴双方对彼此的价值观、行为处事方式、对待事物的态度和看法、话语体系或沟通表达方式等方面相互适应、认同、尊重、包容的程度。关于文化研究，目前世界上主要有两种广为流行的分析框架，第一种是由Kluckhohm 和 Strodtbeck 提出的价值观取向文化模型，该模型主要有五个分析维度，即人的本性、人与自然的关系、时间观念、做事方式、人的等级关系；第二种是由荷兰著名文化研究学者 Hofstede 所提出的国家文化模型，该模型也由五个分析维度组成，即权力距离、不确定性规避、个人主义/集体主义、阳刚/阴柔、长期导向/短期导向。虽然这两种文化分析模型看似有明显的不同，但仍然有相通之处（陈至发，2005）。这两种文化模型被国内外学者广泛用于对合作伙伴之间的文化相似性、相容性或协同性的分析。如李健（2008）在兼顾上述两种文化模型分析维度的基础上，从平等性、个人与集体的关系、行为方式、时间取向、对风险的态度五个方面对合作伙伴间的文化相似性进行度量。赵岑和姜彦福（2010）也是基于上述两种文化分析模型从个人与集体的关系、行为方式、时间取向、对风险的态度、学习意愿五个方面对合作伙伴间的文化协同度进行测量。然而，这两种文化分析模型也有其缺陷，因为分析层面过于宏观，并不完全适用于对组织文化的分析和度量（陈至发，2005）。一般来说，组织的文化要素主要包括两个部分：一部分是组织成员的行为方式部分；另一部分是隐藏于行为方式背后的组织成员对事物的基本看法和态度，即价值观部分（陈至发，2005）。因此，大多数学者一般是从组织成员行为方式和价值观两个方面对组织文化进行度量。如 Sarkar 等（2001）测量合作伙伴双方文化兼容性的题项为"伙伴双方盛行的组织价值观和社会规范是一致的""伙伴双方参与项目的高层主管具有相容的处事理念/方法"。武志伟等（2005）用"是否接受对方的处事方式""高层主管经营理念相互认同""企业文化的相似性"等题项来测量合作企业间的文化兼容性。上述学者测量的都是企业伙伴间的文化兼容性，然而，对于企业间情境而言，学研方与企业方之间的文化差异与企业间文化差异的具体内容存在较大的不同。相应地，这两者关于文化兼容性的测量指标也自然会有所不同。有学者聚焦于企业间情境下伙伴双方文化协同性或差异性的测量，用三个题项来测量合作伙伴文化协同性，即"企业与学研方的价值观和行为规范能够相互包容""合作双方管理人员的处事理念和管理方法彼此相互包容""合作双方认可合作目标，愿意克服困难实现目标"。Plewa（2009）通过案例研究法，开发了企业间伙伴文化差异三个维度的测量量表：时间导向差异、市场导向差异和灵活性差异，并分别对企业在这三个维度上的文化表现进行测量，其中，时间导向最后为 1 个测量题项："守时对合作企业团队中的每一个人来说都是重要的"；市场导向为 2 个测量题项："我们的策略受到尽可能为顾客/企业伙伴创造价值的驱使""我们定期回顾我们的努力，以确保符合企业伙伴/顾客的需求"；灵活性为 3 个测量题项"合作企业团队是灵活且不断适应变化的""新的想法在这里总是被尝试""合作企业业务部门总是朝着改进做事的方向前进"。

很多学者认为合作伙伴之间的文化差异主要体现为双方对知识理论价值和商业化价值关注和追求的差异上（Barnes et al.，2002）。然而这一文化差异是否必然会带来企业间的障碍，不同学者各执一词。有的学者给出了肯定的答案，有的学者则持相反的意见，认为只要两者之间正视这种文化差异，理解并接受这种文化差异并在两者之间达成平衡，就不会对合作造成阻碍。本书认同后一种观点，这种观点体现了合作双方文化相容的一个方面，同时也得到了企业实地访谈反馈意见和专家意见的支持。鉴于此，本书将"我们双方理解并接受彼此在学术价值和商业化价值追求上的差异，并能在两者之间取得平衡"作为合作伙伴文化兼容性的一个测量指标。另外，Siegel 等（2003）认为合作伙伴双方在表达方式和话语体系上存在差异，可能给沟通带来障碍，在企业的实地访谈中也得到类似的反馈，认为学研机构的研究人员无论是书面文字表达还是口头表达，其用语习惯均过于学术化，沟通与理解起来较为困难，根据这一文化要素，本书设置了反映企业间情境文化兼容性的另一个题项即"双方的表达方式或话语体系不会给彼此造成沟通或理解上的障碍"。综上所述，本书在综合参考 Sarkar 等（2003）、Plewa（2009）、李健（2008）、赵岑和姜彦福（2010）、武志伟等（2005）、何泽军（2012）等国内外学者相关量表基础上，再结合企业间情境以及实地访谈反馈和专家意见，对上述学者现有量表的测量指标进行了适当的选择，并新增了两个测量题项，最后形成了测量量表（见表5-2）。

3. 资源的互补性

国内外学者关于伙伴间资源互补性的测量量表的设计依据，主要源于 Das 和 Teng（2000，2003）这两篇关于战略合作资源理论和战略合作资源分析的经典文献，在这两篇文献中，作者将合作伙伴资源按照相似性（伙伴所贡献的资源在类型和数量上的可比较程度）和可利用度（伙伴所贡献的资源在实现合作目标中的可利用程度）两个维度，分为四种类型的资源组合：扩充型（Supplementary）、

表5-2 文化兼容性测量量表

变量	题项	相关学者
文化兼容性	B1 我们双方的表达方式或话语体系不会给彼此造成沟通或理解上的障碍	Sarkar 等（2003）；Plewa（2009）；李健（2008）；赵岑和姜彦福（2010）；武志伟等（2005）；何泽军（2012）
	B2 我们双方对长期发展和短期利益间关系的态度相同	
	B3 我们双方对创新风险的态度是一致的	
	B4 我们双方能够理解并接受对方的行为处事方式	
	B5 我们双方在应对合作中出现的意外或变化上都表现出很好的灵活性	
	B6 我们双方理解并接受彼此在商业上的差异，并能在彼此间取得平衡	

资料来源：笔者整理所得。

互补型（Complementary）、剩余型（Surplus）和浪费型（Wasteful）。其中，扩充型资源组合是指伙伴双方贡献的资源相似且是可利用的；互补型资源组合是指伙伴双方贡献的资源不同且是可利用的；剩余型资源组合是指伙伴双方贡献的资源相似但是不能充分地利用；浪费型资源组合是指伙伴双方贡献的资源不同，但是不兼容或不能充分地利用。只有扩充型资源组合和互补型资源组合会增强合作的集体优势，而剩余型和浪费型资源组合无益于合作的集体优势（Das and Teng，2000；Das and Teng，2003）。虽然这两篇文献只是对合作伙伴的不同资源组合建立了理论分析框架和提出了初步的理论假设，并没有开发相应量表进行大样本数据验证，但是为后来学者对伙伴资源互补性的界定和测量提供了良好的借鉴。如我国学者李健（2008）、赵岑和姜彦福（2010）等就是在参考 Das 和 Teng 关于合作伙伴资源组合分析框架基础上，考虑资源的相似性和资源的可利用度两个维度开发了合作伙伴资源互补性的测量量表。李健（2008）关于资源互补性的测量指标如下："通过建立合作企业的资源能够得到充分的利用""合作增加了双方相似资源的总量""合作使双方拥有的不同资源实现了互补""合作双方的资源组合有利于增强企业的竞争力"。赵岑和姜彦福（2010）的测量指标设计如下："双方资源得到了更加充分的利用""增加了双方相似有用资源的总量""双方的资源组合有利于增强企业的竞争力""双方获得了或使用到了自身最急需的资源"。Lunnan 和 Haug Land（2008）用三个题项来测度合作伙伴资源互补性："我们合作双方相互依赖，因为我们贡献不同的资源和能力""我们的合作伙伴与我们贡献相似的资源和能力（反向）""没有我们合作伙伴的资源和能力这一合作将是不可能的"。叶飞和徐学军（2009）用三个题项测度供应链伙伴资源互补性："我们与供应链伙伴所贡献的资源均是双方所需要的""我们与供应链伙伴可借助双方的资源达到优势互补的效果""我们与供应链伙伴彼此在合作中都能各取所需、获得各自的好处"。本书也在 Das 和 Teng（2000，2003）关于合作伙伴资源组合分析框架的基础上，综合参考李健（2008）、赵岑和姜彦福（2010）、Lunnan 和 Haugland（2008）、叶飞和徐学军（2009）等国内外学者关于资源互补性的相关量表，并结合企业间情境以及实地访谈的反馈意见和专家意见对测量指标进行了适当的修订，形成了资源互补性测量量表（见表5-3）。

表 5-3 资源互补性测量量表

变量	题项	相关学者
资源互补性	C1 我们双方所贡献的创新资源均是彼此所需要的和有价值的	李健（2008）；赵岑和姜彦福（2010）；Lunnan 和 Haugland（2008）；叶飞和徐学军（2009）
	C2 我们双方可借助彼此的创新资源达到优势互补的效果	
	C3 我们双方合作后，彼此的创新资源/能力都能得到更充分的利用和发挥	
	C4 我们双方贡献的创新资源对于我们合作成功是必不可少的	
	C5 我们双方贡献的创新资源有助于我们达成各自的目标	

资料来源：笔者整理所得。

4. 能力契合性

知识能力伴随着开放式创新而出现，但其发展过程却落后于开放式创新。因为动态能力构念出现比较晚，所以对其进行系统性测度的研究较少，目前正处于研究发展阶段，代表性测量方法是 Lichtenthaler（2009）、陈艳和范炳全（2013）的测量，他们认为动态能力包括内部能力和外部能力两个维度，外部能力用于与其他组织或机构的交流、对外部信息的筛选和价值判断、对外部技术适用性和价值的判断、对外部知识的消化吸收等方面来测度知识的获取、消化和整合能力。Wong 和 Tjosvold（2005）则从企业之间的依赖程度、企业之间合作的重要性等方面来测度这种关系保留的能力。解吸能力主要涉及外部开发知识的活动，陈艳和范炳全（2013）从技术交易平台、知识产权制度、知识产权或专利的出售、知识产权的获取四个方面来测量解吸能力，由于解吸能力包括识别和转移两个过程，

Lin（2007）用企业对自身拥有知识的理解以及企业知道如何转移知识等来测量知识在转移方面的能力。鉴于本书分析的是创新网络情境下企业间知识合作问题，重点专注的是企业间合作关系问题，所以本书知识能力契合性借鉴以上关于创新能力的内外部能力鉴定，以及刘克寅和汤临佳（2016）关于能力兼容性的研究，本书借鉴 Lichtenthaler 和 Lichtenthaler（2009）、陈艳和范炳全（2013）等的研究成果，从三个方面来测量企业动态能力契合性：合作企业对所开发技术的了解情况、不同能力互补状况和能力发挥激励作用（见表5-4）。

表 5-4　能力契合性测量量表

变量	题项	相关学者
能力契合性	D1 我们双方能共享知识和信息	Lichtenthaler 和 Lichtenthaler（2009）；陈艳和范炳全（2013）；Naoumova 和 Douglas（2009）
	D2 我们双方能够快速识别彼此信息和知识的重要性	
	D3 我们双方能够迅速判断彼此信息和知识的适用性	
	D4 我们双方了解对方知识或技术的需求	
	D5 我们双方能够有效整合彼此的知识和技术	

资料来源：笔者整理所得。

（二）因变量：知识合作绩效

企业间知识合作研究中，知识合作绩效作为最重要的结果变量是企业对预期目标或效果的表现。学者们从不同的研究目的和视角采用主观测量方法或客观测量方法对企业合作创新绩效进行测度，但是对于大多数企业来说，采用客观的企业数据很难通过第一手的数字信息来获取企业合作绩效，因为可能会涉及企业的商业机密或者是担心企业信息的泄露，而且一般采用较为广泛的客观测量方法对合作创新绩效进行评价和衡量。该方法具有较单一的测量缺陷，采用主观的问卷测量方法来获取企业合作创新绩效是学者们使用较多的一种主要方法，可以通过这种方法对企业绩效结果和效果进行主观评价，较综合和全面地衡量合作创新绩效的指标。例如，从企业的利润和规模成长及企业的成本目标这三个方面进行测量；利用企业间合作的持续时间来衡量合作绩效的结果；从企业间合作关系稳固性这一重要的指标来测度合作绩效。另外，有些学者的研究侧重于用企业间合作的满意程度衡量合作绩效，通过企业间合作满意度、幸存率以及合作关系稳定性和合作持续时间这四个方面测量合作绩效；也有学者根据企业参与合作是否提高现有技术创新绩效和管理创新绩效或者从企业获取伙伴的知识技术方面分析企业创新绩效的变化，如新产品研发数量、新工艺技术提升、引入全新技术、降低研发成本、缩短研发时间、有效拓展市场规模以及放大市场效应等；Zollo 和 Winter（2002）将合作创新绩效按直接绩效和间接绩效两个维度进行划分，直接绩效是伙伴双方对达成目标的实现程度和满意程度的概括，间接绩效是双方各自从合作中得到的竞争优势。

综合上述学者们的研究，形成本书合作创新绩效的测量题项库。经过企业战略课题组和行业专家们的讨论，对题项库中的各指标进行精细化修改，最终选定了五个测量题项条目。企业间知识合作绩效测量指标的具体内容如表5-5所示。

表5-5 知识合作绩效测量量表

变量	题项	相关学者
知识合作绩效	J1 我方对我们双方长期合作目标的完成进度、合作结果和收益总体上是令人满意的	Mora-Valentin 等（2004）；D'Este 和 Perkmann（2011）；李世超等（2011）
	J2 我方与对方伙伴的知识合作关系非常愉快，合作关系的稳定对我很有益，我们双方愿意在未来继续开展更深层次的合作	
	J3 知识合作促进了我方技术创新能力的提升	
	J4 知识合作成果运用在新产品、新技术、新工艺等方面的进展达到或超过了预期	
	J5 知识合作研究成果（专利、标准、论文等）达到或超过了预期	

资料来源：笔者整理所得。

（三）中介变量：知识合作关系

对于中介变量知识合作关系的测量，主要考虑合作关系强度和合作关系质量这两个变量。借鉴 Granovetter（1973）、Capaldo 和 Petruzzell（2014）的研究成果，用交流频率、认同程度、支持与援助三个测量指标来衡量企业与集群成员构建的网络关系强度。本书用信任程度、整体利益、合作成效三个测量指标来衡量企业与集群成员构建的网络关系质量。

1. 合作关系质量的测度

本书根据 Lai 等的研究成果将关系质量划分为信任和承诺两个维度。信任是合作企业双方对彼此可靠性和诚实性的信心程度，对另一方企业行为的预测能力，并相信对方不会进行投机行为的信心。承诺表示企业希望和合作伙伴进行协作的程度，以及与合作伙伴保持重要关系的持久愿望的忠诚程度。关于关系质量的测量，主要借鉴高维和和吉莉（2015）、Kim（1997）和刁丽琳和朱桂龙（2015）的研究，形成本书的测量量表（见表5-6）。

表5-6　合作关系质量测量量表

变量	题项	相关学者
合作关系质量	F1 我们双方都能严格恪守承诺，履行相关契约	高维和和吉莉（2010）；Kim 等（1997）；刁丽琳和朱桂龙（2015）
	F2 如果有新的合作机会，我们双方都将对方作为首选对象	
	F3 我们愿意与合作伙伴保持长期的合作关系	
	F4 伙伴企业能够积极帮助我们解决知识转移和知识吸收过程中存在的问题	
	F5 双方合作后，我们研发的速度得到了显著提升	
	F6 双方合作后，我们的核心技能得到显著提升	

资料来源：笔者整理所得。

2. 合作关系强度的测度

Kwon（2007）指出关系强度对于知识合作过程具有重要的影响作用。在合作中关系作为一种资源，往往表征为信任及其强度，关系强度可以通过合作双方的沟通频率以及双方的亲密程度两个方面进行刻画，朱学彦（2009）关于关系对合作的影响研究中也通过合作双方的联结表征关系强度。本书借鉴上述学者的观点及其量表，形成了由六个题项构成的关系强度量表（见表5-7）。

表5-7　合作关系强度测量量表

变量	题项	相关学者
合作关系强度	G1 我们双方之间存在密切的知识联系，对彼此提供的知识有较强的依赖性	Kwon（2007）；朱学彦（2009）
	G2 我们双方的知识互动较为频繁	
	G3 我们双方都不会做出有损对方利益的行为	
	G4 我们双方之间的关系很紧密	
	G5 我们双方经常一起讨论共同关注的话题	
	G6 我们双方成员之间经常进行非正式的交流	

资料来源：笔者整理所得。

（四）调节变量：创新网络开放度

根据国外的一些相关研究（Romanelli and Khessina，2005；Zaheer and George，2004），集群创新网络的关键影响因素已不仅限于网络内部关系维度或者结构维度，创新网络的作用受到网络成员与网络外的知识与信息源之间关系状态的影响，同时也受到网络内现有成员对于接纳新成员的意愿影响。Burt（2009）也认为如果网络成员与网络外的创新知识源的关系是有限并且狭隘的话，就会影响创新网络的功能，特别是在接近关键技术与新浮现的创新机会方面，会给创新带来障碍。此外，Coleman（1994）的研究也表明网络成员多样性同样会影响创新网络发挥作用。

许多实证研究支持以上观点，例如，Rodan 和 Galunic（2004）的研究显示网络中知识的异质性和多样性与网络中企业的技术创新水平有着正相关关系。相似的研究如 Mcevily 等（2003）发现在知识信息流异质性比较强的网络中的企业，比那些在同质性比较强的网络中的企业能获取更多的创新与竞争能力。这说明如果创新网络内成员有着更多的多样性，网络内部的知识和信息资源就会更加多样化，也会产生更多的与外部资源和信息发生关系的可能，从而导致创新网络发挥更好的作用。另外，在全球化背景下，区域创新网络需要建立国际化的创新联系，这种联系超越了地域和网络的界限，成为许多产业集群成功的要素之一。这表明集群创新网络的开放性日益发挥更加重要的作用，产业集群的动态和演化要求网络的高异质性，不同集群之间在技术、资源、人力等方面的动态交汇产生新的关系，从而克服网络的锁定和封闭，创造新的机会和创新（Porter，1998）。Markusen（1996）的研究表明了许多成功的产业集群最终的衰落来自对早期成功因素的路径依赖，在技术与市场环境的变化过程中，被成熟了的网络关系和结构锁定和封闭，失去了应对变化的能力。相反，更多成功的产业集群被称为新的硅谷，这些产业集群表现了积极的开放性。根据以上的研究，特别是借鉴了 Eisingerich 和 Bell（2010）、Rodan 和 Galunic（2004）以及 Markusen（1996）的实证研究设计，本书对创新网络开放度特征进行测量（见表5-8）。

表 5-8　创新网络开放度测量量表

变量	题项	相关学者
创新网络开放度	H1 在创新网络中我们企业和不同行业、不同性质并具备不同技术能力的公司、机构、组织保持联系以促进技术创新	Eisingerich 和 Bell（2010）；Rodan 和 Galunic（2004）；Markusen（1996）
	H2 在过去三年，网络原有成员对新成员加入网络中表示支持	
	H3 我们与网络外的其他企业或者组织保持着关系，这种良好的组织关系对创新很有帮助	
	H4 创新网络内部伙伴之间的关系模式能适应新出现的变化	

资料来源：笔者整理所得。

（五）控制变量的测量

本书结合已有研究一共选取了五个控制变量，分别为企业规模、企业年龄、以往合作经验、合作年限以及是否有政策支持。企业规模越大，发生合作的可能性就越大，现有研究中，学者们普遍通过企业员工数量和销售收入刻画企业规模（Tsai，2001；Kostopoulos et al.，2011），所以本书借鉴已有的研究，以人员数量和销售收入的对数值表征企业规模。另外，企业之间的合作经验也是影响知识合作的重要因素。具备丰富合作经验和历史的合作双方能更好地了解彼此的知识基础和知识结构，有利于更好地匹配，所以以往合作经验也是本书选择的控制变量之一。由于创新网络内企业间合作绩效是由多种因素共同作用的结果，除了本书的研究变量之外，还有其他一些因素也可能对合作绩效产生影响，因此有必要将这些可能的影响因素纳入研究模型中加以控制。

第一，企业规模。Hagedoorn 等（2009）研究指出，企业规模和企业构建合作组合的倾向存在紧密关联。企业规模越大，意味着其拥有资源和资本越多，企业的声誉优势和规模效应亦会越明显，能够为合作伙伴提供相对充分的资源和网络关系（Tsai，2001）。因此，规模较大的大型企业能够利用自身资源和网络优势与行业优秀企业构建合作关系，合作开展创新活动。已有研究明确指出企业间合作频率与企业规模正向相关（Gulati and Gargiulo，1999）。企业规模较小的中小企业则在经营和管理上更灵活，可能在创造性和速度等方面会优于大型的企业，尤其是在面对新出现的并且是具有颠覆性的技术时。综上所述，企业规模对企业构建合作的倾向乃至合作创新成效具有影响。因此，本书将企业规模纳入模型做控制变量，用企业职工人数来表征企业规模的大小（Kostopoulos，2011），鉴于不同企业的职工人数可能会有很大差异，因而以职工人数的自然对数值作为测量值。

第二，企业年龄。企业年龄也影响了企业开展合作创新行为。一般而言，企业的存续年龄影响着企业的管理效率和资源优化配置效率。企业的存续时间越长，资源的积累和行业声誉亦越高，也就越有建立合作的软优势。因此，经营时间较长、合作经验丰富的企业往往能够快速开展合作创新活动。本书将企业年龄纳入研究模型作为控制变量，利用问卷回收年份与企业创办年份的差值来刻画。

第三，以往合作经验的测量。本书用"贵公司与该企业合作前，是否曾与其他企业有过合作？"这一问项来测量。用虚拟变量表示，其中，1代表"是"，2代表"否"。

第四，是否有政策支持的测量。用"贵公司与该学研伙伴的合作是否获得政府支持（如政府科技计划经费支持、财政补贴等）？"这一问项来测量，用虚拟变量表示，其中，1代表"是"，2代表"否"。

（六）所有变量的汇总

本书所涉及的所有变量测量题项如表5-9所示，包括目标协同性、文化兼容性、资源互补性、能力契合性、合作关系质量、合作关系强度、创新网络开放度以及知识合作绩效。

表5-9　变量测量量表汇总

变量	题项	非常不同意	比较不同意	有点不同意	不确定	有点同意	比较同意	非常同意
目标协同性	A1 我们双方对合作目标达成了共识，并有清晰准确的界定							
	A2 我们双方的目标经常会出现冲突（反向）							
	A3 我们双方各自的目标可同时实现							
	A4 我们双方对彼此的目标是相互支持的							
	A5 我们双方其中一方目标的实现有助于另一方目标的实现							

续表

变量	题项	非常不同意	比较不同意	有点不同意	不确定	有点同意	比较同意	非常同意
文化兼容性	B1 我们双方的表达方式或话语体系不会给彼此造成沟通或理解上的障碍							
	B2 我们双方对长期发展和短期利益间关系的态度相同							
	B3 我们双方对创新风险的态度是一致的							
	B4 我们双方能够理解并接受对方的行为处事方式							
	B5 我们双方在应对合作中出现的意外或变化上都表现出很好的灵活性							
	B6 我们双方理解并接受彼此在商业上的差异,并能在彼此间取得平衡							
资源互补性	C1 我们双方所贡献的创新资源均是彼此所需要的和有价值的							
	C2 我们双方可借助彼此的创新资源达到优势互补的效果							
	C3 我们双方合作后,彼此的创新资源/能力都能得到更充分的利用和发挥							
	C4 我们双方贡献的创新资源对于我们合作成功是必不可少的							
	C5 我们双方贡献的创新资源有助于我们达成各自的目标							
能力契合性	D1 我们双方能共享知识和信息							
	D2 我们双方能够快速识别彼此信息和知识的重要性							
	D3 我们双方能够迅速判断彼此信息和知识的适用性							
	D4 我们双方了解对方知识或技术的需求							
	D5 我们双方能够有效整合彼此的知识和技术							
合作关系质量	F1 我们双方都能严格恪守承诺,履行相关契约							
	F2 如果有新的合作机会,我们双方都会将对方作为首选对象							
	F3 我们愿意与合作伙伴保持长期的合作关系							
	F4 伙伴企业能够积极帮助我们解决知识转移和知识吸收过程中存在的问题							
	F5 双方合作后,我们研发的速度得到了显著提升							
	F6 双方合作后,我们的核心技能得到显著提升							

续表

变量	题项	非常不同意	比较不同意	有点不同意	不确定	有点同意	比较同意	非常同意
合作关系强度	G1 我们双方之间存在密切的知识联系，对彼此提供的知识有较强的依赖性							
	G2 我们双方的知识互动较为频繁							
	G3 我们双方都不会做出有损对方利益的行为							
	G4 我们双方之间的关系很紧密							
	G5 我们双方经常一起讨论共同关注的话题							
	G6 我们双方成员之间经常进行非正式的交流							
创新网络开放度	H1 在创新网络中我们企业和不同行业、不同性质并具备不同技术能力的公司、机构、组织保持联系以促进技术创新							
	H2 在过去三年，网络原有成员对新成员加入网络中表示支持							
	H3 我们与网络外的其他企业或者组织保持着关系，这种良好的组织关系对创新很有帮助							
	H4 创新网络内部伙伴之间的关系模式能适应新出现的变化							
知识合作绩效	J1 我方对我们双方长期合作目标的完成进度、合作结果和收益总体上是令人满意的							
	J2 我方与对方伙伴的知识合作关系非常愉快，合作关系的稳定对我方很有益，我们双方愿意在未来继续开展更深层次的合作							
	J3 知识合作促进了我方技术创新能力的提升							
	J4 知识合作成果运用在新产品、新技术、新工艺等方面的进展达到或超过了预期							
	J5 知识合作研究成果（专利、标准、论文等）达到或超过了预期							

三、小样本试测

本书初始量表虽然属于学者们已经检验过的成熟量表，但是本书部分量表来自不同的研究成果，还有部分量表根据研究需要进行了再开发，因此，在正式大规模调研之前应该对量表进行小范围的试测，以确保大规模调研的效果。

（一）小样本数据收集

小样本的问卷调研时间安排在 2017 年 1~4 月，主要调研方式为两种：一种是利用科研团队的社会网络关系发放问卷；另一种主要是利用学校 EMBA 学生资源。本次小样本调研共发放问卷 150 份，回收 120 份，回收率为 80%。将收集到的问卷删掉问卷主体部分填写不完整的后，问卷答案呈现规律性，如大部分题项全部为 7 或 4 的无效问卷，最终有效问卷为 88 份，有效回收率为 73%。

（二）小样本数据的描述性统计

问卷收集后，首先对所收集数据的基本情况进行介绍，其人口特征描述和企业特征描述如表 5-10 和表 5-11 所示。

表 5-10　小样本的人口特征描述

统计内容	内容分类	频次（次）	百分比（%）
工作年限	不足 3 年	14	15.91
	3~6 年	35	39.77
	6~10 年	29	32.95
	10 年及以上	10	11.36
职位	总经理	7	7.95
	副总经理	14	15.91
	总监	27	30.68
	部门经理	23	26.14
	项目经理	17	19.32

表 5-11　小样本的企业特征描述性统计

统计内容	内容分类	频次（次）	百分比（%）
员工数量	50 人及以下	8	9.09
	51~100 人	8	9.09
	101~200 人	16	18.18
	201~500 人	26	29.55
	501~1000 人	24	27.27
	1000 人以上	6	6.82

统计内容	内容分类	频次（次）	百分比（%）
企业年限	5 年以下	16	18.18
	5~10 年	31	35.23
	10~20 年	27	30.68
	20 年及以上	14	15.91
所有权类别	国有	43	48.86
	民营	35	39.77
	中外合资	8	9.09
	港澳台独资	0	0
	外商独资	0	0
	其他	2	2.27
产业属性	电子及通信设备制造	13	14.77
	电气及元器件制造	14	15.91
	公共软件服务	16	18.18
	汽车制造	7	7.95
	医疗设备与仪器仪表制造	5	5.68
	冶金与能源	2	2.27
	石油化工	8	9.09
	食品饮料	7	7.95
	纺织服装	13	14.77
	其他	3	3.41

在分析数据基本情况后，检测小样本数据是否符合正态分布是应用结构方程模型与多元回归法分析数据的前提。表 5-12 描述了各测量题项的描述性统计结果，包括均值、标准差、偏度和峰度。Kline（1998）提出数据符合正态分布则必须满足峰度、偏度绝对值分别小于 10 和 3。从表 5-12 可知，小样本数据的峰度绝对值最大为 1.174，而偏度绝对值最大为 0.928，即认为小样本数据符合正态分布。

表 5-12　小样本的企业特征描述性统计

题项	统计量	最小值（M）	最大值（X）	平均值（E）	标准偏差	偏度	峰度
A1	88	1	7	4.09	1.638	0.084	−1.049
A2	88	1	7	4.08	1.557	0.262	−0.487

续表

题项	统计量	最小值（M）	最大值（X）	平均值（E）	标准偏差	偏度	峰度
A3	88	1	7	4.10	1.563	−0.006	−0.831
A4	88	1	7	4.14	1.680	−0.083	−1.174
A5	88	1	7	4.37	1.578	0.007	−1.017
B1	88	1	7	4.56	1.436	−0.431	−0.748
B2	88	1	7	4.56	1.447	−0.598	−0.466
B3	88	1	7	4.52	1.650	−0.278	−0.989
B4	88	1	7	4.38	1.515	−0.182	−0.932
B5	88	1	7	4.67	1.539	−0.446	−0.871
B6	88	1	7	4.59	1.475	−0.223	−0.774
C1	88	1	7	4.56	1.367	−0.296	−0.458
C2	88	1	7	4.67	1.581	−0.768	−0.246
C3	88	1	7	4.64	1.532	−0.565	−0.385
C4	88	1	7	4.66	1.541	−0.570	−0.380
C5	88	1	7	4.82	1.445	−0.611	−0.351
D1	88	1	7	4.78	1.620	−0.560	−0.568
D2	88	1	7	4.95	1.476	−0.577	−0.454
D3	88	1	7	4.73	1.448	−0.583	−0.355
D4	88	1	7	4.99	1.579	−0.641	−0.421
D5	88	1	7	5.05	1.476	−0.620	−0.310
F1	88	1	7	4.49	1.720	−0.792	−0.699
F2	88	1	7	4.60	1.480	−0.594	−0.662
F3	88	1	7	4.47	1.646	−0.456	−0.761
F4	88	1	7	4.58	1.761	−0.473	−0.911
F5	88	1	7	4.58	1.714	−0.539	−0.804
F6	88	1	7	4.33	1.639	−0.282	−0.902
G1	88	1	7	4.94	1.723	−0.928	−0.292
G2	88	1	7	4.72	1.675	−0.574	−0.802
G3	88	1	7	4.76	1.753	−0.604	−0.738
G4	88	1	7	4.87	1.801	−0.669	−0.701
G5	88	1	7	4.69	1.873	−0.360	−1.157
G6	88	1	7	4.68	1.830	−0.329	−1.136
H1	88	1	7	4.20	1.377	0.262	−0.605
H2	88	1	7	4.21	1.456	0.110	−0.763

续表

题项	统计量	最小值（M）	最大值（X）	平均值（E）	标准偏差	偏度	峰度
H3	88	1	7	4.36	1.602	0.033	−0.993
H4	88	1	7	4.53	1.665	−0.263	−0.794
J1	88	1	7	4.42	1.674	−0.224	−0.955
J2	88	1	7	4.44	1.838	−0.217	−1.065
J3	88	1	7	4.53	1.825	−0.297	−0.960
J4	88	1	7	4.39	1.761	−0.242	−0.955
J5	88	1	7	4.48	1.793	−0.243	−1.022

（三）小样本数据检验及初始测量量表修正

为了进一步发现问卷可能存在的问题，下文将通过探索性因子分析、CITC分析、一致性系数分析等，对初始测量量表进行检验与修正。根据前人的研究，判断标准主要包括以下三点：①要求 KMO 值大于 0.7，且 Bartlett 统计值显著异于 0；②CITC 大于 0.35；③Cronbach's α 系数大于 0.7。

1. 因变量：知识合作绩效

由表 5-13 可得到 KMO = 0.905，大于 0.7，Bartlett's 球形检验值显著（Sig. < 0.001），表明问卷数据符合因子分析的前提要求。因此进一步进行分析，因子提取时采用主成分分析方法，并以特征根大于 1 为因子提取公因子，因子分析结果总共得到 1 个因素，总解释能力达到了 77.368%，大于 50%，表明筛选出来的这个因素具有良好的代表性。

表 5-13　知识合作绩效探索性因子分析结果

变量	题目	因子载荷
		1
知识合作绩效	G1	0.884
	G2	0.875
	G3	0.861
	G4	0.889

注：KMO 值为 0.905，Bartlett's 值为 461.306，且显著异于 0，探索性因子分析得到的一个因子累计解释方差为 77.368%。

对知识合作绩效析出的一个因子进行信度检验，各题项的 CITC 值均大于 0.76，且相应的 Cronbach's α 系数均大于 0.9，表明知识合作绩效的各题项之间具有很好的内部一致性。

2. 自变量

由表 5-14 可得到 KMO=0.826，大于 0.7，Bartlett's 球形检验值显著（Sig.< 0.001），表明问卷数据符合因子分析的前提要求。因此进一步进行分析，因子提取时采用主成分分析方法，并以特征根大于 1 为因子提取公因子，因子旋转时采用方差最大正交旋转进行因子分析，四个因子的解释能力分别为 17.237%、17.000%、16.844%、15.700%，总解释能力达到了 66.781%，大于 50%，表明筛选出来的四个因子具有良好的代表性。因子载荷如表 5-14 所示。

表 5-14　企业间要素特征的探索性因子分析结果

变量	题项	因子载荷			
		1	2	3	4
目标协同性	A1	0.139	0.167	**0.747**	0.013
	A2	0.170	0.094	**0.801**	0.010
	A3	0.212	0.135	**0.793**	0.017
	A4	0.179	0.147	**0.835**	0.009
	A5	0.161	0.082	**0.861**	−0.023
文化兼容性	B1	−0.009	**0.696**	0.204	0.211
	B2	0.193	**0.724**	0.091	0.140
	B3	0.143	**0.791**	0.122	0.021
	B4	0.180	**0.786**	0.064	0.020
	B5	0.138	**0.747**	0.114	0.109
	B6	0.117	**0.693**	0.080	0.149
资源互补性	C1	**0.810**	0.128	0.167	0.058
	C2	**0.848**	0.161	0.186	0.059
	C3	**0.802**	0.188	0.192	0.083
	C4	**0.841**	0.177	0.144	0.097
	C5	**0.748**	0.114	0.227	0.153

续表

变量	题项	因子载荷			
		1	2	3	4
	D1	0.188	0.192	0.084	**0.750**
	D2	−0.011	0.117	0.006	**0.841**
能力契合性	D3	0.122	0.069	−0.030	**0.792**
	D4	0.010	0.087	0.023	**0.826**
	D5	0.105	0.105	−0.043	**0.755**

注：KMO 值为 0.826，Bartlett's 值为 599.645，且显著异于 0，探索性因子分析得到的四个因子累计解释方差为 66.781%。

对企业间要素特征析出的四个因子进行信度检验，企业间要素特征各题项的 CITC 值均大于 0.59，且相应的 Cronbach's α 系数均大于 0.8，表明企业知识积累各个维度具有较好的内部一致性。

3. 中介变量

对知识合作关系进行探索性因子分析，由表 5-15 可得到 KMO=0.832，大于 0.7，Bartlett's 球形检验值显著，表明知识合作关系问卷设计符合因子分析的前提要求。因此进一步进行分析，因子提取时采用主成分分析方法，并以特征根大于 1 为因子提取公因子，因子旋转时采用方差最大正交旋转进行因子分析，因子分析结果总共得到 2 个因子，解释能力分别为 39.075%、38.105%，总解释能力达到了 77.180%，大于 50%，表明筛选出来的 2 个因子具有良好的代表性。

表 5-15　知识合作关系探索性因子分析结果

变量	题项	因子载荷	
		1	2
	F1	0.116	**0.889**
	F2	0.129	**0.887**
合作质量	F3	0.159	**0.821**
	F4	0.108	**0.883**
	F5	0.143	**0.892**
	F6	0.125	**0.801**

续表

变量	题项	因子载荷	
		1	2
合作强度	H1	**0.875**	0.161
	H2	**0.915**	0.139
	H3	**0.899**	0.116
	H4	**0.896**	0.117
	H5	**0.844**	0.147
	H6	**0.811**	0.111

注：KMO 值为 0.832，Bartlett's 值为 599.645，且显著异于 0，探索性因子分析得到的两个因子累计解释方差为 77.180%。

对知识合作关系析出的两个因子进行信度检验，知识合作关系各题项的 CITC 值均大于 0.6，且相应的 Cronbach's α 系数均大于 0.79，表明企业知识惯性各维度各题项之间具有较好的内部一致性。

4. 调节变量

由表 5-16 可得到 KMO=0.852，大于 0.7，Bartlett's 球形检验值显著，表明问卷设计符合因子分析的前提要求。因此进一步进行分析，因子提取时采用主成分分析方法，并以特征根大于 1 为因子提取公因子，因子分析结果总共得到 1 个因素，总解释能力达到了 65.133%，大于 50%，表明筛选出来的这个因素具有良好的代表性。

对创新网络开放度析出的单一因子进行信度检验，各题项的 CITC 值均大于 0.5，且相应的 Cronbach's α 系数为 0.781，表明创新网络开放度的各题项之间的内部一致性可以接受。

表 5-16　调节变量探索性因子分析结果

变量	题项	因子载荷
		1
开放度	G1	0.792
	G2	0.801
	G3	0.813
	G4	0.822

注：KMO 值为 0.852，Bartlett's 值为 90.058，且显著异于 0，探索性因子分析得到的一个因子累计解释方差为 65.133%。

四、数据收集

本部分研究目的是探究企业间要素特征对知识合作的影响机理，研究对象为企业，为了获取可靠的数据，提高调研数据质量，静态研究的问卷发放对象为企业的高级管理者、中级管理者。

大样本的问卷调研时间安排在 2017 年 6 月至 2018 年 8 月，主要采用两种方式发放问卷：现场发放、网络发放。其中现场发放问卷也包括两种：一种是笔者亲自去企业走访或者委托熟人发放，其中，以现场问答的方式一对一展开数据收集，发放 26 份，回收 26 份，有效问卷 26 份；现场直接发放由作答者自行完成的，共发放问卷 70 份，回收 70 份，有效问卷 70 份。另一种现场发放问卷为借助导师的 EMBA 和 MBA 学生资源，其中，EMBA 共发放 100 份，回收 67 份，有效问卷 52 份；MBA 共发放 180 份，回收 131 份，有效问卷 92 份。网络发放依托于问卷星网站，主要借助社会网络关系，若其在企业内属于高层管理者或中层管理者的，直接填写，否则委托其将网站链接发送给企业相关管理者，并要求其找几家比较熟悉的合作企业进行问卷发放，共发放 400 份，回收 356 份，有效问卷 228 份。总共发放问卷 776 份，有效问卷 468 份，有效率为 60.31%，因为调查问题涉及企业间要素特征问题，所以在调查时刻意调研了企业以及与之合作的其他的企业，保证数据具有对应关系。

五、数据分析方法及研究工具

在实证分析之前需要对数据质量进行评估与检验，所采用的统计分析方法主要包括描述性统计、信度和效度检验、共同方法偏差控制、相关分析、结构方程模型、层次回归分析等。

此外，本书的实证研究旨在探究创新网络内企业间要素特征对知识合作的作用机理，可分为两大部分内容：第一，探究企业间要素特征是否影响知识合作，且从知识合作关系视角解释企业间要素特征对知识合作的作用机理,实证分析部分旨在采用实证数据检验企业间要素特征对知识合作关系的影响,以及合作关系在两者关系中的中介作用。结构方程模型是一种能够很好地处理潜变量的实证研究方法,因此,本书对中介作用的检验选取了结构方程模型。第二,探究创新网络开放度对企业间要素特征与知识合作关系之间的调节效应。对于调节效应的检验,笔者选取了目前管理学领域普遍采用的层次回归。

本书使用 SPSS22.0 软件完成描述性统计分析、信度与效度检验、相关分析、层次回归,使用 AMOS21.0 软件完成结构方程模型。下文简单地介绍了静态研究所涉及的主要研究方法。

(一) 描述性统计

描述性统计 (Descriptive Statistics) 是使用数学语言表述一组样本的特征或样本各变量之间的关联特征,用来概括和解释样本数据。描述性统计分析是对研究数据的总体状况的描述,一般描述样本数据的指标有均值、标准差、最大值、最小值、频数、百分比、偏度、峰度、相关系数等。样本数据的描述性分析是下文进一步展开统计分析的基础。

(二) 信度与效度检验

信度和效度均为对研究项目的评估指标,其中,信度 (Reliability) 描述是相同研究对象、相同测量方法得到相似数据的可能性大小,用于检验结果的稳定。本书选用 Cronbach's α 系数来检验样本数据的内部一致性。Cronbach's α 系数介于 0~1,值越大,表明量表的信度越高。一般认为 Cronbach's α 系数大于0.7,表明研究量表可被接受,若大于0.9,则认为量表内在信度很高。另一个衡量量表信度的指标为所有题项—总体相关系数 (Corrected Item-Total Correlation),一般认为该指标值大于0.35,才表明该题项是有效的,否则应予以删除。

效度是指测量工具能够准确测量研究中变量的程度,换言之,即测量数据是否真正反映了研究者想要测量的构念,可从内容效度与构建效度两方面进行度量。

内容效度是衡量测量工具反映构念的真实含义的程度。一般情况下,内容效度主要通过主观评价来测度,专家通过对问卷题项的来源,以及题项和构念之间关系的主观认识来评价。

构建效度一般采用验证性因子分析方法 (Confirmatory Factor Analysis,CFA)

来完成，其主要划分为收敛效度（Convergent Validity）和区分效度（Discriminant Validity）两类。其中，收敛效度大多采用因子载荷值（Factor Loading）、平均方差析出量（Average Variance Extracted，AVE）、组合信度（Composite Reliability，CR）来判断。一般认为因子载荷值要大于 0.5；AVE 要大于 0.5；CR 大于 0.8；区分效度是指不同的构念之间不存在较大的相关性。一般对于区分效度的检验分为两种：第一，观察变量之间的相关系数是否小于 0.85，若满足，则说明量表具有一定的区分效度；第二，比较变量的 AVE 的平方根与变量间相关系数的绝对值大小，若 AVE 平方根大于变量间相关系数绝对值，则认为变量的测量具备一定的区分效度。

（三）共同方法偏差

共同方法偏差（Common Method Biases，CMB）是指由于问卷所有题项均由同一人作答、项目语境、项目本身、测量环境等导致的预测变量与效标变量之间人为的共变。尽量减少共同方法偏差，研究者一般采用问卷设计进行控制。主要包括提高问卷的可阅读性、尽量减少问卷题项、缩短回答时间、平衡项目顺序等措施。数据回收后，一般采用 Harman 单因素检验方法，来检验数据是否存在多重共线性，具体做法为对所有研究变量进行探索性因子分析，若此时析出若干未旋转因子中最大因子解释量低于总解释量的一半，则认为测量不存在严重的共同方法偏差。

（四）相关分析

相关分析是对变量间的相关性进行测度的一种方法，采用 Person 相关系数判定变量之间的相关性是最为常用的方法，Person 相关系数取值为 [-1，1]，其中，-1 表示两个变量完全负相关，而 1 表明两个变量完全正相关，相关系数的绝对值越大，则说明两个变量相关性越强。相关分析是进行回归分析的基础，本书主要采用相关分析，分析企业员工知识积累、组织知识积累、网络知识积累、渐进性创新、突破性创新、环境动荡性、企业年龄、企业规模、企业所有权类别、产业类型等变量之间的相关关系。

（五）结构方程模型

结构方程模型（Structural Equation Modeling，SEM）是一个能够分析潜变量、显变量、误差变量之间关系的重要数据分析工具，有两类统计方法构成，即因素分析（Factor Analysis）与路径分析（Path Analysis）。此外，结构方程模型能够清晰地展示自变量对因变量的直接影响（Direct Effects）、间接影响（Indirect Effects）、总影响（Total Effects）。

结构方程模型分析一般要经过以下四个步骤：绘制假设模型、设定与模拟假设模型、检验假设模型、修正假设模型。根据前人研究，本书主要从三方面对结构方程模型适配度进行评价。

模型基本适配指标。在模型基本适配指标方面，存在五个标准：①估计参数中不能有负误差方差；②所有误差变异必须达到显著水平；③估计参数统计量彼此间相关绝对值不能太接近1；④潜变量与其测量指标之间的因素负荷量最好介于0.5~0.95；⑤不能有太大的标准误。

整体模型适配度。整体模型适配度分为三类：绝对适配统计量、增值适配统计量、简约适配统计量。①绝对适配统计量常用的有卡方值、卡方自由度比、RMSEA、GFI、AGFI。其中卡方值越小，表明整体模型的因果路径图与实际数适配越好，一般要求卡方值不显著，但是卡方值对样本数的大小非常敏感，样本过大，会很大程度增加卡方值，所以大样本数据，要结合其他适配指标综合判断；卡方自由度比介于1~3表示模型适配良好；RMSEA小于0.05则认为适配度良好，小于0.08认为可以接受，RMSEA值越接近于0，表明模型适配度越好；GFI和AGFI都介于0~1，值越大，表明模型适配度越好，并认为若其值大于0.9，则认为适配度良好。②增值适配统计量。增值适配统计量主要包括NFI值、RFI值、IFI值、CFI值、TLI值，这些指标大多介于0~1，但是其中TLI值、IFI值、CFI值则可能大于1。一般而言，上述五个指标要求在0.9以上较好。③简约适配统计量。简约适配统计量包括PGFI值、PNFI值、CN值等，其中，PGFI值、PNFI值要求大于0.5，而CN值要求大于200。本书所选取的适配度检验指标及其最低要求如表5-17所示。

表5-17　结构方程模型适配度的评价指标及其评价标准

绝对适配度指标	适配标准或临界值
卡方值（χ^2）	显著性概率值 p>0.05，即未达到显著性水平
卡方自由度比$\left(\dfrac{\chi^2}{\mathrm{df}}\right)$	介于1和3之间
RMSEA	<0.08（适配合理）；<0.05（适配良好）

续表

绝对适配度指标	适配标准或临界值
GFI	>0.90
AGFI	>0.90
增值适配统计量	
NFI 值	>0.90
RFI 值	>0.90
IFI 值	>0.90
CFI 值	>0.90
TLI 值	>0.90

（六）层次回归方法

此外，本书还探讨了创新网络开放度对两者关系的调节作用，该调节作用的检验主要采用层次回归方法。该方法可以按照变量之间的关系设定进入模型的顺序，从而进一步直观地观察新进入的变量对因变量的解释变化情况，因而在检验调节效应的研究中被广泛使用。

六、本章小结

本章主要阐述了研究设计，采用一系列实证方法探究企业间要素特征的四个维度对知识合作关系进而对知识合作绩效的影响、作用机理以及创新网络开放度的调节作用。研究设计主要分为五个研究设计部分：问卷设计过程、问卷设计内容、变量测量题项的确定、数据收集以及研究方法简单介绍。其中，问卷设计过程遵循"以大量文献阅读为前提—初始量表库建立—量表筛选—量表精简—量表语言本土化—最终量表形成"等步骤；问卷设计内容从卷首语到问卷的内容均做了详细交代；在变量测量部分，在大量文献基础之上，借鉴前人研究，确定了自变量企业间要素特征、中介变量知识合作关系、因变量知识合作绩效、调节变量创新网络开放度、控制变量等测量题项，根据研究需要对部分量表进行了重新设计；数据收集介绍了本书实证分析的数据收集过程；最后介绍实证研究所涉及的实证分析方法。

第六章　实证分析与结果检验

第四章详细地阐述了创新网络内企业间要素特征对知识合作之间关系影响机理，提出了相应研究假设，为了验证研究假设是否成立，本章采用结构方程模型方法对企业间要素特征影响知识合作的假设，以及合作关系特征在企业间要素特征与知识合作绩效之间中介作用进行检验，并使用层次回归方法对创新网络开放度的影响进行检验。

一、样本数据描述

（一）样本企业特征及被调查者特征描述

数据的描述性统计如表 6-1 所示。从员工数量来看，其中不足 50 人的企业有 38 家，占总企业数的 8.12%；人数超过 1000 人的企业有 16 家，占比为 3.42%；样本量主要集中在 101~200 人，201~500 人，501~1000 人，占比分别为 24.79%、33.33%、17.95%，但是总体而言，从企业员工人数来看，样本主要分布在中小型企业，这与笔者在预调研时的研究结论有关，中小型企业在预调研表现出更多的合作创新倾向和合作事实，所以在正式调研时，笔者偏重规模中等的企业。

表 6-1　样本数据描述性统计

统计内容	内容分类	频次（次）	百分比（%）
员工数量	50 人及以下	38	8.12
	51~100 人	58	12.39
	101~200 人	116	24.79
	201~500 人	156	33.33

统计内容	内容分类	频次（次）	百分比（%）
员工数量	501~1000 人	84	17.95
	1000 人以上	16	3.42
企业成立年限	5 年以下	116	24.79
	5~10 年	135	28.85
	10~20 年	141	30.13
	20 年及以上	76	16.23
所有权类别	国有	140	29.91
	民营	193	41.24
	中外合资	88	18.80
	港澳台独资	18	3.85
	外商独资	17	3.63
	其他	12	2.56
产业属性	电子及通信设备制造	53	11.32
	电气及元器件制造	144	30.77
	公共软件服务	64	13.68
	汽车制造	73	15.60
	医疗设备与仪器仪表制造	15	3.21
	冶金与能源	21	4.49
	石油化工	18	3.85
	食品饮料	27	5.77
	纺织服装	33	7.05
	其他	20	4.27
工作年限	不足 3 年	84	17.95
	3~6 年	135	28.85
	6~10 年	149	31.84
	10 年及以上	100	21.37
职位	总经理	71	15.26
	副总经理	114	24.35
	总监	97	20.78
	部门经理	123	26.30
	项目经理	62	13.31

从企业成立年限来看，成立年限分布均匀，其中，企业成立年限最短的（5年以下）有116家企业，占比24.79%；企业成立年限最长的（20年以上）有76家企业，占比16.23%；而企业成立年限频次最多的为5~20年，总共有样本企业276家，占比近60%。

从企业所有权类别来看，国有企业与民营企业两种企业类型占了绝大部分比例，大约为70%，其中，属于国有企业的有140家，占比29.91%；民营企业的有193家，占比41.24%。其余所有权类别的企业数量比较少。产生这种比例失衡的原因可能与笔者发放问卷的方式有关，但是本书研究的问题与企业所有权类别并没有太大的关联，因此，这套数据依然适合本书的研究。从总体情况来看，样本企业以民营企业为主。

从产业属性来看，占比前四的分别是电气及元器件制造、汽车制造、公共软件服务、电子及通信设备制造，占总样本量的70%以上，其他行业如医疗设备与仪器仪表制造、冶金与能源、石油化工、食品饮料、纺织服装等这些传统产业的占比较小。

从工作年限来看，分布较为均匀，人数最多的为6~10年，共有149人，占比31.84%；接下来为3~6年，共有135人，占比28.85%；工作年限不足3年和超过10年的，占比分别是17.95%、21.37%。总体而言，被调查者在企业工作时间较长，对企业情况较为熟悉。从职位来看，高层管理者占比40%左右；中层管理者人数占比60%左右，而中高层管理者对于企业的知识合作情况较为熟悉。

（二）变量测量题项的统计描述

本书对量表部分题目进行描述性统计，其中主要包含均值、标准差、偏度、峰度等信息，从而判断量表中的题目的基本水平和数据呈现的情况，具体如表6-2所示。

表6-2　样本各题项的描述性统计结果

题项	统计量	最小值（M）	最大值（X）	平均值（E）	标准偏差	偏度	峰度
A1	468	1	7	4.01	1.649	0.084	−1.052
A2	468	1	7	3.98	1.525	0.262	−0.477
A3	468	1	7	4.10	1.573	−0.006	−0.811
A4	468	1	7	4.14	1.658	−0.083	−1.164

题项	统计量	最小值（M）	最大值（X）	平均值（E）	标准偏差	偏度	峰度
A5	468	1	7	4.37	1.583	0.007	-1.007
B1	468	1	7	4.57	1.346	-0.431	-0.750
B2	468	1	7	4.57	1.447	-0.598	-0.467
B3	468	1	7	4.59	1.650	-0.278	-0.993
B4	468	1	7	4.31	1.515	-0.182	-0.922
B5	468	1	7	4.62	1.539	-0.446	-0.881
B6	468	1	7	4.69	1.475	-0.223	-0.764
C1	468	1	7	4.57	1.367	-0.296	-0.438
C2	468	1	7	4.67	1.581	-0.768	-0.236
C3	468	1	7	4.64	1.532	-0.565	-0.375
C4	468	1	7	4.66	1.541	-0.570	-0.378
C5	468	1	7	4.82	1.445	-0.611	-0.348
D1	468	1	7	4.78	1.620	-0.560	-0.568
D2	468	1	7	4.95	1.476	-0.577	-0.454
D3	468	1	7	4.73	1.448	-0.583	-0.355
D4	468	1	7	4.99	1.579	-0.641	-0.421
D5	468	1	7	5.05	1.476	-0.620	-0.310
F1	468	1	7	4.49	1.720	-0.792	-0.699
F2	468	1	7	4.60	1.480	-0.594	-0.662
F3	468	1	7	4.47	1.646	-0.456	-0.761
F4	468	1	7	4.58	1.761	-0.473	-0.911
F5	468	1	7	4.58	1.714	-0.539	-0.804
F6	468	1	7	4.33	1.639	-0.282	-0.902
G1	468	1	7	4.94	1.723	-0.928	-0.292
G2	468	1	7	4.72	1.675	-0.574	-0.802
G3	468	1	7	4.76	1.753	-0.604	-0.738
G4	468	1	7	4.87	1.801	-0.669	-0.701
G5	468	1	7	4.69	1.873	-0.360	-1.157
G6	468	1	7	4.68	1.830	-0.329	-1.136
H1	468	1	7	4.20	1.377	0.262	-0.605
H2	468	1	7	4.21	1.456	0.110	-0.763
H3	468	1	7	4.36	1.602	0.033	-0.993

题项	统计量	最小值（M）	最大值（X）	平均值（E）	标准偏差	偏度	峰度
H4	468	1	7	4.53	1.665	−0.263	−0.794
J1	468	1	7	4.42	1.674	−0.224	−0.955
J2	468	1	7	4.44	1.838	−0.217	−1.065
J3	468	1	7	4.53	1.825	−0.297	−0.960
J4	468	1	7	4.39	1.761	−0.242	−0.955
J5	468	1	7	4.48	1.793	−0.243	−1.022

由表 6-2 可知，调查问卷所包含的各个题项数据，包括个案数、最小值、最大值、均值、标准偏差、偏度和峰度，用来验证调查所获得的资料是否服从正态分布。数据是否服从正态分布将会对后续分析产生至关重要的影响，克莱恩（Kline，1998）认为，当偏度绝对值小于 3，峰度绝对值小于 10 时，表明样本基本上服从正态分布。表中正式样本结果显示各个题目的偏度绝对值均小于 3，峰度绝对值均小于 10，偏度和峰度都满足正态分布的条件，说明各个题目都能够服从正态分布。问卷所回收的数据可以直接用于后面的信度、效度等统计学分析。

二、信度分析

信度分析（Reliability Analysis）是为了确保模型拟合度评价和假设检验的有效性。本书采用克朗巴哈（Cronbach's Alpha）信度系数来检查调查问卷研究变量在各个测量题项上的一致性程度。变量要有良好的信度则 Cronbach's α 系数须大于 0.7。一般构面提高信度做的大多是变量缩减，根据两个条件进行缩减：①若题项与其他题项总分的相关程度（Corrected Item-Total Correlation，CITC）低于 0.5，则删除该题项；②删除该题项后 Cronbach's α 系数增加，则删除该题项。本书以上述两点作为净化题项的依据，各变量的信度分析结果如表 6-3 所示。

表 6-3 量表信度分析

变量	题项	CITC	删除项后的 Cronbach's α	α 系数
目标协同性	A1	0.661	0.885	0.892
	A2	0.717	0.872	
	A3	0.732	0.869	
	A4	0.778	0.858	
	A5	0.793	0.855	
文化兼容性	B1	0.610	0.844	0.860
	B2	0.652	0.836	
	B3	0.695	0.828	
	B4	0.688	0.830	
	B5	0.661	0.835	
	B6	0.602	0.845	
资源互补性	C1	0.742	0.887	0.904
	C2	0.808	0.872	
	C3	0.762	0.883	
	C4	0.795	0.875	
	C5	0.698	0.896	
能力契合性	D1	0.671	0.841	0.865
	D2	0.735	0.825	
	D3	0.678	0.839	
	D4	0.709	0.831	
	D5	0.641	0.847	
合作关系质量	F1	0.843	0.920	0.936
	F2	0.844	0.922	
	F3	0.765	0.930	
	F4	0.833	0.922	
	F5	0.854	0.919	
	F6	0.735	0.934	
合作关系强度	H1	0.836	0.931	0.943
	H2	0.886	0.926	
	H3	0.858	0.929	
	H4	0.855	0.929	

续表

变量	题项	CITC	删除项后的 Cronbach's α	α 系数
合作关系强度	H5	0.794	0.937	0.943
	H6	0.746	0.942	
创新网络开放度	G1	0.623	0.784	0.820
	G2	0.635	0.777	
	G3	0.655	0.768	
	G4	0.666	0.764	
知识合作绩效	J1	0.814	0.909	0.926
	J2	0.801	0.911	
	J3	0.782	0.915	
	J4	0.821	0.907	
	J5	0.821	0.907	

从表 6-3 可知，本书研究的变量目标协同性、文化兼容性、资源互补性、能力契合性、合作关系质量、合作关系强度、创新网络开放度、知识合作绩效的 Cronbach's α 系数分别为 0.892、0.860、0.904、0.865、0.936、0.943、0.820、0.926，均大于 0.7 的标准，表明变量具有良好的内部一致性信度。CITC 均大于 0.5 的标准，表明测量题项符合研究要求。从"删除该项的 Cronbach's α"看，删除任意一题均不会引起 Cronbach's α 增加，这也同样表明各个量表具有良好的信度。

三、效度分析

效度是指通过相关测量手段、测量工具、测量方式可以精确测量出研究量表或者研究变量概念的程度情况。通俗地讲，效度是用来测量某一概念或者结构可以真实有效地被对应测试题项反应的程度情况，另外效度还可以用来测量题项与研究量表或者研究变量间的结构逻辑关系。测量结果和预期测量内容一致性越高，那么其效度越高；一致性越低，则说明效度越低。效度有很多种具体方法，针对问卷来讲，通常是使用内容效度和结构效度进行测量。内容效度也称作逻辑效度，其用于测量题项内容是否符合专业要求或者是否具有适当性。对于内容效度的判断来看，通常会有两种方法：第一种是看测量工具能否真实有效地测量研究者想要测量的内容信息；第二种是看测量工具能否覆盖全部需要测量的变量概念。对于本次研究来讲，问卷调查题项均结合研究目的进行设计，此外问卷题项均借鉴相关文献使用的量表，并非随意设计。结构效度在于测量结果表现出的变量概念结构关系与专业知识情况之间的符合程度情况。有学者认为，探索性因子分析（EFA）是结构效度分析较为有效的测量方法。探索性因子分析（EFA）目的在于提取公因子，并且各个公因子会分别与特定相关变量有着高度的关联性。利用公因子可以较好地表达或者描述事物指标。如果探索性因子分析提取得到的公因子结构与研究者希望测量的变量概念结构信息较为一致，则说明有着较高的结构效度。使用探索性因子分析（EFA）进行结构效度验证时，可以对累计贡献率、因子载荷、KMO 值、Bartlett's 检验这四项进行分析，综合分析并且进行结构效度验证。累计贡献率反映公因子对量表的有效解释程度，而因子载荷系数反映原始变量和对应公因子之间的相关程度，KMO 值和 Bartlett's 检验用于说明整个变量或者量表的综合概念情况。针对本次研究来讲，效度检验使用 KMO 和 Bartlett's Test 去衡量，首先需要通过 Bartlett's 检验。通常情况下，KMO 值大于 0.8 说明结构效度很好，KMO 值大于 0.6 说明结构效度可以被接受，如果 KMO 值小于 0.5，则说明结构效度较差，问卷题目与研究变量之间没有良好的对应关系。本书还结合方差解释率、因子载荷系数值等进行效度验证。利用 SPSS 22.0 进行探索性因子分析对量表进行 KMO 和 Bartlett's 球形检验。

（一）内容效度

内容效度也称作逻辑效度，用于测量题项内容是否符合专业要求或者是否具有适当性。判断内容效度通常会有两种方法：第一种是看测量工具能否真实有效地测量研究者想要测量的内容信息；第二种是看测量工具能否覆盖全部需要测量的变量概念。对于本次研究来讲，问卷调查题项均结合研究目的进行设计，此外问卷题项均借鉴相关文献使用的量表，并非随意设计。结构效度在于测量结果表现出的变量概念结构关系与专业知识情况之间的符合程度情况。

内容效度是指测量工具反映构念真实含义的程度。为了保障本书测量变量的内容效度，笔者主要采取了四点措施：第一，笔者在阅读大量文献资料的基础上，对各个相关变量进行充分了解，对本书的构念进行了明确的界定，从前人研

究的成熟量表中选择适合本书构念的题项，题项大多是来自高引用率的文献，且
量表曾被多位学者应用。因此，从问卷题项来源而言，本书保证了问卷的内容效
度。第二，从量表题项的表达而言，笔者首先邀请一位硕士专业为英语、博士专
业为管理的博士生对相关外文问卷进行翻译，采用回译的方式，反复校对中文表
达，并把所形成的量表与中文文献中相应的表达进行对比，形成初始量表。第
三，将问卷的量表题项与多位专家进行探讨。问卷得到了多位学者的指导，对文
章的内容符合程度做出了肯定的评价，且就问卷的每个题项，笔者都与企业管理
者进行了深入的沟通。第四，在问卷发放过程中，多次向被调研者强调问卷的纯
粹学术性质，并在问卷的卷首语中用黑色字体标明。此外，问卷的收集均采用匿
名的方式收集。这些措施很好地保证了各变量的内容效度。

（二）构建效度

关于构建效度，本书以收敛效度与区分效度予以检验。

收敛效度是用于表示量表与同一构念的其他指标相关联程度的指标。通过观
察测量题项在构念上的负载（Factor Loading）可以判断收敛效度高低，负载值即
潜变量指向各个测量指标的路径系数，一般认为，负载值大于 0.7 是比较合适
的。但是，也有学者提出该条件过于苛刻，认为要同时考虑因子分析时样本大小
的情况，当样本较小，则负载值的标准要高，反之，标准可以较低，最低容忍标
准为 0.4。另外，若想更严谨地检验收敛效度，还可结合 AVE 值与 CR 值：AVE
值即平均提取方，表示潜变量的变异量可以用指标变异量解释的程度；CR 值指
组合信度，反映测量题项一致地解释某潜变量的程度。一般认为，潜变量具有较
好收敛效度的判别依据是 AVE 值大于 0.6、CR 值大于 0.7。

采用验证性因子分析进行各变量内部题项的收敛效度检验，主要目的在于鉴
定实际的测量数据与理论架构的适配度。

一个测量模型要满足三个条件，才能称为具有收敛效度：①因素负荷量
（Factor Loadings）是评估每个负荷量是否具有统计显著性，需大于 0.7；②组成
信度（Composite Reliability，CR）表示构面题目的内部一致性，信度越高表示这
些题项的一致性越高，须大于 0.7；③平均方差析出量（Average Variance Extrac-
ted，AVE）是计算潜在变量各个测量题目对该变量的变异解释能力，AVE 值越
大，表示题项有越高的信度与收敛效度，建议其标准值须大于 0.5。

一般模型修正做的大多是变量缩减，根据三个条件修正：①删除因素负荷量过

低的测量题项，如0.5以下表示负荷量过低，代表该变量信度不佳，无法反映出真正的潜在变量的测量；②删除有共线性存在的测量题项；③删除残差不独立的测量题项。后面两者通常需要通过查看修正指标（Modification Index，MI）进行修正。

使用验证性因子分析效度检验时，需要对模型的拟合情况进行评价，对测量模型进行修正以提高模型的拟合度，根据 Hu and Bebtler（1998）的建议，模型拟合参数主要选择 X^2/df、GFI、AGFI、CFI 和 RMSEA 等指标。

（1）自变量的收敛效度检验。自变量企业间要素特征包含四个维度，本书采用一阶验证性因子分析对测量题项的收敛效度进行检验，测量模型如图6-1所示。

从自变量的测量模型拟合度可知，CMIN/DF 为 1.944，小于 3 以下标准，GFI、AGFI、NFI、TLI、IFI、CFI 均达到 0.9 以上的标准，RMSEA 为 0.039，小于 0.08，大多的拟合指标均符合一般 SEM 研究的标准，因此可以认为这个模型有不错的配适度。

企业间要素特征测量量表一阶验证性因子分析结果如表6-4所示。各题项标准化因素负荷均大于 0.5 以上，残差均为正而且显著，无违犯估计。

企业间要素特征构念的 CR 值与 AVE 值如表6-5所示。由表中可以看出，企业间要素特征四个构成维度目标协同性、文化兼容性、资源互补性、能力契合性的组成信度分别为 0.893、0.861、0.905、0.866，均大于 0.7；平均方差析出量分别为 0.627、0.509、0.656、0.565；均大于 0.5，均达到收敛效度的标准，配适度也在可接受的范围，因此保留全部题目进行后续分析。

（2）因变量的收敛效度检验。本研究采用一阶验证性因子分析对因变量测量题项的收敛效度进行检验，测量模型如图6-2所示。

由因变量知识合作绩效测量模型的模型拟合度可知，CMIN/DF 为 1.629，小于 3 以下标准，GFI、AGFI、TLI、IFI、CFI 均达到 0.9 以上的标准，RMSEA 为 0.032，小于 0.08，大多的拟合指标均符合一般 SEM 研究的标准，因此可以认为这个模型有不错的配适度。合作绩效构念测量量表一阶验证性因子分析结果如表6-6所示，各题项标准化因素负荷均大于 0.5 以上，残差均为正而且显著。

知识合作绩效构念的 CR 值与 AVE 值如表6-7所示。由表中可以看出，知识合作绩效的组合信度为 0.927，均大于 0.7；平均方差析出量为 0.717，均大于 0.5，均达到收敛效度的标准，配适度也在可接受的范围，因此保留全部题目进行后续分析。

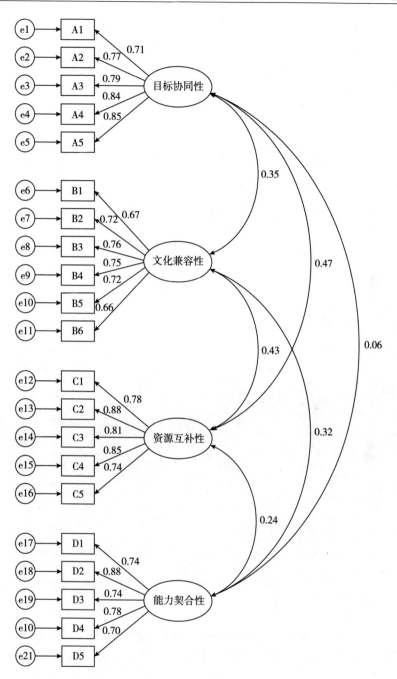

图6-1　自变量测量模型

表 6-4 企业间要素特征构念测量量表一阶验证性因子分析结果

构念	题项	非标准化系数（Unstandardizd Estimate）	标准化系数（Standardized Estimate）	标准误差（SE）	组合信度（CR）	p
目标协同性	A1	1.000	0.706	—	—	—
	A2	1.010	0.771	0.056	18.028	***
	A3	1.067	0.790	0.058	18.447	***
	A4	1.189	0.836	0.061	19.420	***
	A5	1.154	0.849	0.059	19.701	***
文化兼容性	B1	1.000	0.668	—	—	—
	B2	1.158	0.720	0.075	15.473	***
	B3	1.395	0.760	0.086	16.166	***
	B4	1.262	0.749	0.079	15.979	***
	B5	1.229	0.718	0.080	15.439	***
	B6	1.077	0.657	0.075	14.316	***
资源互补性	C1	1.000	0.782	—	—	—
	C2	1.275	0.861	0.054	23.457	***
	C3	1.165	0.812	0.053	21.835	***
	C4	1.224	0.849	0.053	23.055	***
	C5	1.003	0.741	0.051	19.543	***
能力契合性	D1	1.000	0.741	—	—	—
	D2	0.989	0.804	0.052	19.076	***
	D3	0.889	0.737	0.051	17.539	***
	D4	1.021	0.777	0.055	18.462	***
	D5	0.855	0.695	0.052	16.536	***

$\chi^2 = 6998.110$, Sig. $= 0.000$, $\chi^2/df = 33.324$, RMSEA $= 0.039$, CMIN/DF $= 1.944$, GFI $= 0.950$, AGFI $= 0.937$, IFI $= 0.975$, NFI $= 0.978$, TLI $= 0.971$, CFI $= 0.975$

注：*** 表示 $p < 0.001$。

表 6-5 企业间要素特征收敛效度检验结果

构念	题项	标准化系数（Standardized Estimate）	组合信度（CR）	平均方差析出量（AVE）
目标协同性	A1	0.706	0.893	0.627
	A2	0.771		
	A3	0.790		

续表

构念	题项	标准化系数（Standardized Estimate）	组合信度（CR）	平均方差析出量（AVE）
目标 协同性	A4	0.836	0.893	0.627
	A5	0.849		
文化兼容性	B1	0.668	0.861	0.509
	B2	0.720		
	B3	0.760		
	B4	0.749		
	B5	0.718		
	B6	0.657		
资源互补性	C1	0.782	0.905	0.656
	C2	0.861		
	C3	0.812		
	C4	0.849		
	C5	0.741		
能力契合性	D1	0.741	0.866	0.565
	D2	0.804		
	D3	0.737		
	D4	0.777		
	D5	0.695		

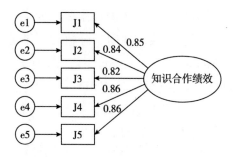

图6-2　知识合作绩效测量模型

表6-6 知识合作绩效一阶验证性因子分析结果

构念	题项	非标准化系数（Unstandardizd Estimate）	标准化系数（Standardized Estimate）	标准误差（SE）	组合信度（CR）	p
知识合作绩效	J1	1.000	0.852	—	—	—
	J2	1.081	0.839	0.041	26.358	**
	J3	1.045	0.817	0.041	25.242	***
	J4	1.067	0.864	0.039	27.724	***
	J5	1.084	0.862	0.039	27.625	***

$\chi^2 = 2327.148$，Sig. = 0.000，$\chi^2/df = 232.715$，RMSEA = 0.032，CMIN/DF = 1.629，GFI = 0.995，AGFI = 0.984，IFI = 0.999，NFI = 0.994，TLI = 0.997，CFI = 0.999

注：** 表示 $p<0.01$，*** 表示 $p<0.001$。

表6-7 知识合作绩效收敛效度检验结果

构念	题项	标准化系数（Standardized Estimate）	组合信度（CR）	平均方差析出量（AVE）
知识合作绩效	J1	0.852	0.927	0.717
	J2	0.839		
	J3	0.817		
	J4	0.864		
	J5	0.862		

（3）中介变量的收敛效度检验。知识合作关系分为合作关系质量和合作关系强度两个维度，本书采用一阶验证性因子分析对测量题项的收敛效度进行检验，测量模型如图6-3所示。

从中介变量的测量模型拟合度可知，CMIN/DF 为 2.108，小于 3 以下标准，GFI、AGFI、NFI、TLI、IFI、CFI 均达到 0.9 以上的标准，RMSEA 为 0.042，小于 0.08，大多的拟合指标均符合一般 SEM 研究的标准，因此可以认为这个模型有不错的配适度。知识合作关系构念测量量表一阶验证性因子分析结果如表6-8所示。各题项标准化因素负荷均大于 0.5 以上，残差均为正而且显著。

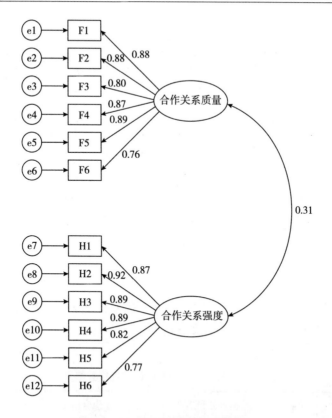

图 6-3　知识合作关系的测量模型

表 6-8　知识合作关系一阶验证性因子分析结果

构念	题项	非标准化系数（Unstandardizd Estimate）	标准化系数（Standardized Estimate）	标准误差（SE）	组合信度（CR）	p
合作关系质量	F1	1.000	0.877	—	—	—
	F2	0.862	0.879	0.028	30.886	**
	F3	0.869	0.796	0.034	25.653	**
	F4	1.013	0.867	0.034	30.068	**
	F5	1.007	0.886	0.032	31.39	**
	F6	0.828	0.762	0.035	23.82	***
合作关系强度	H1	1.000	0.868	—	—	—
	H2	1.029	0.918	0.031	33.539	***
	H3	1.048	0.894	0.033	31.708	***

续表

构念	题项	非标准化系数 (Unstandardizd Estimate)	标准化系数 (Standardized Estimate)	标准误差 (SE)	组合信度 (CR)	p
合作关系强度	H4	1.066	0.885	0.034	31.061	***
	H5	1.027	0.820	0.038	26.842	***
	H6	0.937	0.766	0.039	23.881	***

$\chi^2 = 6543.717$,Sig. $= 0.000$,$\chi^2/df = 99.147$,RMSEA $= 0.042$,CMIN/DF $= 2.108$,GFI $= 0.971$,AGFI $= 0.958$,IFI $= 0.991$,NFI $= 0.985$,TLI $= 0.989$,CFI $= 0.991$

注：** 表示 $p<0.005$，*** 表示 $p<0.001$。

　　知识合作关系两个维度构念的 CR 值与 AVE 值如表6-9所示，合作关系质量、合作关系强度的组成信度分别为 0.938、0.944，均大于 0.7；平均方差析出量分别为 0.716、0.740，均大于 0.5，达到收敛效度的标准，配适度也在可接受的范围，因此保留全部题目进行后续分析。

表6-9　知识合作关系收敛效度检验结果

构念	题项	标准化估计 (Standardized Estimate)	组合信度 (CR)	平均方差析出量 (AVE)
合作关系质量	F1	0.877	0.938	0.716
	F2	0.879		
	F3	0.796		
	F4	0.867		
	F5	0.886		
	F6	0.762		
合作关系强度	H1	0.868	0.944	0.740
	H2	0.918		
	H3	0.894		
	H4	0.885		
	H5	0.820		
	H6	0.766		

　　（4）调节变量的收敛效度检验。本书采用一阶验证性因子分析对调节变量

创新网络开放度的测量题项的收敛效度进行检验，测量模型如图6-4所示。

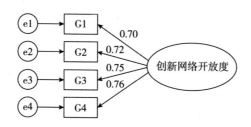

图6-4 创新网络开放度测量模型

从调节变量测量模型拟合度可知，CMIN/DF 为 2.643，小于 3 以下标准，GFI、AGFI、TLI、IFI、CFI 均达到 0.9 以上的标准，RMSEA 为 0.051，小于 0.08，大多的拟合指标均符合一般 SEM 研究的标准，因此可以认为这个模型有不错的配适度。创新网络开放度测量量表一阶验证性因子分析结果如表6-10所示，各题项标准化因素负荷均大于 0.5 以上，残差均为正而且显著。

表6-10 创新网络开放度一阶验证性因子分析结果

构念	题项	非标准化系数（Unstandardizd Estimate）	标准化系数（Standardized Estimate）	标准误差（SE）	组合信度（CR）	p
创新网络开放度	G1	1.000	0.702	—	—	—
	G2	1.080	0.717	0.071	15.173	***
	G3	1.235	0.746	0.079	15.607	***
	G4	1.310	0.761	0.083	15.810	***

$\chi^2 = 845.678$, Sig. = 0.000, $\chi^2/df = 140.946$, RMSEA = 0.051, CMIN/DF = 2.643, GFI = 0.996, AGFI = 0.979, IFI = 0.996, NFI = 0.981, TLI = 0.988, CFI = 0.996

注：*** 表示 $p < 0.001$。

创新网络开放度的 CR 值与 AVE 值如表6-11所示，组合信度为 0.822，大于 0.7；平均方差析出量为 0.536，大于 0.5，均达到收敛效度的标准，配适度也在可接受的范围，因此保留全部题目进行后续分析。

表6-11 创新网络开放度收敛效度检验结果

构念	题项	标准化系数 (Standardized Estimate)	组合信度 (CR)	平均方差析出量 (AVE)
创新网络 开放度	G1	0.702		
	G2	0.717	0.822	0.536
	G3	0.746		
	G4	0.761		

（三）相关分析及区别效度

前文通过效度分析及信度分析确定了维度的结构及对应的题目，将各个维度的题目得分平均值计算出来作为这个维度的得分，再进行相关分析。相关分析主要是研究变量之间的相关关系，相关系数的取值范围是-1~1，绝对值越大，表明变量之间的相关越为紧密。相关系数为1，完全相关；相关系数在 [0.70，0.99），高度相关；相关系数在 [0.40，0.69），中度相关；相关系数在 [0.10，0.39），低度相关；相关系数小于0.10，微弱或无相关。区别效度分析是验证不同的两个构面相关在统计上是否有差异，在不同构面的题项应该不具有高度相关，若有 (0.85以上)，就表示这些题项是测量同一件事，通常会发生在构面的定义有过度重叠时。本书采用较严谨的AVE法对区别效度进行评估，每个因素AVE开根号须大于各成对变数的相关系数，表示因素之间具有区别效度。对角线为各因素AVE开根号均大于对角线外的标准化相关系数，因此具有区别效度，斜下三角为相关系数（见表6-12）。

表6-12 相关分析和区别效度

	Age	Size	CE	GS	A	B	C	D	F	H	G	J
Age	1.000	—	—	—	—	—	—	—	—	—	—	—
Size	0.229**	1.000	—	—	—	—	—	—	—	—	—	—
CE	-0.050	-0.114*	1.000	—	—	—	—	—	—	—	—	—
GS	-0.076	-0.041	-0.131**	1.000	—	—	—	—	—	—	—	—
A	-0.005	0.168**	0.025	-0.012	**0.791**	—	—	—	—	—	—	—
B	0.088	-0.117*	-0.094	-0.010	0.321**	**0.713**	—	—	—	—	—	—

续表

	Age	Size	CE	GS	A	B	C	D	F	H	G	J
C	−0.007	0.113 *	0.067	−0.014	0.430 **	0.381 **	**0.809**	—	—	—	—	—
D	−0.078	0.042	0.113 *	−0.016	0.062	0.290 **	0.229 **	**0.751**	—	—	—	—
F	0.042	−0.118 *	−0.015	0.086	0.205 **	0.167 **	0.238 **	0.130 **	**0.860**	—	—	—
G	0.047	0.203 **	0.056	−0.023	0.016	0.074	0.054	0.096 *	0.423 **	0.190 **	**0.732**	—
H	0.017	0.076	0.038	−0.030	0.229 **	0.261 **	0.262 **	0.279 **	0.305 **	**0.846**		
J	−0.057	0.024	0.129 **	0.013	0.300 **	0.370 **	0.420 **	0.250 **	0.283 **	0.277 **	0.124 **	**0.846**

注：Age、Size、CE、GS 表示控制变量企业规模、企业年龄、合作经验、政府支持；＊＊、＊分别表示 0.01、0.05（双侧）显著性水平下显著相关；对角线上值为各变量的 AVE 平方根。

由表 6-12 可知，目标协同性、文化兼容性、资源互补性、能力契合性与合作关系强度之间的相关系数分别为：0.205、0.167、0.238、0.130，且 p 值均达到了 0.01 的显著水平，表明目标协同性、文化兼容性、资源互补性、能力契合性与合作关系强度之间均存在显著的正向相关关系；目标协同性、文化兼容性、资源互补性、能力契合性与合作关系质量之间的相关系数分别为：0.229、0.261、0.262、0.279，且 p 值均达到了 0.01 的显著水平，表明目标协同性、文化兼容性、资源互补性、能力契合性与合作关系质量之间均存在显著的正向相关关系；目标协同性、文化兼容性、资源互补性、能力契合性、合作关系强度、合作关系质量与合作绩效之间的相关系数分别为：0.300、0.370、0.420、0.250、0.283、0.277，且 p 值均达到了 0.01 的显著水平，表明目标协同性、文化兼容性、资源互补性、能力契合性、合作关系强度、合作关系质量与合作绩效之间均存在显著的正向相关关系。

（四）共同方法偏差检验

为避免共同方法偏差，一般认为，学术研究要做到事前控制与事后检验。事前控制是在问卷的设计过程中与发放过程中所采取的一些措施。本书的事前控制措施如下：首先，在卷首语告知作答者本问卷匿名作答，无对错之分，以期降低其戒心；其次，问卷采用乱序，避免答题人因惯性而对同一概念选取相同答案；最后，问卷中并未明确告知作答者题项所测的构念，以防其对相应题项答案的猜测。

事后检验部分，本书主要采用 Harman 单因素检验，提取特征值大于 1 的未旋转因子，若最大公因子的方差贡献率没有超过总解释方差的一半，则认为不存在严重的共同方法偏差。本书的 Harman 单因素检验结果如表 6-13 所示：共提出 6 个特征值大于 1 的公因子，最大的公因子的方差贡献率为 17.237%，而总的累计方差贡献率为 85.338%，最大公因子的方差贡献率不足总的累计方差贡献率的一半，因此，我们认为不存在严重的共同方法偏差。

表 6-13　Harman 单因素检验结果

因子	特征值	方差贡献率（%）	累计方差贡献率（%）
1	6.646	17.237	17.237
2	5.995	17.000	34.237
3	3.267	16.844	51.081
4	3.247	15.700	66.781
5	2.183	10.399	77.180
6	1.948	8.158	85.338

四、模型检验及其结果

通过对数据质量的一步步检验，发现本书所收集的数据基本上满足回归与结构方程模型分析的要求。本部分将分别采用结构方程模型方法与层次回归方法对本书所建立的假设模型进行检验。主要划分为三部分内容：首先，采用结构方程模型方法对本书的主效应进行分析；其次，采用结构方程模型方法实证分析合作关系在企业间要素特征和绩效合作关系中的中介效应；最后，采用层次回归法检验本书的调节效应，即验证创新网络开放度对企业间要素特征与合作关系的影响。

（一）主效应检验

应用 SEM 作为理论模型的验证时，不错的模型配适度（Byrne，2010）是

SEM 分析的必要条件，配适度是研究人员的模型所估算出来的期望共变异数矩阵与样本共变异数矩阵一致性的程度，配适度越好代表模型与样本越接近。为达到这一目的，研究者应考虑 SEM 所提供的重要相关统计指标。本书选择了几个指标进行整体模型的配适度的评估，包含 CMIN 检验、CMIN/DF 的比值、配适度指标（GFI）、调整后的配适度（AGFI）、平均近似误差均方根（RMSEA）、基准配适指标（NFI）、非基准配适指标（NNFI）、渐增式配适指标（IFI）、比较配适指标（CFI），评价模型与数据拟合程度时要综合考虑各个指标，当绝大多数指标都满足要求时可以认为模型与数据拟合度较好。

结构方程模型一般可分为三类：产生模型、纯粹验证、选择模型。本书属于产生模型分析，即基于前文所提出的构念模型与研究假设，构建研究所需的初始结构模型，检验模型与数据是否相契合，若不契合，则针对相应的指标修正模型，最后构建一个同时符合理论与数据的最佳模型。

根据前文的理论分析，构建的初始模型如图 6-5 所示。由图可知，该模型由 4 个外生潜变量（目标协同性、文化兼容性、资源互补性、能力契合性）和 1 个内生潜变量构成（知识合作绩效）。其中，4 个外生潜变量由 21 个外生显变量来测量，1 个内生潜变量由 5 个内生外显变量来测量，本部分主要检验企业间要素特征四个维度对知识合作绩效的影响。

1. 模型初步拟合

在构建了初始模型之后，本书采用 AMOS21.0 对初始模型的 14 个假设进行验证。首先，从初始模型拟合度（见表 6-14）可知，CMIN/DF 为 1.878，小于 3 以下标准，GFI、TLI、IFI、CFI 均达到 0.9 以上的标准，RMSEA 为 0.037，小于 0.08，而 AGFI = 0.896，没有达到 0.9 以上的标准，因此可以认为这个模型的配适度没有达到最优标准，需要对模型进行修正优化，使模型达到最优拟合度。其次，从路径系数来看，可以看出各路径均达到了显著性的要求。结合修正指数（Modification Indices，MI）来看，可以对模型进行进一步的修正，使模型与数据能够实现更好的契合。

由表 6-14 可知，文化兼容性→合作关系强度、能力契合性→合作关系强度、文化兼容性→合作绩效这三条路径的 p 值大于 0.05 的显著标准，假设没有得到支持，表明文化兼容性对合作关系强度不具有显著影响；能力契合性对合作关系强度不具有显著影响；文化兼容性对合作绩效不具有显著影响；其他各条路径的 p 值均小于 0.05 的显著标准，假设均得到支持。

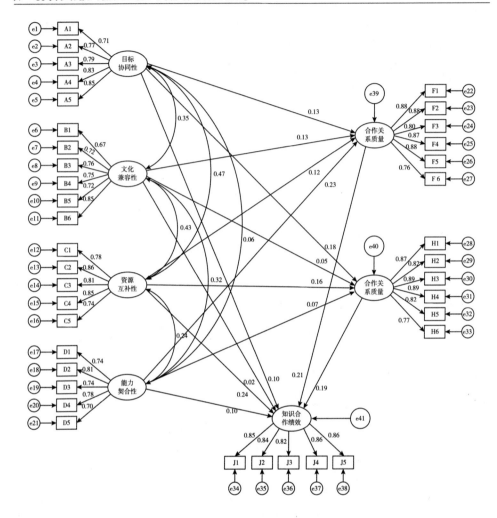

图 6-5 初始结构方程模型

表 6-14 初始模型检验结果

路径关系	标准化系数（Standardized Estimate）	非标准化系数（Unstandardizd Estimate）	标准误（SE）	T 值	p	假设是否支持
合作关系质量←目标协同性	0.134	0.174	0.062	2.786	0.005	支持
合作关系质量←文化兼容性	0.126	0.212	0.084	2.530	0.011	支持
合作关系质量←资源互补性	0.124	0.174	0.070	2.476	0.013	支持

路径关系	标准化系数（Standardized Estimate）	非标准化系数（Unstandardizd Estimate）	标准误（SE）	T值	p	假设是否支持
合作关系质量←——能力契合性	0.228	0.287	0.057	5.045	***	支持
合作关系强度←——目标协同性	0.128	0.165	0.064	2.572	0.010	支持
合作关系强度←——文化兼容性	0.050	0.083	0.085	0.968	0.333	不支持
合作关系强度←——资源互补性	0.162	0.226	0.073	3.108	0.002	支持
合作关系强度←——能力契合性	0.074	0.093	0.057	1.618	0.106	不支持
合作绩效←——目标协同性	0.098	0.119	0.056	2.144	0.032	支持
合作绩效←——文化兼容性	0.017	0.027	0.074	0.364	0.716	不支持
合作绩效←——资源互补性	0.242	0.320	0.064	5.005	***	支持
合作绩效←——能力契合性	0.095	0.112	0.051	2.211	0.027	支持
合作绩效←——合作关系强度	0.190	0.180	0.037	4.906	***	支持
合作绩效←——合作关系质量	0.214	0.200	0.039	5.159	***	支持

CMIN/DF = 1.878, GFI = 0.910, AGFI = 0.896, RMSEA = 0.037, IFI = 0.965, NFI = 0.948, TLI = 0.962, CFI = 0.965

注：*** 表示 $p < 0.001$。

2. 模型修正与确定

模型初次拟合不理想是一种常见的现象，需要依据 MI 指数对模型进行微调。MI 指数为我们提供能够减少卡方值（x^2）的信息。由前文可知，自变量对因变量的作用系数均为显著，因此，本部分对模型的修正只依据 MI 指数对相关构念的误差建立相关。

结构方程模型修正一般常用两种方法：第一种对内外部变量间的路径关系进行更换；第二种则是通过对残差协方差进行修正。本书采用这两种方法对初始模型进行修正。

（1）初次修正模型。由表 6-14 可知，文化兼容性→合作关系强度、能力契合性→合作关系强度、文化兼容性→合作绩效这三条路径的 p 值大于 0.05 的显著标准，表明均不具有显著的影响，假设没有得到支持；满足第一种修正方法，因此需要将文化兼容性→合作关系强度、能力契合性→合作关系强度、文化兼容性→合作绩效这三条路径进行删除，删除后再次执行模型得到图 6-6。

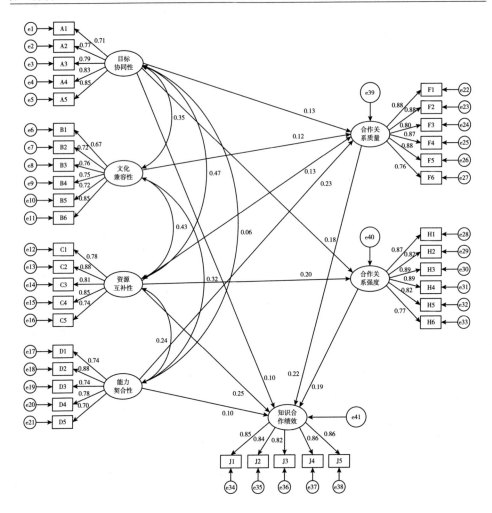

图 6-6　一次修正后的结构方程模型

　　初次修正后的结果如表 6-15 所示，CMIN/DF 为 1.878，小于 3 以下标准，GFI、NFI、TLI、IFI、CFI 均达到 0.9 以上的标准，RMSEA 为 0.037，小于 0.08，而 AGFI=0.896，仍然没有达到 0.9 以上的标准，因此可以认为这个模型的配适度没有达到最优标准，因此需要将模型再次进行修正优化，使模型达到最优拟合度。

表 6-15 初次修正后模型拟合结果

路径关系	标准化系数（Standardized Estimate）	非标准化系数（Unstandardizd Estimate）	标准误差（SE）	T 值	p	假设是否支持
合作关系质量←——目标协同性	0.134	0.173	0.062	2.781	0.005	支持
合作关系质量←——文化兼容性	0.124	0.209	0.084	2.491	0.013	支持
合作关系质量←——资源互补性	0.126	0.177	0.071	2.515	0.012	支持
合作关系质量←——能力契合性	0.225	0.284	0.057	4.988	***	支持
合作关系强度←——目标协同性	0.132	0.169	0.062	2.713	0.007	支持
合作关系强度←——资源互补性	0.202	0.282	0.068	4.172	***	支持
合作绩效←——目标协同性	0.101	0.123	0.054	2.269	0.023	支持
合作绩效←——资源互补性	0.247	0.326	0.062	5.241	***	支持
合作绩效←——能力契合性	0.100	0.117	0.049	2.402	0.016	支持
合作绩效←——合作关系强度	0.191	0.181	0.037	4.935	***	支持
合作绩效←——合作关系质量	0.216	0.202	0.039	5.234	***	支持

CMIN/DF = 1.878，GFI = 0.909，AGFI = 0.896，RMSEA = 0.037，IFI = 0.965，NFI = 0.954，TLI = 0.962，CFI = 0.965

注：***表示 p<0.001。

（2）再次修正模型。由表 6-15 可知，各个路径的 p 值均达到了小于 0.05 的显著标准，假设均得到支持，不满足提出的第一种模型修正的要求，因此可以运用提出的第二种方法 MI 修正对模型再次进行修正；MI 提供信息让研究人员修正模型以达更佳的模型配适度，当然这种修正需要有理论作为基础。大的 MI 值代表模型需要重新设定，如果 MI 值出现在变量与变量之间，代表这两个变量有共线性的关系存在；如果 MI 值出现在变量与变量的残差之间，代表这两个变量不独立。一般我们不会去把线加以链接，基于模式精简（Parsimony）原则，会选择其一予以删除并重新分析，重复这些步骤，直到得到的测量模型达到可接受的配适度。点击查看 Modification Indices 发现，通过残差修正指标对模型从而减少卡方值，表 6-16 是残差间协方差修正指数，表示两个残差间一条相关路径后能够减少模型的卡方值，残差间的协方差修正指标数如表 6-16 所示。

由表 6-16 可知，从残差 MI 最大值的两个观测变量开始建立相关关系，最终经过四次残差相关模型修正，修正后模型再次执行得到图6-7。

表6-16　残差间的协方差修正指标

	修正指数（MI）	参数改变量（Par Change）
e26↔e34	17.543	−0.146
e20↔e38	14.868	−0.158
e24↔e29	14.733	0.124
e14↔e35	14.504	0.161

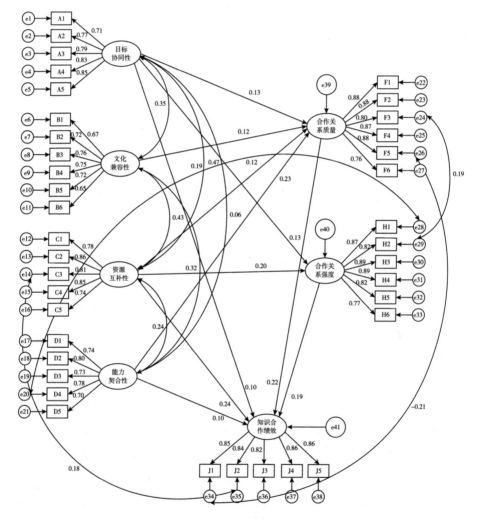

图6-7　修正后最优结构方程模型

再次修正后模型拟合度如表 6-17 所示，CMIN/DF 为 1.792，小于 3 以下标准，GFI、AGFI、NFI、TLI、IFI、CFI 均达到 0.9 以上的标准，RMSEA 为 0.036，小于 0.08，所有的拟合指标均符合一般 SEM 研究的标准，因此可以认为这个模型有不错的配适度。

表 6-17　修正后最优模型拟合结果

路径关系	标准化系数（Standardized Estimate）	非标准化系数（Unstandardizd Estimate）	标准误差（SE）	T 值	p	假设是否支持
合作关系质量←——目标协同性	0.135	0.175	0.062	2.812	0.005	支持
合作关系质量←——文化兼容性	0.122	0.204	0.084	2.436	0.015	支持
合作关系质量←——资源互补性	0.124	0.175	0.070	2.489	0.013	支持
合作关系质量←——能力契合性	0.231	0.289	0.057	5.096	***	支持
合作关系强度←——目标协同性	0.132	0.169	0.062	2.723	0.006	支持
合作关系强度←——资源互补性	0.199	0.276	0.067	4.103	***	支持
合作绩效←——目标协同性	0.100	0.121	0.054	2.235	0.025	支持
合作绩效←——资源互补性	0.244	0.321	0.062	5.191	***	支持
合作绩效←——能力契合性	0.095	0.112	0.049	2.295	0.022	支持
合作绩效←——合作关系强度	0.191	0.181	0.037	4.935	***	支持
合作绩效←——合作关系质量	0.223	0.208	0.038	5.414	***	支持

CMIN/DF = 1.792，GFI = 0.931，AGFI = 0.900，RMSEA = 0.036，IFI = 0.969，NFI = 0.963，TLI = 0.966，CFI = 0.969

注：*** 表示 $p < 0.001$。

再次修正后最优模型拟合结果如表 6-17 所示：①目标协同性对合作关系质量的标准化系数为 0.135，且 $p < 0.05$，表明目标协同性对合作关系质量具有显著的正向相关影响；文化兼容性对合作关系质量的标准化系数为 0.122，且 $p < 0.05$，表明文化兼容性对合作关系质量具有显著的正向相关影响；资源互补性对合作关系质量的标准化系数为 0.124，且 $p < 0.05$，表明资源互补性对合作关系质量具有显著的正向相关影响；能力契合性对合作关系质量的标准化系数为 0.231，且 $p < 0.05$，表明资源互补性对合作关系质量具有显著的正向相关影响。②目标

协同性对合作关系强度的标准化系数为 0.132，且 p<0.05，表明目标协同性对合作关系强度具有显著的正向相关影响；资源互补性对合作关系强度的标准化系数为 0.199，且 p<0.05，表明资源互补性对合作关系强度具有显著的正向相关影响。③目标协同性对合作绩效的标准化系数为 0.100，且 p<0.05，表明目标协同性对合作绩效具有显著的正向相关影响；资源互补性对合作绩效的标准化系数为 0.244，且 p<0.05，表明资源互补性对合作绩效具有显著的正向相关影响；能力契合性对合作绩效的标准化系数为 0.095，且 p<0.05，表明能力契合性对合作绩效具有显著的正向相关影响。④合作关系强度对合作绩效的标准化系数为 0.191，且 p<0.05，表明合作关系强度对合作绩效具有显著的正向相关影响；合作关系质量对合作绩效的标准化系数为 0.223，且 p<0.05，表明合作关系质量对合作绩效具有显著的正向相关影响。

（二）中介效应检验

常用的中介效用检验方法是 Baron 等提出的因果法，Frilz 等认为其统计功效较低，因此往往以 Sobel 检验作为补充。然而 Sobel 检验也存在缺陷，它需要假设间接效应的样本分布是正态分布，本书采用 Bootstrap 方法。根据 Hayes 的建议，设定 Bootstrap 样本数为 1000，执行中介效应检验。根据 Preacher 等的研究，Bootstrap 置信区间不包含 0，则对应的间接、直接或总效应存在，若 Z>1.96 则说明所对应的效应存在，具体检验结果如表 6-18 所示。

表 6-18　中介效应验证

	点估计值	Mackinnon	
		Prodcln2	
	间接效应	Lower	Upper
1. 目标协同性—合作关系质量—合作绩效	0.0300	0.0093	0.0680
2. 文化兼容性—合作关系质量—合作绩效	0.0270	0.0090	0.0843
3. 资源互补性—合作关系质量—合作绩效	0.0280	0.0064	0.0739
4. 能力契合性—合作关系质量—合作绩效	0.0510	0.0278	0.0949
5. 目标协同性—合作关系强度—合作绩效	0.0250	0.0064	0.0605
6. 文化兼容性—合作关系强度—合作绩效	—	-0.0140	0.0486
7. 资源互补性—合作关系强度—合作绩效	0.0380	0.0120	0.0804
8. 能力契合性—合作关系强度—合作绩效	—	-0.0026	0.0417

合作关系质量的间接效应：在95%置信水平下 Mackinnon Prodclin2 方法置信区间为 [0.0093，0.0680]，不包含0在内，说明间接效应存在；表明合作关系质量在目标协同性和合作绩效之间具有中介效应，其间接效应值为0.0300；在95%置信水平下 Mackinnon Prodclin2 方法置信区间为 [0.0090，0.0843]，不包含0在内，说明间接效应存在；表明合作关系质量在文化兼容性和合作绩效之间具有中介效应，其间接效应值为0.0270；在95%置信水平下 Mackinnon Prodclin2 方法置信区间为 [0.0064，0.0739]，不包含0在内，说明间接效应存在；表明合作关系质量在资源互补性和合作绩效之间具有中介效应，其间接效应值为0.0280；在95%置信水平下 Mackinnon Prodclin2 方法置信区间为 [0.0278，0.0949]，包含0在内，说明间接效应存在；表明合作关系质量在能力契合性和合作绩效之间具有中介效应，其间接效应值为0.0510。

合作关系强度的间接效应：在95%置信水平下 Mackinnon Prodclin2 方法置信区间为 [0.0064，0.0605]，不包含0在内，说明间接效应存在；表明合作关系强度在目标协同性和合作绩效之间具有中介效应，其间接效应值为0.0250；在95%置信水平下 Mackinnon Prodclin2 方法置信区间为 [-0.0140，0.0486]，包含0在内，说明间接效应不存在；表明合作关系强度在文化兼容性和合作绩效之间不具有中介效应；在95%置信水平下 Mackinnon Prodclin2 方法置信区间为 [0.0120，0.0804]，不包含0在内，说明间接效应存在；表明合作关系强度在资源互补性和合作绩效之间具有中介效应，其间接效应值为0.0380；在95%置信水平下 Mackinnon Prodclin2 方法置信区间为 [-0.0026，0.0417]，包含0在内，说明间接效应不存在；表明合作关系强度在能力契合性和合作绩效之间不具有中介效应。

（三）调节效应检验

1. 回归分析的三大问题检验

为了保证实证分析结论的可靠性与准确性，一般认为需要对各变量进行三大问题检验，即多重共线问题检验、序列相关问题检验、异方差问题检验。

（1）多重共线问题检验。多重共线性是指线性回归模型中解释变量之间的相关关系过高而使得模型估计失真或难以估计准确。常见的多重共线问题检验方法分为两类：第一，相关系数判断法，一般认为，当变量之间的相关系数低于0.8时，则认为不存在严重的多重共线问题。第二，方差膨胀因子（VIF），VIF小于10，则认为不存在严重的多重共线性问题。经检验，本书各回归模型的 VIF

指数均小于 10，因此，我们认为本书不存在严重的多重共线性。

（2）序列相关问题检验。序列相关问题是指不同期的样本之间的高度相关。本书采用的是横截面数据，理论上而言，不存在序列相关问题，但是本书依旧采用 Durbin-Watson（DW）值进行了检验，一般认为 DW 值介于 1.5 与 2.5 时，表明各变量之间不存在序列相关问题。经检验，本书各回归模型的 DW 值均介于 1.5 与 2.5，因此，我们认为本书不存在序列相关问题。

（3）异方差问题检验。异方差问题是指被解释变量的方差随着解释变量的变化而呈现出有规律的变量趋势，通常采用散点图进行判断。绘制的散点图呈现出无序，即标准化残差没有随着标准化预测值呈现出一定的规律性，则认为不存在异方差。经检验，本书各模型均大体呈无序状，因此，判定本书中各模型不存在异方差问题。

2. 调节作用检验结果

（1）以合作关系质量为因变量，以目标协同性、文化兼容性、资源互补性、能力契合性为自变量，依照上述回归模型方程，以创新网络开放度为调节变量列入回归方程中。使用 SPSS 22.0 分层回归分析结果如表 6-19 所示，最后的回归方程可以解释合作关系质量方差的 16.5%，有较高的拟合程度：统计变量 F 值为 25.860，显著性 p 值小于 0.001，表明这些变量对合作关系质量的总体回归效果达到显著水平。

表 6-19　创新网络开放度对合作关系质量的调节效应

Model	Model 1		Model 2		Model 3	
	β	t	β	t	β	t
目标协同性	0.130	3.105**	0.132	3.197***	0.123	3.030**
文化兼容性	0.114	2.726**	0.107	2.588*	0.096	2.386*
资源互补性	0.114	2.645**	0.111	2.591*	0.121	2.903*
能力契合性	0.212	5.404***	0.200	5.152***	0.180	4.629***
创新网络开放度			0.155	4.210***	0.112	3.073***
目标协同性×创新网络开放度					-0.004	-0.092
文化兼容性×创新网络开放度					-0.087	-2.230*
资源互补性×创新网络开放度					-0.125	-2.770*
能力契合性×创新网络开放度					-0.119	-2.770*
R^2	0.149		0.172		0.231	

续表

Model	Model 1		Model 2		Model 3	
	β	t	β	t	β	t
调整后的 R^2		0.143		0.165		0.220
F 值		27.164***		25.860***		20.664***
VIF 值		≤1.170		≤1.090		≤1.280
DW 值		1.936		1.727		1.754

注：因变量是合作关系质量；*** 表示 $p<0.001$，** 表示 $p<0.01$，* 表示 $p<0.05$。

由表 6-19 可知，模型一加入自变量目标协同性、文化兼容性、资源互补性、能力契合性，合作关系质量为因变量进行回归分析，模型二结果显示：目标协同性、文化兼容性、资源互补性、能力契合性对合作关系质量存在显著的相关影响。模型二在模型一的基础上加入调节变量创新网络开放度，以合作关系质量为因变量进行回归分析，模型二结果显示：目标协同性、文化兼容性、资源互补性、能力契合性、创新网络开放度对合作关系质量存在显著的相关影响。模型三在模型二的基础上加入目标协同性×创新网络开放度、资源互补性×创新网络开放度、文化兼容性×创新网络开放度、能力契合性×创新网络开放度，模型三结果显示：目标协同性×创新网络开放度对合作关系质量的回归系数为-0.004，且 $p>0.05$，没有达到显著水平，因此可以表明创新网络开放度在目标协同性和合作关系质量之间不具有显著的调节作用；文化兼容性×创新网络开放度对合作关系质量的回归系数为-0.087，且 $p<0.05$，达到显著水平，因此可以表明创新网络开放度在文化兼容性和合作关系质量之间具有显著的负向调节作用；资源互补性×创新网络开放度对合作关系质量的回归系数为-0.125，且 $p<0.05$，达到显著水平，因此可以表明创新网络开放度在资源互补性和合作关系质量之间具有显著的负向调节作用；能力契合性×创新网络开放度对合作关系质量的回归系数为-0.119，且 $p<0.05$，达到显著水平，因此可以表明创新网络开放度在能力契合性和合作关系质量之间具有显著的负向调节作用。

为了更为直观地显示环境动荡性的调节作用，本书采取大多学者所采用的方法，即选取调节变量上下一个标准差的值分别代入原方程，观察自变量与因变量之间的关系变量。图 6-8 至图 6-10 分别给出了创新网络开放度对文化兼容性、资源互补性、能力契合性与合作关系质量的具体调节作用。从图 6-8 中可以看出，创新网络开放度越高，文化兼容性与合作关系质量之间回归线的斜率越小，表明较高的创新网络开放度弱化了文化兼容性对企业间合作关系质量的促进作用。从图6-9中也可直观看出，创新网络开放度越高，资源互补性与企业间合作关系质量之间回归线的斜率越小，表明较高的创新网络开放度弱化了文化兼容性对企业间合作关系质量的促进作用。同样地，从图6-10也可以看出，创新网络开放度越高，能力契合性与企业间合作关系质量之间回归线的斜率越小，表明较高的创新网络开放度弱化了能力契合性对企业间合作关系质量的促进作用。

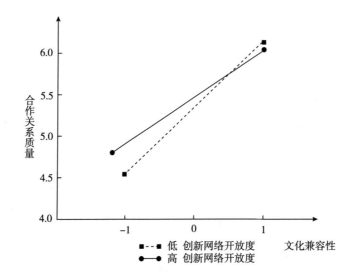

图 6-8　创新网络开放度对文化兼容性与合作关系质量的调节作用

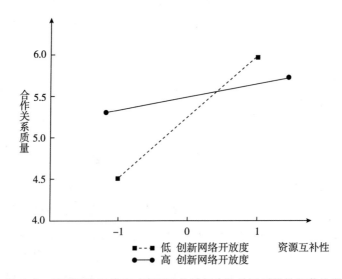

图 6-9　创新网络开放度对资源互补性与合作关系质量的调节作用

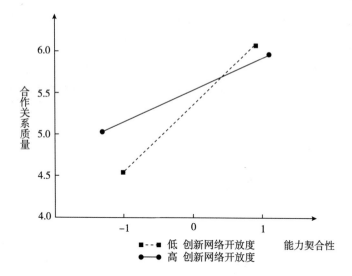

图 6-10 创新网络开放度对能力契合性与合作关系质量的调节作用

（2）以合作关系强度为因变量，以目标协同性、文化兼容性、资源互补性、能力契合性为自变量依照上述回归模型方程，以创新网络开放度为调节变量列入回归方程中。使用 SPSS 22.0 分层回归分析结果如表 6-20 所示，最后的回归方程可以解释合作关系强度方差的 25.8%，有较高的拟合程度：统计变量 F 值为 17.655，显著性 p 值小于 0.01，表明这些变量对合作关系强度的总体回归效果达到显著水平。

由表 6-20 可知，模型一加入自变量目标协同性、文化兼容性、资源互补性、能力契合性，合作关系强度为因变量进行回归分析，模型二结果显示：目标协同性、资源互补性对合作关系强度存在显著的相关影响。模型二在模型一的基础加入调节变量创新网络开放，以合作关系强度为因变量进行回归分析，模型二结果显示：目标协同性、资源互补性、创新网络开放度对合作关系强度存在显著的相关影响。模型三在模型二的基础上加入目标协同性×创新网络开放度、文化兼容性×创新网络开放度、资源互补性×创新网络开放度、能力契合性×创新网络开放度，模型三结果显示：目标协同性×创新网络开放度对合作关系强度的回归系数为−0.096，且 p<0.05，因此可以表明创新网络开放度在目标协同性和合作关系强度之间具有显著的负向调节作用；资源互补性×创新网络开放度对合作关系强度的回归系数为−0.134，且 0.01，达到显著水平，因此可以表明创新网络开

放度在资源互补性和合作关系强度之间具有显著的负向调节作用；文化兼容性×创新网络开放度对合作关系强度的回归系数为 0.010，且 p>0.05，没有达到显著水平，因此可以表明创新网络开放度在文化兼容性和合作关系强度之间不具有显著的调节作用；能力契合性×创新网络开放度对合作关系强度的回归系数为-0.025，且 p>0.05，没有达到显著水平，因此可以表明创新网络开放度在能力契合性和合作关系强度之间不具有显著的调节作用。

表 6-20　创新网络开放度对合作关系强度的调节效应

Model	Model 1		Model 2		Model 3	
	β	t	β	t	β	t
目标协同性	0.120	2.747**	0.125	3.170***	0.094	2.405*
文化兼容性	0.050	1.141	0.031	0.783	0.033	0.840
资源互补性	0.151	3.355***	0.141	3.452***	0.134	3.328***
能力契合性	0.074	1.814	0.042	1.139	0.062	1.647
创新网络开放度			0.407	11.603***	0.374	10.680***
目标协同性×创新网络开放度					-0.096	-2.320*
资源互补性×创新网络开放度					-0.134	-3.059**
文化兼容性×创新网络开放度					0.010	0.272
能力契合性×创新网络开放度					-0.025	-0.611
R^2		0.078		0.242		0.286
调整后的 R^2		0.072		0.236		0.275
F 值		13.247***		39.799***		27.446***
VIF 值		≤1.070		≤1.100		≤1.150
DW 值		1.825		1.892		1.923

注：因变量是合作关系强度；***表示 $p<0.001$，**表示 $p<0.01$，*表示 $p<0.05$。

为了更为直观地显示环境动荡性的调节作用，本书采取大多学者所采用的方法，即选取调节变量上下一个标准差的值分别代入原方程，观察自变量与因变量之间的关系变量。图 6-11 和图 6-12 分别给出了创新网络开放度对目标协同性、资源互补性与合作关系强度的具体调节作用。从图 6-11 中可以看出，创新网络开放度越高，目标协同性与合作关系强度之间回归线的斜率越小，表明较高的创新网络开放度弱化了目标协同性对企业间合作关系强度的促进作用。从图 6-12

中也可直观看出，创新网络开放度越高，资源互补性与企业间合作关系强度之间回归线的斜率越小，表明较高的创新网络开放度弱化了资源互补性对企业间合作关系强度的促进作用。

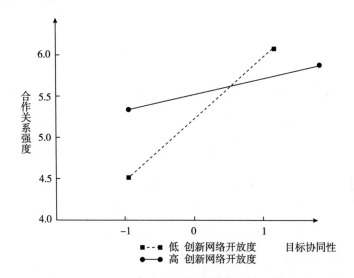

图6-11　创新网络开放度对目标协同性与合作关系强度的调节作用

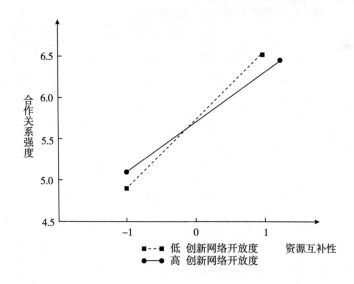

图6-12　创新网络开放度对资源互补性与合作关系强度的调节作用

五、结论与讨论

（一）结论汇总

本章基于 468 份企业数据对本书构建的企业间要素特征影响知识合作的模型进行实证检验，结果如表 6-21 所示，由表可知，大部分假设得到了验证，但仍有少部分假设并未得到数据支持。

表 6-21　研究假设汇总

研究问题	假设汇总	实证结果
	企业间要素特征对知识合作绩效的直接影响	部分支持
	H1a：目标协同性对知识合作绩效具有正向影响	支持
	H1b：文化兼容性对知识合作绩效具有正向影响	不支持
	H1c：资源互补性对知识合作绩效具有正向影响	支持
	H1d：能力契合性对知识合作绩效具有正向影响	支持
	企业间要素特征对知识合作关系的影响	部分支持
企业间要素特征影响知识合作的内在机理	H2a：目标协同性对合作关系质量具有正向影响	支持
	H2b：目标协同性对合作关系强度具有正向影响	支持
	H2c：文化兼容性对合作关系质量具有正向影响	支持
	H2d：文化兼容性对合作关系强度具有正向影响	不支持
	H2e：资源互补性对合作关系质量具有正向影响	支持
	H2f：资源互补性对合作关系强度具有正向影响	支持
	H2g：能力契合性对合作关系质量具有正向影响	支持
	H2h：能力契合性对合作关系强度具有正向影响	不支持
	知识合作关系对知识合作绩效的影响	支持
	H3a：合作关系质量对知识合作绩效具有正向影响	支持
	H3b：合作关系强度对知识合作绩效具有正向影响	支持

续表

研究问题	假设汇总	实证结果
	知识合作关系对企业间要素特征与知识合作创新绩效之间关系的中介作用	部分支持
	H4a：合作关系质量在目标协同性与知识合作绩效之间起中介作用	支持
	H4b：合作关系强度在目标协同性与知识合作绩效之间起中介作用	支持
	H4c：合作关系质量在文化兼容性与知识合作绩效之间起中介作用	支持
	H4d：合作关系强度在文化兼容性与知识合作绩效之间起中介作用	不支持
	H4e：合作关系质量在资源互补性与知识合作绩效之间起中介作用	支持
	H4f：合作关系强度在资源互补性与知识合作绩效之间起中介作用	支持
	H4g：合作关系质量在能力契合性与知识合作绩效之间起中介作用	支持
	H4h：合作关系强度在能力契合性与知识合作绩效之间起中介作用	不支持
	创新网络开放度的调节作用	部分支持
创新网络开放度的调节作用	H5a：创新网络开放度负向调节目标协同性与合作关系质量之间的关系	不支持
	H5b：创新网络开放度负向调节目标协同性与合作关系强度之间的关系	支持
	H5c：创新网络开放度负向调节文化兼容性与合作关系质量之间的关系	支持
	H5d：创新网络开放度正向调节文化兼容性与合作关系强度之间的关系	不支持
	H5e：创新网络开放度负向调节资源互补性与合作关系质量之间的关系	支持
	H5f：创新网络开放度负向调节资源互补性与合作关系强度之间的关系	支持
	H5g：创新网络开放度负向调节能力契合性与合作关系质量之间的关系	支持
	H5h：创新网络开放度负向调节能力契合性与合作关系强度之间的关系	不支持

（二）创新网络内企业间要素特征对合作绩效的影响

利用大样本数据，采用结构方程模型分析，结果表明，企业间要素特征的四个维度目标协同性、文化兼容性、资源互补性、能力契合性都对合作创新绩效有显著的正向影响。

一般来说，创新网络研究者们认为不同参与者之间的相互作用主要通过价值观、角色期望、激励机制和目标、语言、理解能力以及实践来表示。然而，即使学者们都认为创新网络的多样性对创新过程具有重要作用，对于具体的影响方向却无法达成一致性认识。有学者认为通过解决冲突、沟通问题、广泛的社会融合以及提升信任，伙伴间的要素特征能够对企业产生积极的影响，并对个体、团队和企业绩效产生促进作用。合作主体要素特征其实会加强成员间的沟通和协调顺畅，降低"搭便车"行为以及路径依赖促进合作成功。由此可见，企业应该选择与其相似的伙伴展开合作。

从战略管理的视角出发，企业管理人员根据组织特定的影响创新产出的目标配置战略网络（2002），表明合作伙伴特征及目标的不同将产生不同的绩效。不同的利益相关者往往存在相互矛盾的目标、战略重点和需求。在具有集体主义倾向的创新网络中，网络成员都在为共同的网络目标而努力，相反，存在中心点的创新网络中，核心成员为实现自身的目标而对整个网络进行协调（Dhanaraj and Parkhe，2006）。如果合作伙伴间因为目标的差异而产生冲突、较大的误解和分歧，会使合作关系紧张，进而情况恶化。领域的相似性以及目标的兼容性均被认为对于组织间的关系效率具有强化作用。

有学者认为创新网络中主体知识资源的互补性对于创新绩效具有正向影响作用（Rodan and Galunic，2004）。事实上，互补性的资源有利于增加认知资源、拓宽视角广度以及解决问题，互补性的学习取向能够刺激创新网络的进程。也有学者认为具有类似知识技术的合作伙伴往往具有更高的合作意向，并且更加倾向于相互信任和理解，从而减少其组织间合作的搜索和交易成本。

从动态能力契合性的视角出发，合作伙伴间创新与学习方面的能力也存在差异（Cohen and Levinthal，1990）。换言之，执行特定任务的能力之间存在差异（Lee et al.，2010），在相关的领域中，高品质的合作伙伴能够达成更高水平的绩效。研究者们已经证实合作伙伴能力的多样性有利于促进联盟的初始绩效。成功的创新有赖于生产商、用户和政府机构等网络成员能力的互补性。为了实现创新，网络成员的能力应该相辅相成，以弥补其知识基础的不足。

合作目的主要在于建立超越任何单独个体的共同的愿景，作为理解问题和解决问题的共识极大地促进参与者之间的交流和进一步学习。具有兼容性的文化以及积极分享的经验往往有利于促进合作并强化其影响作用（Chen et al.，2011）。创新网络内部的关系主要体现于文化的兼容性，因为兼容性文化让他们更加容易克服双方间的冲突，从而提高彼此理解的可能性以及朝着共同目标努力的倾向性（Emden et al.，2006）。合作伙伴匹配的基础是组织间的兼容性以及先期业务关系基础，组织兼容性方面包括合作伙伴互补性理念和文化，而先期业务关系基础则主要指某个时期的潜在合作伙伴评估兼容性和辨析一般性相似。创新网络层面的文化还应该包括不同网络参与者的观念及习惯（Rampersad et al.，2010）。创新网络中参与者认知视角各不相同，并且阐明这些不同的认知视角如何影响预期技术产出，文化兼容性可以使得彼此在技术演进中得到充分的理解和认同。因此，本书中的企业间要素特征与合作创新绩效具有正相关关系。

（三）创新网络内企业间要素特征影响合作绩效的内在机理

1. 企业间要素特征与合作关系

（1）目标协同性对合作关系的影响。实证结果表明：目标协同性对合作关系质量的标准化系数为 0.135，且 $p < 0.05$，表明目标协同性对合作关系质量具有显著的正向相关影响；目标协同性对合作关系强度的标准化系数为 0.132，且 $p < 0.05$，表明目标协同性对合作关系强度具有显著的正向相关影响，由此可见，目标协同性对合作关系均有积极影响。目标协同性对合作绩效的标准化系数为 0.100，且 $p < 0.05$，表明目标协同性对合作绩效具有显著的正向相关影响。本书的这一研究结果与 Thorgren 等（2012）学者的观点相吻合，即伙伴双方目标越协同，越会产生相互依赖的目标关系，也会促使双方形成基于情感的信任关系，此时双方更倾向于展开不同层次的知识合作，会以强烈的意愿和动机以及开放的心态向对方分享自己的各类知识，合作的频率和质量均会得到提升。

（2）文化兼容性对合作关系的影响。实证结果表明，文化兼容性对合作关系质量的标准化系数为 0.122，且 $p < 0.05$，表明文化兼容性对合作关系质量具有显著的正向相关影响；文化兼容性对于合作关系强度的影响不显著，对合作绩效的影响也不显著。本书的这一研究结果佐证了 Sarkar 等（2001）的观点，即相容的文化价值观如同"社会黏合剂"，会对维系和推动伙伴双方社会互动起到一定的作用，同时也进一步丰富和拓展了 Le 和 Evangelista（2007）、Wirsich 等（2016）学者的研究结论。这可能因为企业间在文化、认知、价值观较为相似时，彼此间的交流和合作会更加顺畅，投入的资源和对自身行为的约束即使程度不深，对于彼此的合作绩效的影响也不大。

（3）资源互补性对合作关系的影响。实证结果表明，资源互补性对合作关系质量的标准化系数为 0.124，且 $p < 0.05$，表明资源互补性对合作关系质量具有显著的正向相关影响；资源互补性对合作关系强度的标准化系数为 0.199，且 $p < 0.001$，表明资源互补性对合作关系强度具有显著的正向相关影响；资源互补性对合作绩效的标准化系数为 0.244，且 $p < 0.001$，表明资源互补性对合作绩效具有显著的正向相关影响；本书的这一研究结果验证了资源基础观、社会交换行为理论等对于合作行为的解释力。从资源基础观看，合作关系的建立是由双方

都有获取对方互补性创新资源的需求这一逻辑驱动的（Vuola and Hameri, 2006），在这一逻辑框架下，合作伙伴双方的创新资源互补性越强，就越能为彼此提供知识共享中互动双方的正面等价报酬。根据社会交换行为理论观点，此时这种交换关系更具吸引力，从而也促进双方的关系强度和关系质量显著提升。

（4）能力契合性对合作关系的影响。能力契合性对于合作关系质量的标准化系数为 0.231，且 p<0.001，表明能力契合性对于合作关系质量有显著的正向影响，但是能力契合性对于合作关系强度的影响不显著，能力契合性对合作绩效的标准化系数为 0.095，且 p<0.05，表明能力契合性对合作绩效具有显著的正向影响。这可能是因为企业在动态能力上相互匹配，意味着彼此的对偶吸收能力和转移能力相契合，合作过程中的效率较高，那么在彼此合作过程中所花费的时间和精力相应就会少，因此对合作关系强度影响不明显。但是对合作关系质量的正向影响是显著的，如果合作双方的能力有很高的契合性，那么对于同样的知识转移和学习的成本都会较低，即使企业间的沟通交流较少也可以顺利地完成合作。

2. 合作关系与合作创新绩效

根据本书的研究假设观点，创新网络内伙伴间合作关系都会对合作创新绩效产生显著的正向影响，假设检验结果表明，合作关系强度对合作绩效的标准化系数为 0.191，且 p<0.001，表明合作关系强度对合作绩效具有显著的正向相关影响；合作关系质量对合作绩效的标准化系数为 0.223，且 p<0.001，表明合作关系质量对合作绩效具有显著的正向相关影响。由此可见，本书的上述研究假设均获得了实证检验结果的支持。

本书发现，虽然关系强度和关系质量均对合作绩效产生积极的影响效应，但是由于合作关系质量和强度有各自的侧重点，因而对合作创新绩效产生的路径和作用大小亦存在差异。其中，关系强度对于合作绩效的促进作用主要得益于企业间期望通过频繁的沟通和交流促进知识的转移，对特定情境的依赖度较低，不同层次的互动和合作能在很大程度上提高组织间合作的默契度，增加知识共享的内容和效率，为合作双方提供熟悉的沟通语境、共同的知识基础等（Cann and Mudambi, 2005），这既可直接促进合作创新绩效的提升，又为双方的关系质量奠定了知识基础和信任基础。然而，关系质量对于合作创新绩效的促进作用主要源于关系质量能对企业间知识转移的深度产生影响，知识深度是人类认知中起决定作用的知识维度，"代表了人类获得和认识知识的终极能力"（邓线平，2009），因而合作关系质量为合作双方产生新的创意和原创性解决方案创造了必要条件（Cann and Mudambi，2005），同时也为合作双方技术人员相互学习对方的隐性知识提供了可能和机会。

3. 合作关系的中介效应

本书的理论贡献之一，在于从合作关系本质特征出发来看待创新网络内企业间的知识合作过程，将合作关系的两个维度作为中介变量，纳入企业间要素特征对合作创新绩效影响机制的理论框架中，这将更有助于进一步阐释清楚企业间伙伴要素特征的不同维度对合作创新绩效的影响路径和作用机理。本书关于合作关系的两个维度的中介效应检验结果显示，关系质量和关系强度在伙伴要素特征对合作创新绩效的影响中均具有中介效应，这说明知识合作情境下，寻求匹配的合作伙伴有利于促进双方之间隐性知识合作关系的发生，并进而提升合作绩效。由于伙伴要素特征的四个不同维度对正向影响合作关系进而提升合作创新绩效的影响机制和作用路径存在差异，因而需要分别加以讨论。

（1）合作关系在目标协同性和合作绩效的关系中起到了完全中介作用，这说明企业间目标协同性对合作创新绩效的促进作用可完全通过合作关系的中介传递机制产生。合作关系质量在目标协同性和合作绩效之间中介效应值为 0.0300，合作关系强度在目标协同性和合作绩效之间的中介效应值为 0.0250。

（2）合作关系在文化兼容性与合作绩效的关系中起到了部分作用，这表明产学研伙伴文化兼容性对合作绩效的促进作用可通过知识共享的中介传递机制产生。合作关系质量在文化兼容性和合作绩效之间的中介效应值为 0.0270；合作关系强度在文化兼容性对合作绩效之间不具有中介效应，合作关系强度侧重强调交流的频繁性，企业间资源的投入以及对合作行为的约束等，企业间的文化和认知差异较小，那么彼此间的合作交流成本和资源消耗就会较少，因此对于合作关系强度的要求就会降低，所以关系强度的传递作用就会没那么明显。

（3）合作关系对资源互补性与合作绩效的关系起到完全中介作用。表明合作关系质量在资源互补性和合作绩效之间具有中介效应，其中介效应值为 0.0280；合作关系强度在资源互补性和合作绩效之间具有中介效应，其中介效应值为 0.0380。

（4）合作关系对能力契合性与合作绩效的关系起到部分中介作用。合作关系质量在能力契合性对合作绩效之间具有中介效应，其中介效应值为 0.0510；合作关系强度在能力契合性对合作绩效之间不具有中介效应。能力的契合性使得彼此的知识合作变得容易，因此对于通过合作关系强度增强绩效的途径就会不再重要。

（四）创新网络开放度的调节效应

创新网络开放度在文化兼容性、资源互补性、能力契合性对合作关系质量之间均具有显著负向的调节作用，而在目标协同性和合作关系质量之间不具有显著的负向调节作用。创新网络开放度在目标协同性、资源互补性与合作关系强度间的负向调节作用显著，而在文化兼容性、能力契合性与合作关系强度之间不具有显著的调节作用。关于创新网络开放度对目标协同性和合作关系强度的调节作用，因为网络开放度较高时，网络为企业目标的实现提供了更多的资源选择，因此并不妨碍合作目标的实现，合作关系质量受到的冲击并不明显。创新网络开放度在文化兼容性、能力契合性与合作关系强度之间的负向调节作用不明显，主要原因可能是网络多样性的增加虽然为企业提供了更加全面的信息和资源，带来更多的创新要素组合机会，但是企业彼此之间的稳定性和可预测性变弱，原本网络中形成的企业共享准则、信任和共同行为模式的发展也被打破，对企业间原本契合的合作能力提出挑战，企业间为了合作目标的实现，需要更紧密的联系和更多的投入来对抗这种冲击，所以创新网络开放对于文化兼容性、能力契合性与合作关系强度的负向调节效应不明显。

六、本章小结

基于 468 份企业样本的问卷调查与统计分析，本章主要对前文提出的企业间要素特征影响知识合作的构念模型及其所提出的 5 组共 30 个假设进行了实证研究。

本章内容主要分为以下几个部分：第一，对所收集的样本企业的基本情况进行分析；第二，采用验证性因子分析方法对数据的信度、效度指标进行检验，并采用因子分析法对共同方法偏差问题进行检验，结果均表明样本数据满足基本标准；第三，对变量进行基本的描述性统计分析与相关分析，判断变量之间的相关性；第四，采用结构方程模型方法，检验了企业间要素特征对知识合作关系和知识合作绩效的直接效应，以及知识合作关系在企业间要素特征和知识合作绩效之间的中介效应；第五，采用层次回归方法对创新网络开放度对两者关系的调节作用进行检验；第六，对实证分析所得出的结论进行总结与讨论。

第七章　研究结论与展望

本书以探究创新网络内企业间要素特征与知识合作的关系为研究焦点，综合运用了理论归纳与演绎、演化博弈、统计分析方法以及 MATLAB、SPSS、AMOS 等一系列数据分析工具，回答了以下问题：创新网络内企业间知识合作关系演化规律为何？知识企业间要素特征影响知识合作关系进而影响合作绩效内在机理如何？创新网络开放度如何影响知识企业间要素特征与知识合作关系之间的关系？

通过对相关研究进行回顾，了解现有的研究现状，并在其基础上，采用博弈论的方法推演了基于预期收益和成本为假设的创新网络内企业间知识合作关系演化规律，揭示了企业间知识位势匹配和不匹配两种情形下，在进行知识合作选择时表现出的一般意义上的现象和规律；通过理论归纳与演绎方法，明晰了知识合作要素企业间要素特征对知识合作关系以及知识合作绩效的影响，并构建了创新网络开放度情境下企业间要素特征影响知识合作的构念模型；在此基础上，采用问卷调查数据，使用统计分析方法，分别检验了企业间要素特征影响知识合作的直接效应模型、企业间要素特征影响知识合作关系以及知识合作绩效的内在作用机制、创新网络开放度这一情境因素对企业间要素特征与知识合作之间关系的影响。下文将主要对本书所得出的研究结论、管理实践启示、研究局限性与未来展望进行总结。

一、研究结论

基于资源依赖观、开放式创新理论、匹配理论，本书聚焦于探讨企业间要素特征与知识合作的关系。依据研究目标，本书包括两大部分内容，即演化博弈和实证研究。演化博弈关注了创新网络内企业间知识合作的一般现象，揭示了在创新网络内显性的知识位势匹配和不匹配的情况下企业间知识合作的演化规律。实证研究以"合作要素—合作关系—合作效果"为基本逻辑，探讨了合作关系在企业间要素特征和合作绩效的中介作用，且研究了情境变量创新网络开放度对企业间要素特征和知识合作关系的影响。

（一）创新网络内企业间知识合作关系演化规律

本书通过应用演化博弈论的推演方法，根据知识合作态度将创新网络内企业分为合作型、不合作型和观望型，基于知识位势理论和互惠理论，以预期的收益和成本为基本假设，对这三种类型企业的知识合作态度进行数理推演，得到如下结论：当企业间在创新网络内知识位势相当时，企业预期得到的收益大于知识合作成本，系统不存在演化稳定策略；企业预期知识合作获得的收益小于知识合作带来的损失时，不合作成为系统的局部演化稳定策略。

当企业间在创新网络内知识位势有差异时，可以得到三种结论：

第一，当非核心企业收到的知识合作潜在收益大于其知识合作的净成本，而核心企业收到的知识合作潜在收益小于其知识合作的净成本时，非核心企业中的无条件合作者与观望合作者共存，而核心企业在创新网络内的知识合作者赢得竞争。在此情况下，非核心企业与核心企业均选择知识合作，企业良好的知识合作氛围得以形成。但这一状态却并非稳定，而是随机漂变在一条收益相同的边上。一旦随机漂变使创新网络内非核心企业中观望的概率小于阈值，那么系统收敛于一点。此时，非核心企业中无条件合作者统治群体，但核心企业中却由不合作者赢得竞争。在此情况下，虽然非核心企业愿意持续分享知识，但是对于企业知识合作更为关键的核心企业群体的知识合作关系是不稳定的，其状态取决于非核心企业中观望态度的概率。当非核心企业中观望的概率高于阈值，核心企业愿意分享其知识，否则他们将选择不进行知识合作。非核心企业观望概率小于阈值，核心企业不合作将不会因为自己不合作行为带来坏声誉而受到足够的惩罚，因此系统的轨道直接收敛于一点。在此情况下，核心企业与非核心企业之间连暂时的知识合作关系也很难维持，企业迅速进入非核心企业愿意分享知识，但核心企业不愿进行知识合作的状态。

第二，当非核心企业和核心企业收到的潜在收益均大于其知识合作净成本，合作系统虽然并不存在演化稳定策略，但是随机漂变的作用只能使轨道的收敛点在此边上移动，而不能离开此边。因此在此知识合作网络中，非核心企业中的无条件合作态度与观望态度共存，而不合作态度会导致非核心企业被排除合作系统；核心企业如果选择不合作也会被排除系统，核心企业与非核心企业均愿意分享其知识，企业良好的知识合作氛围得以形成。这说明企业间要想获得长期稳定的知识合作氛围，确保核心企业与非核心企业得到的潜在收益均大于其成本依然是最为有效的方法，也就是在企业间合作时要增大对于彼此间关系资本、信任等情感因素的投入，增加合作双方的合作信心。

第三，当非核心企业和核心企业收到的潜在收益均小于其知识合作净成本，在非核心企业和核心企业收到的潜在收益均小于其知识合作成本的情况下，系统的轨道总是收敛于一点。在此情况下，存在唯一的演化稳定均衡，即非核心企业与核心企业均选择不分享知识，企业难以形成良好的知识合作氛围。这一结果说明，为获得良好的知识合作氛围，企业至少要保证非核心企业得到的潜在收益大于其知识合作净成本，说明企业间对于彼此合作关系带来的承诺、信任和关系资本有较大关注，企业在进行合作时也要注意彼此间情感因素的投入和获取。

（二）创新网络内企业间要素特征对知识合作的影响

1. 企业间要素特征对合作绩效的影响

本书通过对大样本调研数据的统计分析，发现企业间目标协同性、资源互补性、能力契合性对于知识合作绩效都有显著正向影响，文化兼容性对知识合作绩效的影响不显著。这是因为企业创新网络合作是一个复杂的过程，要求企业具备多方面的资源和能力，而网络资源的多样性如何被企业利用，企业需要对这些异质性的要素与自身的要素进行匹配，一旦匹配，势必会对企业的创新产生积极的影响。

2. 知识合作关系在合作要素特征和合作绩效中的中介效应

本书进一步采用结构方程模型方法对大样本调研数据的统计分析，发现企业间的要素特征的四个维度通过影响合作关系的两个维度进一步影响合作绩效，但是结论与假设有出入，具体而言，目标协同性显著正向影响合作关系质量和合作关系强度。文化兼容性对合作关系质量具有显著的正向影响，但对于合作关系强度的影响不显著，对合作绩效的影响也不显著。资源互补性对合作关系质量具有显著的正向影响，对合作关系强度具有显著的正向影响。能力契合性对于合作关系质量有显著的正向影响，但是对于合作关系强度的影响不显著。

从合作关系出发来看待创新网络内企业间的知识合作过程，将合作关系的两个维度作为中介变量，纳入企业间要素特征对合作创新绩效影响机制的理论框架，这将更有助于进一步阐释清楚企业间伙伴要素特征的不同维度对合作创新绩效的影响路径和作用机理。本书关于合作关系的两个维度的中介效应检验结果显示，关系质量和关系强度在伙伴要素特征对合作创新绩效的影响中均具有中介效应，这说明知识合作情境下，寻求要素匹配的合作伙伴有利于促进双方之间两类知识合作关系的发生，并进而提升合作创新绩效。合作要素特征的四个不同维度对正向影响知识合作关系，进而提升合作创新绩效的影响机制和作用路径存在差异。

本书发现，虽然合作关系强度和合作关系质量均对知识合作绩效产生积极的影响作用，但是由于合作关系质量和强度有各自的侧重点，因而对合作创新绩效产生的路径和作用大小亦存在差异。其中，关系强度对于合作绩效的促进作用主要得益于企业间期望通过频繁的沟通和交流促进知识的转移，对特定情境的依赖度较低，不同层次的互动和合作能在很大程度上提高组织间合作的默契度，增加知识共享的内容和效率，为合作双方提供熟悉的沟通语境、共同的知识基础等，这既可直接促进合作创新绩效的提升，又为双方的关系质量奠定知识基础和信任基础。关系质量对于合作创新绩效的促进作用则主要源于关系质量能对企业间知识转移的深度产生影响，知识深度是人类认知中起决定作用的知识维度，"代表了人类获得和认识知识的终极能力"（邓线平，2009），因而合作关系质量为合作双方产生新的创意和原创性解决方案创造了必要条件（Cann and Mudambi，2005），同时也为合作双方技术人员相互学习对方的隐性知识提供了可能和机会。

3. 创新网络开放度的调节效应

研究结果表明，创新网络开放度在文化兼容性、资源互补性、能力契合性和合作关系质量之间均具有显著负向的调节作用，而在目标协同性和合作关系质量之间不具有显著的负向调节作用。创新网络开放度在目标协同性、资源互补性与合作关系强度间的负向调节作用显著，而在文化兼容性、能力契合性与合作关系强度之间不具有显著的调节作用。关于创新网络开放度对目标协同性和合作关系强度的调节作用，因为创新网络开放度较高时，网络为企业目标的实现提供了更多的资源选择，因此并不妨碍合作目标的实现，合作关系质量受到的冲击并不明显。创新网络开放度在文化兼容性、能力契合性与合作关系强度之间的负向调节作用不明显，主要原因可能是网络多样性的增加虽然为企业提供了更加全面的信息和资源，带来更多的创新要素组合机会，但是企业彼此之间的稳定性和可预测性变弱，原本网络中形成的企业共享准则、信任和共同行为模式的发展也被打破，对企业间原本契合的合作能力提出挑战，企业间为了合作目标的实现，需要更紧密的联系和更多的投入来对抗这种冲击，所以创新网络开放对于文化兼容性、能力契合性与合作关系强度的负向调节效应不明显。

创新网络开放度越高意味着网络成员或网络资源的多样化程度越高。多样性的合作伙伴可供选择，这能给企业提供全方位的互补性信息，使企业获取探索式创新所需要的异质性创新资源，提升企业间的合作关系质量，网络异质性带来的丰富非冗余性资源可以给企业带来更多的创新要素组合机会，激发企业创新灵感，更大程度上增加探索式创新带来的合作创新绩效。当企业间要素特征要求企业彼此之间的稳定性和可预测性较强时，低的开放度会促进网络中企业共享准则、信任和共同行为模式的发展，有利于企业开展基于共同目标的合作。同质化网络传递的知识和资源与企业自身有很高的契合度，增加了企业吸收和挖掘网络内知识的能力，并将其转化为企业自身的创新产品，提高企业创新速度，更有效地促进企业创新绩效。

二、管理实践启示

本书提取了合作创新中目标、文化、资源、能力和合作关系等几个重要因素，分析了企业间要素特征对知识合作绩效的作用机理。结果表明，企业在合作创新中，应关注企业间在创新网络内与自身战略目标、文化认知、创新资源、知识能力有互补要素特征的企业，企业选择合作对象时，关注彼此间匹配产生的互补，能有效提升企业创新能力，实现优势互补。

在实现企业合作要素特征方面，企业应将创新网络内合作信息搜寻作为一种战略任务加以重视，提升企业的信息筛选能力；加强合作项目和合作对象筛选、审查与评估工作，提升合作决策机制的科学性与有效性；建立专业化的管理机构来实施评估合作事宜，制定科学的合作发展规划，减少合作对象选择的盲目性和单一性。企业应从被动、盲目选择合作伙伴转变到主动、有针对性地选择合作伙伴，确立合作的重点领域、对口单位与技术开发结合点。在选择潜在合作对象时，要充分考虑合作双方所拥有资源的相关性和异质程度，实现两者的最优平衡和互补匹配。

从内生视角构建创新能力提升收益机制，改进收益分配方式和人才奖励制度，提升企业能力水平。加大合作中企业研发能力提升与技术吸收能力提升的收益：通过改进合作收益分配方式、加大人才奖励等来促进能力提升与技术积累；加强各方的考核，促进能力的发挥；重视对人才的培养，通过专门培训、联合培养等方式积累人才。从外生视角加强各方能力衔接与管理工作，通过沟通平台、互动学习平台与交叉收益机制实现异质性能力兼容：寻求与自身能力互补的创新主体作为合作对象，加强合作前的调查评估，对潜在合作对象的创新能力深入分析；针对各方能力的差异性，选择不同的能力提升策略；改进合作中的学习交流平台，为企业学习创造机会、环境，共享最新技术资源。

在合作关系方面，利用声誉机制、信号机制减少合作中的信息不对称，加强关系治理和契约管理，减少投机主义行为，实现合作中的协同效应。做好合作前的资信调查，为合作方建立详细的信誉记录；通过长期、制度化的合作来发挥信号机制的作用，在重复合作博弈中，合作方实施机会主义行为的收益会弱化；根据合作方的前期研发投入信息来决定后续合作进程，合作方的前期研发投入可以作为一种信誉的保证，降低后续机会主义行为的发生概率。通过构建社会网络，发挥关系治理的作用，一方面要增加企业社会网络的"嵌入性"，增加与潜在合作伙伴的连接，增进不同合作主体间的互信；另一方面要引入信誉监督机制，借助于合作第三方或中介机构，建立合作各方的档案，评定合作伙伴的信誉等级。加强契约管理，建立合理、有效的利益分配机制，在契约中要体现出权责利，构建良好的收益机制与惩罚机制。建立有效的沟通管理平台：建立包括技术人员、管理人员等在内的合作团队，协调工作；建立直接的接触与联系机制，如通过现场走访、联席会议、定期的交流汇报等方式，提高信息传递的质量，克服沟通中的障碍；采取适宜的交流与监督方式，当合作双方具有较高信任度时，应尽量弱化过程控制和监督式控制，促使合作成员的自我控制，以定期或不定期检查为主，检查研究进度、研究实验记录等。

三、局限性与未来展望

本书立足于我国企业自主创新能力不足的现实，直面知识合作困境，通过对企业间要素特征对创新网络内知识合作影响机理研究，得出了一些有意义的结论，具有一定的理论价值和现实意义。由于时间、人力、财力以及研究能力的限制，本书还存在一些局限。

知识合作关系演化规律分析中，主要从预期收益和成本入手，现实中还有激励收益和惩罚成本等，这在一定程度上影响了博弈演化规律的说服能力。未来研究应考虑将更多的变量融入模型当中，以进一步拓宽研究结论的普适性。

在变量的测量中，尽管合作主体要素特征逐渐引起学者们的关注，但是缺乏成熟可用的量表，尤其是能力契合性的量表。因此，本书参考了众多文献中的观点，对变量测量题项进行了一定的删补。尽管从大样本检验中的信度和效度分析来看，均表现不错，后续的研究应该结合案例的访谈对我国情境下的量表进行重新调整。

样本收集方面仍然存在一定的局限性。虽然通过师长、亲朋好友、合作伙伴以及政府部门的帮助在陕西、河南、山东、浙江等省份进行了问卷发放，而且最终收回有效问卷 468 份，但是仍然缺乏对整个中国情境的代表。后续的研究应该继续扩大问卷发放范围和规模，并对不同地区、行业和企业性质之间进行横向分析和比较，以期得到更加具有普适性的研究结果。

本书研究了企业这一主体，但现实中创新网络合作均涉及企业、科研机构等多种参与方，涉及更为复杂的要素特征、合作关系与知识合作等问题。未来的研究可以基于主体间的更多方面要素特征与合作创新的关系进行研究。

参考文献

[1] Aalbers R, Dolfsma W, Koppius O. Rich Ties and Innovative Knowledge Transfer within a Firm [J]. British Journal of Management, 2014 (4): 833–848.

[2] Ahuja G. Collaboration Networks, Structural Holes, and Innovation: A Longitudinal Study [J]. Administrative Science Quarterly, 2000 (3): 425–455.

[3] Aken J E V, Weggeman M P. Managing Learning in Informal Innovation Networks: Overcoming the Daphne – Dilemma [J]. R&D Management, 2000 (2): 139–150.

[4] Albino V, Garavelli A C, Schiuma G. Knowledge Transfer and Inter–Firm Relationships in Industrial Districts: The Role of the Leader Firm [J]. Technovation, 1998 (1): 53–63.

[5] Alexander R D. The Biology of Moral Systems [M]. New York: Aldine de Gruyter, 1987.

[6] Amit R, Schoemaker P J H. Strategic Assets and Organizational Rent [J]. Strategic Management Journal, 1993 (1): 33–46.

[7] Anderson E, Narus J. A Model of Distribute or Firm and Manufaeturer Firm Working Relationships [J]. Journal of Marketing, 1990 (1): 42–58.

[8] Angeles R, Nath R. Partner Congruence in Electronic Data Interchange (EDI)–Enabled Relationships[J]. Journal of Business Logistics, 2001 (2): 109–127.

[9] Anntte L R, Michael D L. Acquiring New Knowledge: The Role of Retaining Human Capital in Acquisitions of High–Tech Firms [J]. The Journal of High Technology Management Research, 2000 (2): 295–319.

[10] Argote L, Ingram P. Knowledge Transfer: A Basis for Competitive Advantage in Firms [J]. Organizational Behavior and Human Decision Processes, 2000 (1): 150–169.

［11］ Aric R, Christine M. The Acquisition and Utilization of Information in New Product Alliances: A Strength-of-Ties Perspective ［J］. American Marketing Association, 2001 (2): 1-18.

［12］ Arvanitis S, Hollenstein H. Demand and Supply Factors in Explaining the Innovative Activity of Swiss Manufacturing Firms ［J］. Economics of Innovation and New Technology, 1994 (1): 15-30.

［13］ Azar G, Drogendijk R. Psychic Distance, Innovation, and Firm Performance ［J］. Management International Review, 2014 (5): 581-613.

［14］ Bapuji H, Crossan M. From Questions to Answers: Reviewing Organizational Learning Research ［J］. Management Learning, 2004 (4): 397-417.

［15］ Barnes T, Pashby I, Gibbons A. Effective University-Industry Interaction: A Multi-Case Evaluation of Collaborative R&D Projects ［J］. European Management Journal, 2002 (3): 272-285.

［16］ Bastos P. Inter-Firm Collaboration and Learning: The Case of the Japanese Automobile Industry ［J］. Asia Pacific Journal of Management, 2001 (4): 423-441.

［17］ Becker M. A Framework for Applying Organizational Routines in Empirical Research: Linking Antecedents, Characteristics and Performance Outcomes of Recurrent Interaction Patterns ［J］. Industrial and Corporate Change, 2005 (5): 817-846.

［18］ Becker W, Peters J. R&D-Competition between Vertical Corporate Networks: Structure, Efficiency and R&D Spillovers ［J］. Economics of Innovation and New Technology, 1998: 51-71.

［19］ Bercovitz J, Feldman M P. Academic Entrepreneurs: Organizational Change at the Individual Level ［J］. Organization Science, 2008 (1): 69-89.

［20］ Bergman E M. Knowledge Links between European Universities and Firms: A Review ［J］. Papers in Regional Science, 2010 (2): 311-333.

［21］ Björkman I, Stahl G K, Vaara E. Cultural Differences and Capability Transfer in Cross-Border Acquisitions: The Mediating Roles of Capability Complementarity, Absorptive Capacity, and Social Integration ［J］. Journal of International Business Studies, 2007 (4): 658-672.

［22］ Blau P. Exchange and Power in Social Life ［M］. New York: Wiley Press, 1964.

[23] Boschma R. Proximity and Innovation: A Critical Assessment [J]. Regional Studies, 2005 (1): 61-74.

[24] Bougrain F, Haudeville B. Innovation, Collaboration and SMEs Internal Research Capacities [J]. Research Policy, 2002 (5): 735-747.

[25] Bowers C A, Pharmer J A, Salas E. When Member Homogeneity Is Needed in Work Teams: A Meta-Analysis [J]. Small Group Research, 2000 (3): 305-327.

[26] Burt R S. Structural Holes: The Social Structure of Competition [M]. Cambridge: Harvard University Press, 2009.

[27] Cadden T, Marshall D, Cao G M. Opposites Attract: Organisational Culture and Supply Chain Performance [J]. Supply Chain Management: An International Journal, 2013 (1): 86-103.

[28] Cantù C, Corsaro D, Snehota I. Roles of Actors in Combining Resources into Complex Solutions [J]. Journal of Business Research, 2012 (2): 139-150.

[29] Capaldo A, Petruzzelli A M. Partner Geographic and Organizational Proximity and the Innovative Performance of Knowledge-Creating Alliances [J]. European Management Review, 2014 (1): 63-84.

[30] Capaldo A. Net Work Structure and Innovation: The Leveraging of a Dual Net Work as a Distinctive Relational Capability [J]. Strategic Management Journal, 2007 (28): 585-608.

[31] Cartwright S, Cooper C L. The Role of Cultural Compatibility in Successful Organizational Marriage [J]. The Academy of Management Executive, 1993 (2): 57-70.

[32] Chassang S. Building Routines: Learning, Cooperation, and the Dynamics of Incomplete Relational Contracts [J]. American Economic Review, 2010 (1): 448-465.

[33] Checkley M, Steglich C, Angwin D, et al. Firm Performance and the Evolution of Cooperative Interfirm Networks: UK Venture Capital Syndication [J]. Strategic Change, 2014 (12): 107-118.

[34] Chesbrough H. Open Innovation: The New Imperative for Creating and Profiting from Technology [M]. Cambridge: Harvard Business School Press, 2003.

[35] Choi C J, Lee S H. A Knowledge-Based View of Cooperative Interorganiza-

tional Relationships [M] // Beamish P, Killing J. Cooperative Strategies: European Perspectives. San Francisco: New Lexington Press, 1997.

[36] Chowdhury S. The Role of Affect- and Cognition-Based Trust in Complex Knowledge Sharing [J] . Journal of Managerial Issues, 2005 (3): 310-326.

[37] Cobena M, Gallego A, Casanueva C. Heterogeneity, Diversity and Complementarity in Alliance Portfolios [J] . European Management Journal, 2016 (4): 1-13.

[38] Cohen W M, Levinthal D A. Absorptive Capacity: A New Perspective on Learning and Innovation [J] . Administrative Science Quarterly, 1990 (35): 128-152.

[39] Coleman J S. Foundations of Social Theory [M] . Cambridge: Harvard University Press, 1994.

[40] Collins J D, Hitt M A. Leveraging Tacit Knowledge in Alliances: The Importance of Using Relational Capabilities to Build and Leverage Relational Capital [J] . Journal of Engineering & Technology Management, 2006 (3): 147-167.

[41] Collins J D. Social Capital as a Conduit for Alliance Portfolio Diversity [J] . Journal of Managerial Issues, 2013 (1): 62-78.

[42] Cook K S. Exchange and Power in Networks of Inter-Organizational Relations [J] . The Sociological Quarterly, 1977 (1): 62-82.

[43] Cummings J L, Holmberg S R. Best-Fit Alliance Partners: The Use of Critical Success Factors in a Comprehensive Partner Selection Process [J] . Long Range Planning, 2012 (2-3): 136-159.

[44] Cummings J L, Teng B S. Transferring R&D Knowledge: The Key Factors Affecting Knowledge Transfer Success [J] . Journal of Engineering and Technology Management, 2003 (1): 39-68.

[45] Cummings J L, Teng B S. Transferring R&D Knowledge: The Key Factors Affecting Knowledge Transfer Success [J]. Journal of Engineering Technology Management, 2003 (1) : 112-133.

[46] D'Este P, Perkmann M. Why Do Academics Engage with Industry? The Entrepreneurial University and Individual Motivations [J] . The Journal of Technology Transfer, 2011 (3): 316-339.

[47] Das T K, He I Y. Entrepreneurial Firms in Search of Established Partners: Review and Recommendations [J] . International Journal of Entrepreneurial Behavior &

Research, 2006 (3): 114-143.

[48] Das T K, Teng B S. Between Trust and Control: Developing Confidence in Partner Cooperation in Alliances [J]. The Academy of Management Review, 1998 (3): 491-512.

[49] Das T K, Teng B. Instabilities of Strategic Alliances: An Internal Tensions Perspective [J]. Organization Science, 2000 (1): 31-49.

[50] Davenport T H, Prusak L. Working Knowledge [M]. Boston: Harvard Business School Press, 1998.

[51] Demirbag M, Mirza H. Factors Affecting International Joint Venture Success: An Empirical Analysis of Foreign-Local Partner Relationships and Performance in Joint Ventures in Turkey [J]. International Business Review, 2000 (1): 1-35.

[52] Dhanaraj C, Lyles M A, Steensma H K, et al. Managing Tacit and Explicit Knowledge Transfer in IJVs: The Role of Relational Embeddedness and the Impact on Performance [J]. Journal of International Business Studies, 2004 (5): 428-442.

[53] Dhanaraj C, Parkhe A. Orchestrating Innovation Networks [J]. Academy of Management Review, 2006 (3): 659-669.

[54] Diestre L, Rajagopalan N. Are All "Sharks" Dangerous? New Biotechnology Ventures and Partner Selection in R&D Alliances [J]. Strategic Management Journal, 2012 (10): 1115- 1134.

[55] Dittrich K, Duysters G. Networking as a Moans to Strategy Change: The Case of Open Innovation in Mobile Telephone [J]. Journal of Product Innovation Management, 2007 (6): 510-521.

[56] Dixon N D. Common Knowledge: How Companies Thrive by Sharing What They Know [M]. Boston: Harvard Business School Press, 2000.

[57] Dosi G. Sources, Procedures, and Microeconomic Effects of Innovation [J]. Journal of Economic Literature, 1988 (3): 1120-1171.

[58] Douma M U, Bilderbeek J, Idenburg P J, et al. Strategic Alliances: Managing the Dynamics of Fit [J]. Long Range Planning, 2000 (4): 579-598.

[59] Duncan R B. Characteristics of Organizational Environments and Perceived Uncertainty [J]. Administrative Science Quarterly, 1972 (3): 313-327.

[60] Durmusoglu S S. Open Innovation: The New Imperative for Creating and

Profiting from Technology [J] . European Journal of Innovation Management, 2004 (4): 86-88.

[61] Dushnitsky G, Shaver J M. Limitations to Inter-Organizational Knowledge Acquisition: The Paradox of Corporate Venture Capital [J] . Strategic Management Journal, 2009 (10): 1045-1064.

[62] Duysters G, Hoen H, Lokshin B, et al. Do Firms Learn to Manage Alliance Portfolio Diversity? The Diversity-Performance Relationship and the Moderating Effects of Experience and Capability [J]. European Management Review, 2012 (3): 139-152.

[63] Dyer J H, Singh H. The Relational View: Cooperative Strategy and Sources of Inter-Organizational Competitive Advantage [J] . Academy of Management Review, 1998 (4): 660-679.

[64] Dyer J H. Effective Inter-Firm Collaboration: How Firms Minimize Transaction Costs and Maximize Transaction Value [J] . Strategic Management Journal, 1997 (7): 535-556.

[65] D' lppolito B, Mareela M, Consoli D. Knowledge Systematisation, Reconfiguration and the Organisation of Firms and Industry: The Case of Design [J] . Research Policy, 2014 (4): 28-35.

[66] D. Vivek S, Glenn Richey R. Understanding Performance of Joint Ventures: Modeling the International Strength of Fit between Partners [J] . The International Journal of Logistics Management, 2013, 24 (3): 356-379.

[67] Eisenhardt K M, Tabrizi B N. Accelerating Adaptive Processes: Product Innovation in the Global Computer Industry [J] . Administrative Science Quarterly, 1995 (1): 84-110.

[68] Eisingerich A, Bell S, Tracey P. How Can Clusters Sustain Performance? The Role of Network Strength, Network Openness, and Environmengtal Uncertainty [J] . Research Policy, 2010 (4): 239-253.

[69] Emden Z, Calantone R J, Droge C. Collaborating for New Product Development: Selecting the Partner with Maximum Potential to Create Value [J] . The Journal of Product Innovation Management, 2006 (4): 330-341.

[70] Fawcett S, Jones S, Fawcett A. Supply Chain Trust: The Catalyst for Col-

laborative Innovation [J]. Business Horizons, 2012 (2): 163-178.

[71] Flynn B B, Huo B F, Zhao X D. The Impact of Supply Chain Integration on Performance: A Contingency and Configuration Approach [J]. Journal of Operations Management, 2010 (1): 58-71.

[72] Frazier G L, Summers J O. Perception of Interfirm Power and Its Use within a Franchise Channel [J]. Journal of Marketing, 1983 (1): 156-166.

[73] Freeman C. Networks of Innovators: A Synthesis of Research Issues [J]. Research Policy, 1991 (5): 499-514.

[74] Gadde L E, Snehota I. Making the Most of Supplier Relationships [J]. Industrial Marketing Management, 2000 (4): 305-316.

[75] Garud R, Nayyar R. Transformative Capacity: Continual Structuring by Intertemporal Technology Transfer [J]. Strategic Management Journal, 1994 (5): 365-385.

[76] Gassmann O, Enkel E. Towards a Theory of Open Innovation: Three Core Process Archetypes [C]. R&D Management Conference, 2004.

[77] Geiger S W, Makri M. Exploration and Exploitation Innovation Processes: The Role of Organizational Slack in R&D Intensive Firms [J]. The Journal of High Technology Management Research, 2006 (1): 97-108.

[78] Giuliani E, Arza V. What Drives the Formation of Valuable, University-Industry Linkages? Insights from the Wine Industry [J]. Research Policy, 2009 (38): 906-921.

[79] Gong C, Yang H L, Wang Q. Study on the Model of the Stability of International Energy Cooperative [C]. Applied Mechanics & Materials, 2014.

[80] Gotz M, Manuel R, Klaus D. Power Line Channel Characteristics and Their Effect on Communication System Design [J]. IEEE Communications Magazine, 2004 (4): 78-87.

[81] Granovetter M S. The Strength of Weak Ties [J]. American Journal of Sociology, 1973 (6): 1360-1380.

[82] Grant R M. The Resource-Based Theory of Competitive Advantage: Implication for Strategy Formulation [J]. California Management Review, 1991 (3): 114-135.

[83] Grimpe C, Sofka W. Search Patterns and Absorptive Capacity: Low-and High-Technology Sectors in European Countries [J]. Research Policy, 2009 (3): 495-506.

[84] Guerzoni M, Aldridge T T, Audretsch D B, et al. A New Industry Creation and Originality: Insight from the Funding Sources of University Patents [J]. Research Policy, 2014 (43): 1697-1706.

[85] Gulati R, Gargiulo M. Where Do Interorganizational Networks Come from? [J]. American Journal of Sociology, 1999 (5): 1439-1493.

[86] Gulati R, Lavie D, Madhavan R. How Do Networks Matter? The Performance Effects of Inter-Organizational Networks [J]. Research in Organizational Behavior, 2011 (31): 207-224.

[87] Gulati R. Alliances and Network [J]. Strategic Management, 1998 (19): 293-317.

[88] Hagedoorn J. Understanding the Rationale of Strategic Technology Partnering: Interorganizational Modes of Cooperation and Sectoral Differences [J]. Strategic Management Journal, 1993 (5): 371-385.

[89] Hakansson H. Industrial Technological Develeopment: A Network Approach [M]. London: London Press, 1987.

[90] Hallen B L. The Causes and Consequences of the Initial Network Positions of New Organizations: From Whom Do Entrepreneurs Receive Investments? [J]. Administrative Science Quarterly, 2008 (4): 685-718.

[91] Hansen M T. The Search-Transfer Problem: The Role of Weak Ties in Sharing Knowledge across Organization Subunits [J]. Administrative Science Quarterly, 1999 (1): 82-111.

[92] Heiman B A, Li W N, Chan G, et al. Strategic, Organizational, and Cultural Fit: Effects on Performance in China-US Joint Venture [J]. Journal of Asia Business Studies, 2008, 2 (2): 32-51.

[93] Hennig-Thurau T, Klee A. The Impact of Customer Satisfaction and Relationship Quality on Customer Retention: A Critical Reassessment and Model Development [J]. Psychology & Marketing, 1997 (8): 737-764.

[94] Homans G C. Social Behavior as Exchange [J]. American Journal of So-

ciology, 1958 (6): 597-606.

[95] Hsieh L H Y, Rodrigues S B, Child J. Risk Perception and Post-Formation Governance in International Joint Ventures in Taiwan: The Perspective of the Foreign Partner [J]. Journal of International Management, 2010, 16 (3): 288-303.

[96] Inkpen A C, Currall S C. The Nature, Antecedents, and Consequences of Joint Venture Trust [J]. Journal of International Management, 1998 (1): 1-20.

[97] Inkpen A C, Tsang E W K. Social Capital, Networks, and Knowledge Transfer [J]. Academy of Management Review, 2005 (1): 146-165.

[98] Inkpen A, Tsang E. Social Capital, Networks and Knowledge Transfer [J]. Academy of Management Review, 2005 (1): 146-165.

[99] Jansen J, Vera D, Crossan M. Strategic Leadership for Exploration and Exploitation: The Moderating Role of Environmental Dynamism [J]. The Leadership Quarterly, 2009 (20): 5-18.

[100] Jemison D B, Sitkin S B. Corporate Acquistitions: A Process Perspective [J]. Academy of Management Review, 1986 (1): 145-163.

[101] Jiang L, Justin T, Marie T. Incumbent Firm Invention in Emerging Fields: Evidence form the Semiconductor Industry [J]. Strategic Management Journal, 2010 (1): 55-75.

[102] John Hagedoorn, Stefanie Lorenz-Orlean, Hans van Kranenburg. Inter-Firm Technology Transfer: Partnership-Embedded Licensing or Standard Licensing Agreements? [J]. Industrial and Corporate Change, 2009, 18 (3): 529-550.

[103] Johnson J L, Cullen J B, Sakano T, et al. Setting the Stage for Trust and Strategic Integration in Japanese-US Cooperative Alliances [J]. Journal of International Business Studies, 1996 (5): 981-1004.

[104] Kalaignanam K, Shankar V, Varadarajan R. Asymmetric New Product Development Alliances: Win-Win or Win-Lose Partnerships? [J]. Management Science, 2007 (3): 357- 374.

[105] Kale P, Singh H. Managing Strategic Alliances: What Do We Know Now, and Where Do We Go from Here? [J]. Academy of Management Perspectives, 2009 (3): 45-62.

[106] Kale P, Singh H, Perlmutter H. Learning and Protection of Assets in

Strategic Alliances: Building Relational Capital [J] . Strategic Management Journal, 2000 (21): 217-237.

[107] Kaplan S, Tripsas M. Thinking about Technology: Applying a Cognitive Lensto Technical Change [J] . Research Policy, 2008 (5): 790-805.

[108] Kathryn R H, William H N. Bases of Interorganization Cooperation Propensity, Power, Persistence [J] . Journal of Management Studies, 1990 (4): 417-436.

[109] Kaufman A, Wood C H, Theyel G. Collaboration and Technology Linkages: A Strategic Supplier Typology [J] . Strategic Management Journal, 2015 (6): 649-663.

[110] Keser C, Winden F. Conditional Cooperation and Voluntary Contributions to Public Goods [J] . Scandinavian Journal of Economics, 2000 (1): 23-39.

[111] Kim L. Imitation to Innovation - The Dynamics of Korea's Technological Learning [M] . Boston: Harvard University Press, 1997.

[112] Kline R B. Principles and Practice of Structural Equation Modeling [M] . New York, NY: The Guilford Press, 1998.

[113] Knoben J, Oerlemans L A G. Proximity and Inter-Organizational Collaboration: A Literature Review [J] . International Journal of Management Reviews, 2006 (2): 71-89.

[114] Kogut B, Zander U. Knowledge of the Firm, Combinative Capabilities, and the Replication of Technology [J] . Organization Science, 1992 (3): 383-397.

[115] Kohler C, Sofka W, Grimpe C. Selectivity in Search Strategies for Innovation-From Incremental to Radical, From Manufacturing to Services [J] . Discussion Paper, 2009: 935-943.

[116] Kostopoulos V, Karapappas P, Loutas T, Vavouliotis A, Paipetis A. , Tsotra P. Interlaminar Fracture Toughness of Carbon Fibre - Reinforced Polymer Laminates with Nano-and Micro-Fillers [J] . Strain, 2011 (47): 269-282.

[117] Koufteros X A, Cheng T C E, Lai K H. Black-Box and Gray-Box Supplier Integration Inproduct Development: Antecedents, Consequences and the Moderating Role of Firm Size [J] . Journal of Operations Management, 2007 (4): 847-870.

[118] Kumar K, Boesso G, Favotto F, et al. Strategic Orientation, Innovation Patterns and Performances of SMEs and Large Companies [J]. Journal of Small Business and Enterprise Development, 2012 (1): 132-145.

[119] Kwon Y C. A Study on Interpartner Fit, Ownership Structure and Performance in International Joint Ventures [J]. Journal of Business Research, 2007 (3): 47-70.

[120] Lahiri N, Narayanan S. Vertical Integration, Innovation, and Alliance Portfolio Size: Implications for Firm Performance [J]. Strategic Management Journal, 2013 (34): 1042-1064.

[121] Lakpetch P, Lorsuwannarat T. Knowledge Transfer Effectiveness of University-industry Alliances [J]. International Journal of Organizational Analysis, 2012, 20 (2): 128-186.

[122] Lam A. Organizational Learning in Multinationals: R&D Networks of Japanese and US MNEs in the UK [J]. Journal of Management Studies, 2003 (3): 673-703.

[123] Lau C. Team and Organizational Resources, Strategic Orientations, and Firm Performance in a Transitional Economy [J]. Journal of Business Research, 2011 (12): 1344-1351.

[124] Lavie D, Haunschild P R, Khanna P. Organizational Differences, Relational Mechanisms, and Alliance Performance [J]. Strategic Management Journal, 2012 (13): 1453-1479.

[125] Lavie D. Alliance Portfolios and Firm Performance: A Study of Value Creation and Appropriation in the U. S. Software Industry [J]. Strategic Management Journal, 2007 (12): 1187-1212.

[126] Le N H, Evangelista F. Acquiring Tacit and Explicit Marketing Knowledge from Foreign Partners in IJVs [J]. Journal of Business Research, 2007 (11): 1152-1165.

[127] Lee S, Park G, Yoon B. Open Innovation in SMEs-An Intermediated Network Model [J]. Research Policy, 2010 (2): 290-300.

[128] Leonard-Barton D, Sinha D K. Developer-User Interaction and User Satisfaction in Internal Technology Transfer [J]. Academy of Management Journal, 1993 (5): 1125-1139.

［129］Levin D Z, Cross R. The Strength of Weak Ties You Can Trust: The Mediating Role of Trust in Effective Knowledge Transfer ［J］. Management Science, 2004 (11): 1477-1490.

［130］Lhuillery S, Pfister E. R&D Cooperation and Failure in Innovation Projects: Empirical Evidence from French CIS Data ［J］. Research Policy, 2009 (1): 45-57.

［131］Li Y, Liu Y, Duan Y, et al. Entrepreneurial Orientation, Strategic Flexibilities and Indigenous Firm Innovation in Transitional China ［J］. International Journal of Technology Management, 2008 (1): 223-246.

［132］Li Y, Wim V, Schoenmakers W. Exploration and Exploitation in Innovation: Refraining the Interpretation ［J］. Crectivity and Innovation Management, 2008 (2): 107- 126.

［133］Liao S H, Hu T C. Knowledge Transfer and Competitive Advantage on Environmental Uncertainty: An Empirical Study of the Taiwan Semiconductor Industry ［J］. Technovation, 2007 (6): 402-411.

［134］Lichtenthaler U, Lichtenthaler E. A Capability-Based Framework for Open Innovation: Complementing Absorptive Capacity ［J］. Journal of Management Studies, 2009 (8): 1315-1338.

［135］Lichtenthaler U. Absorptive Capacity, Environmental Turbulence, and the Complementarity of Organizational Learning Processes: Retraction ［J］. Academy of Management Journal, 2009 (4): 822-846.

［136］Lin T C, Wu S, Lu C T. Exploring the Affect Factors of Knowledge Sharing Behavior: The Relations Model Theory Perspective ［J］. Expert Systems with Applications, 2012 (1): 751-764.

［137］Lisa H, Coles A M, Dickson K. Building Innovation Networks: Issues of Strategy and Expertise ［J］. Technology Analysis & Strategic Management, 2000 (2): 229-241.

［138］Lundan S, Hagedoorn J. Alliances, Acquisitions and Multinational Advantage ［J］. International Journal of the Economics of Business, 2001 (2): 229-242.

［139］Lunnan R, Hauglang S A. Predicting and Measuring Alliance Performance: A Multidimensional Analysis ［J］. Strategic Management Journal, 2008, 29 (5): 545-556.

[140] Mansfield E. Academic Research and Industrial Innovation: An Update of Empirical Findings [J]. Research Policy, 1998 (7): 773-776.

[141] Martynov A. Alliance Portfolios and Firm Performance: The Moderating Role of Firm Strategy and Resources [J]. Academy of Management Annual Meeting Proceedings, 2017 (1): 11253-11258.

[142] Mcevily B, Perrone V, Zaheer A. Trust as an Organizing Principle [J]. Organization Science, 2003 (1): 91-103.

[143] Michael T N, Weiss D. Communication Traps: Applying Game Theory to Succession in Family Firms [J]. Family Business Review, 2013 (1): 26-40.

[144] Minbaeva D B. HRM Practices and MNC Knowledge Transfer [J]. Personnel Review, 2005 (1): 125-144.

[145] Mishra A A, Shah R. In Union Lies Strength: Collaborative Competence in New Product Development and Its Performance Effects [J]. Journal of Operations Management, 2009 (4): 324-338.

[146] Mitsuhashi H, Greve H R. A Matching Theory of Alliance Formation and Organizational Success: Complementarity and Compatibility [J]. Academy of Management Journal, 2009 (5): 975-995.

[147] Mohr J, Spekman R. Characteristics of Partnership Success: Partnership Attributes, Communication Behavior, and Conflict Resolution Techniques [J]. Strategic Management Journal, 1994 (2): 135-152.

[148] Mora-Valentin E M, Montoro-Sanchez A, Guerras-Martin L A. Determining Factors in the Success of R&D Cooperative Agreements between Firms and Research Organizations [J]. Research Policy, 2004 (3): 17-40.

[149] Morris B G A, Cadogan J W. Partner Symmetries, Partner Conflict and the Quality of Joint Venture Marketing Strategy: An Empirical Investigation [J]. Journal of Marketing Management, 2001 (1/2): 223-259.

[150] Mowery D C, Oxley J E, Silverman B S. Technological Overlap and Interfirm Cooperation: Implications for the Resource-Based View of the Firm [J]. Research Policy, 1998 (5): 507-523.

[151] Nielsen B B, Gudergan S. Exploration and Exploitation Fit and Performance in International Strategic Alliances [J]. International Business Review, 2012

(4): 558-574.

[152] Nissen H, Evald M, Clarke A. Knowledge Sharing in Heterogeneous Teams Through Collaboration and Cooperation: Exemplified through Public-Private-Innovation Partnerships [J]. Industrial Marketing Management, 2014 (3): 473-482.

[153] Nonaka I, Takeuchi H. The Knowledge-Creating Company: How Japanese Companies Create the Dynamics of Innovation [M]. New York: Oxford University Press, 1995.

[154] Nonaka I, Toyama R, Konno, N. SECI, Ba and Leadership: A Unified Model of Dynamic Knowledge Creation [J]. Long Range Planning, 2000 (33): 5-34.

[155] Norman P M. Knowledge Acquisition, Knowledge Loss and Satisfaction in High Technology Allianees [J]. Journal of Business Researeh, 2004 (6): 610-619.

[156] Norman P M. Protecting Knowledge in Strategic Alliances: Resource and Relational Characteristics [J]. Journal of High Technology Management Research, 2002 (2): 177- 202.

[157] Nowak M A, Sigmund K. Evolution of Indirect Reciprocity [J]. Nature, 2005 (10): 1291-1298.

[158] Okamuro H. Determinants of Successful R&D Cooperation in Japanese Small Businesses: The Impact of Organizational and Contractual Characteristics [J]. Research Policy, 2007 (10): 1529-1544.

[159] Olie R, Verwaal E. The Effects of Cultural Distance and Host Country Experience on the Performance of Cross-Border Acquisitions [C]. Acad. Management Conf., New Orleans, LA, 2004.

[160] Olmos-Peruela J, Castro-Martinez E, D'Este P. Knowledge Transfer Activities in Social Sciences and Humanities: Explaining the Interactions of Research Groups with Non-Academic Agents [J]. Research Policy, 2014 (4): 696-706.

[161] Osbom R N, Russ M. Contextual Leadership, Transformational Leadership and the Performance of International Innovation Seeking Alliances [J]. The Leadership Quarterly, 2009 (20): 191-206.

[162] Ozorhon B, Arditi D, Dikmen I, et al. Effect of Partner Fit in International Construction Joint Venture [J]. Journal of Management in Engineering, 2008 (1):

12-20.

[163] Park S, Chen R R, Gallagher S. Firm Resources as Moderators of the Relationship between Market Growth , Strategic Alliances in Semiconductor Start - Ups [J] . Academy of Management Journal, 2002 (3): 527-550.

[164] Parkhe A. Interfirm Diversity, Organizational Learning, and Longevity In global Strategic Alliances [J] . Journal of International Business Studies, 1991 (4): 579-601.

[165] Parkhe A. Strategic Alliance Structuring: A Game Theoretic and Transaction Cost Examination of Interfirm Cooperation [J] . Academy of Management Journal, 1993 (4): 794-829.

[166] Pelton L E, Strutton D, Lumpkin J R. Marketing Channels: A Relationship Management Approach [M] . New York: Mc Graw-Hill College, 2002.

[167] Perks H, Kahn K, Zhang C. An Empirical Evaluation of R&D-Marketing NPD Integration in Chinese Firms: The Guanxi Effect [J] . Journal of Product Innovation Management, 2009 (6): 640-651.

[168] Petersen K J, Handfield R B, Ragatz G L. Supplier Integration into New Product Development: Coordinating Product, Process and Supply Chain Design [J] . Journal of Operations Management, 2005 (3 /4) : 371-388.

[169] Plewa C. Exploring Organizational Culture Difference in Relationship Dyads [J] . Australasian Marketing Journal, 2009 (1): 46-57.

[170] Pothukuchi V K, Damanpour F, Choi J, et al. National and Organisational Culture Differences and International Joint Venture Performance [J] . Journal of International Business Studies, 2002 (2): 243-265.

[171] Powell W W, Koput K W, Smith-Doerr L. Inter-Organizational Collaboration and the Locus of Innovation: Networks of Learning in Biotechnology [J] . Administrative Science Quarterly, 1996 (2): 116-145.

[172] Rampersad G, Quester P, Troshani I. Managing Innovation Networks: Exploratory Evidence from ICT, Biotechnology and Nanotechnology Networks [J] . Industrial Marketing Management, 2010 (5): 793-805.

[173] Reagans R, Mcevily B. Network Structure and Knowledge Transfer: The Effects of Cohesion and Range [J] . Administrative Science Quarterly, 2003 (2):

240-267.

[174] Reuer J J, Lahiri N. Searching for Alliance Partners: Effects of Geographic Distance on the Formation of R&D Collaborations [J]. Organization Science, 2014 (1): 283-298.

[175] Richards K. Relationship Effectiveness and Key Account Performance: Assessing Inter-firm Fit between Buying and Selling Organizations [D]. Houston: University of Houston, 2007.

[176] Robertson P L, Langlois R N. Innovation, Networks, and Vertical Integration [J]. Research Policy, 1995 (4): 543-562.

[177] Rodan S, Galunic C. More Than Network Structure: How Knowledge Heterogeneity Influences Managerial Performance and Innovativeness [J]. Strategic Management Journal, 2004 (6): 541-562.

[178] Romanelli E, Khessina O M. Regional Industrial Identity: Cluster Configurations and Economic Development [J]. Organization Science, 2005, 16 (4): 344-358.

[179] Rothaermel F T, Boeker W. Old Technology Meets New Technology: Complementarities, Similarities, and Alliance Formation [J]. Strategic Management Journal, 2008 (1): 47-77.

[180] Rothaermel F T, Deeds D L. Exploration and Exploitation Alliances in Biotechnology: A System of New Product Development [J]. Strategic Management Journal, 2004 (3): 201-221.

[181] Rycroft R W, Kash D E. Self-Organizing Innovation Networks: Implications for Globalization [J]. Technovation, 2004 (3): 187-197.

[182] Salman N, Saives, A L. Indirect Networks: An Intangible Resource for Biotechnology Innovation [J]. R&D Management, 2005, 35 (2): 101-107.

[183] Santoro M D, Chakrabarti A K. Firm Size and Technology Centrality in Industry-University Interactions [J]. Research Policy, 2002 (7): 1163-1180.

[184] Sarkar M B, Echambadi R, Cavusgil S T, et al. The Influence of Complementarity, Compatibility, and Relationship Capital on Alliance Performance [J]. Academy of Marketing Science, 2001 (4): 358-373.

[185] Sarkar M, Cavusgil S T, Evirgen C. A Commitment-Trust Mediated Framework of International Collaborative Venture Performance [J]. Cooperative Strat-

egies: North American Perspectives, 1997 (1): 255-285.

［186］Schilling M, Phelps C. Interfirm Collaboration Networks: The Impact of Large-scale Network Structure on Firm Innovation ［J］. Management Science, 2007, 53 (7): 1113-1126.

［187］Schoenmakers W, Duysters G. Learning in Strategic Technology Alliances ［J］. Technology Analysis & Strategic Management, 2006 (2): 245-264.

［188］Sendogdu A A, Diken A. A Research on the Problems Encountered in the Collaboration between University and Industry ［J］. Procedia-Social and Behavioral Sciences, 2013 (1): 966-975.

［189］Seng T L, Idris A. The Impact of Inter-partner Fit on the Performance of International Joint Ventures ［C］. 12th International Business Information Management Association Conference, 2009.

［190］Senge P. Sharing Knowledge ［J］. Executive Excellence, 1997 (11): 17-18.

［191］Shan R H, Swaminathan V. Factors Influencing Partner Selection in Strategic Alliances: The Moderating Role of Alliance Context ［J］. Strategic Management Journal, 2008 (5): 471-494.

［192］Simonin B L. Ambiguity and the Process of Knowledge Transfer in Strategic Alliances ［J］. Strategic Management Journal, 1999 (7): 595-623.

［193］Sinha K D, Cusumano M A. Complementary Resource and Cooperative Research: A Model of Research Joint Ventures among Competitors ［J］. Management Science, 1991 (9): 1091-1106.

［194］Sirmon D G, Lane P J. A Model of Cultural Differences and International Alliance Performance ［J］. Journal of International Business Studies, 2004 (4): 306-319.

［195］Sivakumar K, Roy S, Zhu J J, et al. Global Innovation Generation and Financial Performance in Business-to-Business Relationships: The Case of Cross-Border Alliances in the Pharmaceutical Industry ［J］. Journal of the Academy of Marketing Science, 2010 (39): 757-776.

［196］Smeltzer L R. The Meaning and Origin of Trust in Buyer-Supplier Relationships ［J］. Journal of Supply Chain Management, 1997 (1): 40-48.

[197] Smith J B, Barclay D. The Effects of Organizational Differences and Trust on the Effectiveness of Selling Partner Relationships [J] . Journal of Marketing, 1997 (1): 3-21.

[198] Sorenson O, Stuart T E. Syndication Networks and the Spatial Distribution of Venture Capital Investments [J] . American Journal of Sociology, 2001 (6): 1546-1588.

[199] Stafford E R. Using Co-operative Strategies to Make Alliances Work [J]. Long Range Planning, 1994 (3): 64-74.

[200] Stiles J. Strategic Alliances: Making Them Work [J] . Long Range Planning, 1994 (4): 133-137.

[201] Szulanski G, Jensen R J. When and How Trustworthiness Matters: Knowledge Transfer and the Moderating Effect of Causal Ambiguity [J] . Organization Science, 2004 (5): 600-613.

[202] Szulanski G. Exploring Internal Stickiness: Impediments to the Transfer of Best Practice within the Firm [J] . Strategic Management Journal, 1996 (S2): 27-43.

[203] Teece D J, Pisano G, Shuen A. Dynamic Capabilities and Strategic Management [J] . Strategic Management Journal, 1997 (7): 509-533.

[204] Teece D J. Profiting from Technological Innovation: Implications for Integration, Collaboration, Licensing and Public Policy [J] . Research Policy, 1986 (6): 285-305.

[205] Thorgren S, Wincent J, Örtqvist D. Unleashing Synergies in Strategic Networks of SMEs: The Influence of Partner Fit on Corporate Entrepreneurship [J]. International Small Business Journal, 2012 (5): 453-471.

[206] Tortoriello M, Reagans R, Mcevily B. Bridging the Knowledge Gap: The Influence of Strong Ties, Network Cohesion, and Network Range on the Transfer of Knowledge between Organizational Units [J] . Organization Science, 2012 (4): 1024-1039.

[207] Tsai K H. Collaborative Networks and Product Innovation Performance: Toward a Contingency Perspective [J] . Research Policy, 2009 (5): 765-778.

[208] Tsai K. Collaboration Networks and Product Innovation Performance: Toward a Contingency Perspective [J] . Research Policy, 2009 (5) : 765-778.

[209] Tsai W. Knowledge Transfer in Intraorganizational Networks: Effects of Network Position and Absorptive Capacity on Business Unit Innovation and Performance [J]. Academy of Management Journal, 2001 (5): 996-1004.

[210] Uzzi B. Social Structure and Competition in Interfirm Networks: The Paradox of Embeddedness [J]. Administrative Science Quarterly, 1997 (1): 35-67.

[211] Vaara E, Sarala R, Stahl G K, et al. The Impact of Organizational and National Cultural Differences on Social Conflict and Knowledge Transfer in International Acquisitions [J]. Journal of Management Studies, 2012 (1): 1-27.

[212] Vuola O, Hameri A. Mutually Benefiting Joint Innovation Process between Industry and Big-Science [J]. Technovation, 2006 (1): 3-12.

[213] Wang M H, Huang C F, Yang T Y. The Effect of Project Environment on the Relationship between Knowledge Sharing and Team Creativity in the Software Development Context [J]. International Journal of Business and Information, 2012 (1): 59-80.

[214] Wang S, Noe R A. Knowledge Sharing: A Review and Directions for Future Research [J]. Human Resource Management Review, 2010 (2): 115-131.

[215] Wassmer U, Li S, Madhok A. Resource Ambidexterity Through Alliance Portfolios and Firm Performance [J]. Strategic Management Journal, 2016 (38): 1-21.

[216] Webber S S, Donahue L M. Impact of Highly and Less Job-Related Diversity on Work Group Cohesion and Performance: A Meta-Analysis [J]. Journal of Management, 2001 (2): 141-162.

[217] Weber B, Chlistiana W. Corporate Venture Capital as a Means of Radial Innovation: Relational Fit, Social Capital, and Knowledge Transfer [J]. Journal of Engineering and Technology Management, 2007 (1): 11-35.

[218] Weber R A, Camerer C F. Cultural Conflict and Merger Failure: An Experimental Approach [J]. Management Science, 2003 (4): 400-415.

[219] Westerlund M, Rajala R. Learning and Innovation in Inter-Organizational Network Collaboration [J]. The Journal of Business and Industrial Marketing, 2010 (6): 435-442.

[220] Westney D E. Domestic and Foreign Learning Curves in Managing International Cooperative Strategies [J]. International Business, 1988 (1): 339-346.

［221］ Wijk R V, Jansen J J, Lyles M A. Inter—and Intra-Organizational Knowledge Transfer: A Meta-Analytic Review and Assessment of Its Antecedents and Consequences［J］. Journal of Management Studies, 2008（4）: 830-853.

［222］ Wirsich A, Kock A, Strumann C, et al. Effects of University-Industry Collaboration on Technological Newness of Firms［J］. Journal of Product Innovation Management, 2016（6）: 708-725.

［223］ Wong A, Tjosvold D, Yu Z Y. Organizational Partnerships in China: Self-Interest, Goal Interdependence, and Opportunism［J］. Journal of Applied Psychology, 2005（4）: 782-791.

［224］ Wong S S, Ho V T, Lee C H. A Power Perspective to Interunit Knowledge Transfer: Linking Knowledge Attributes to Unit Power and the Transfer of Knowledge［J］. Journal of Management, 2008（1）: 127-151.

［225］ Wulf K D, Odekerken-Schroder G, Iacobucci D. Investments in Consumer Relationships: Across-Country and Cross-Industry Exploration［J］. Journal of Marketing, 2001（65）: 33-50.

［226］ Yan A M, Duan J. Interpartner Fit and Its Performance Implications: A Four-Case Study of U. S. -China Joint Ventures［J］. Asia Pacific Journal of Management, 2003（4）: 541-564.

［227］ Zaheer A, G Bell. Benefiting from Network Position: Firm Capabilities, Structural Holes, and Performance［J］. Strategic Management Journal, 2005（26）: 809-825.

［228］ Zahra S A, George C. Absorptive Capacity: A Review, Reconceptualization, and Extension［J］. Academy of Management Review, 2002（2）: 185-203.

［229］ Zhao Y, Lavin M. An Empirical Study of Knowledge Transfer in Working Relationships with Suppliers in New Product Development［J］. International Journal of Innovation Management, 2012（2）: 125-130.

［230］ Zollo M, Winter S G. Deliberate Learning and the Evolution of Dynamic Capability［J］. Organization Science, 2002（13）: 339-352.

［231］ 蔡继荣. 联盟伙伴特征、可置信承诺与战略联盟的稳定性［J］. 科学学与科学技术管理, 2012（7）: 133-142.

［232］ 蔡宁, 黎常. 知识分享及其研究理论基础［J］. 情报科学, 2007

（1）：30-36.

［233］曹霞，宋琪．产学合作网络中企业关系势能与自主创新绩效——基于地理边界拓展的调节作用［J］．科学学研究，2016（7）：1065-1075.

［234］曹霞，宋琪．产学研创新系统耦合对产学研主体知识进化影响机理研究［J］．科学学与科学技术管理，2014（12）：89-99.

［235］陈艳，范炳全．中小企业开放式创新能力与创新绩效的关系研究［J］．研究与发展管理，2013（1）：24-35.

［236］陈钰芬．探求与企业特质相匹配的开放式创新模式［J］．科研管理，2013（9）：27-35.

［237］陈云．产学研合作相关概念辨析及范式构建［J］．科学学研究，2012（8）：1206-1013.

［238］陈至发．跨国战略联盟企业文化差异分析的一个理论框架［J］．当代财经，2005（4）：70-73.

［239］党兴华，李玲，张巍．技术创新网络中企业间依赖与合作动机对企业合作行为的影响研究［J］．预测，2010（5）：37-43.

［240］刁丽琳，朱桂龙．产学研联盟契约和信任对知识转移的影响研究［J］．科学学研究，2015（5）：723-733.

［241］杜欣．网络视角下联盟组合创新合作行为的演化与创新绩效研究［D］．成都：电子科技大学，2017.

［242］范如国，叶菁，李星．产业集群复杂网络中的信任机制研究——以浙江永康星月集团与双健集团合作创新为例［J］．学习与实践，2012（2）：20-30.

［243］方厚政．企业合作创新的模式选择和组织设计［D］．上海：上海交通大学，2006.

［244］盖文启．创新网络——区域经济发展新思维［M］．北京：北京大学出版社，2006.

［245］高山行，蔡新蕾，江旭．正式与非正式制度支持对原始性创新的影响：不同所有制类型企业比较研究［J］．科学学与科学技术管理，2013（2）：42-52.

［246］高维和，吉莉．相互依赖、服从和关系绩效——基于 CAM 和 CAD 行业渠道关系的实证研究［J］．商业经济与管理，2015（6）：38-49.

［247］辜胜阻，李华洪，洪群联．创新型国家建设中的制度创新与企业技术

创新 [J]. 江海学刊, 2010 (6): 72-78.

[248] 郝斌, 李佳琳, 万尚·弗利刚. 企业间关系伙伴选择研究最新进展探析 [J]. 外国经济与管理, 2014 (1): 55-64.

[249] 何景涛. 企业知识合作机制研究 [D]. 西安: 西北大学, 2010.

[250] 洪军. 基于创新网络系统的高校创新发展模式探讨 [J]. 科学学与科学技术管理, 2004 (4): 121-123.

[251] 胡杨成. 战略联盟绩效的影响因素及理论评估模型 [J]. 石河子大学学报 (哲学社会科学版), 2007, 21 (2): 55-58.

[252] 惠青, 邹艳. 产学研合作创新网络、知识整合和技术创新的关系研究 [J]. 软科学, 2010 (3): 4-11.

[253] 吉莉. 非营利组织与企业合作的要素特征研究 [J]. 时代金融, 2009 (8): 42-44.

[254] 蒋国平. 企业战略联盟高失败率原因分析及其成功之路 [J]. 现代财经——天津财经学院学报, 2001 (1): 58-60.

[255] 焦媛媛. 主体异质性对产学研合作关系质量影响机制研究 [D]. 长春: 吉林大学, 2017.

[256] 解学梅, 左蕾蕾, 刘丝雨. 中小企业协同创新模式对协同创新效应的影响——协同机制和协同环境的双调节效应模型 [J]. 科学学与科学技术管理, 2014 (5): 72-81.

[257] 李朝明, 刘静卜. 企业协同知识创新中的知识共享研究 [J]. 中国科技论坛, 2012 (6): 7.

[258] 李健, 金占明. 战略联盟伙伴选择、竞合关系与联盟绩效研究 [J]. 科学学与科学技术管理, 2007 (11): 161-167.

[259] 李健. 战略联盟伙伴要素特征、竞合关系与绩效的实证研究 [D]. 北京: 清华大学, 2008.

[260] 李靖华, 常晓然. 基于元分析的知识转移影响因素研究 [J]. 科学学研究, 2013 (3): 394-406.

[261] 李久平, 姜大鹏, 王涛. 产学研协同创新中的知识整合 [J]. 软科学, 2013 (5): 136-140.

[262] 李林蔚, 郑志清. 基于竞合视角的企业间合作、冲突与联盟成功 [J]. 科学学与科学技术管理, 2013 (9): 64-73.

[263] 李世超，苏峻，蔺楠．控制方式、知识转移与产学合作绩效的关系研究 [J]．科学学研究，2011（12）：1854-1865.

[264] 李延朋．垂直专业化、企业签约与知识型技术创新体系构建 [J]．中国工业经济，2014（9）：122-135.

[265] 林东清．知识管理理论与实务 [M]．北京：电子工业出版社，2005.

[266] 林向义，张庆普，罗洪云．知识创新联盟合作伙伴选择研究 [J]．中国管理科学，2008（S1）：404-408.

[267] 刘克寅，汤临佳．基于异质性要素匹配的企业合作创新作用机理研究 [J]．科技管理研究，2016（7）：11-18.

[268] 刘兰剑．创新的发生：网络关系特征及其影响 [M]．北京：科学出版社，2009.

[269] 刘群慧，李丽．关系嵌入性、机会主义行为与合作创新意愿 [J]．科学学与科学技术管理，2013（7）：83-93.

[270] 刘学元，丁雯婧，赵先德．企业创新网络中关系强度、吸收能力与创新绩效的关系研究 [J]．南开管理评论，2016（1）：30-42.

[271] 龙剑军．集群企业合作困境的形成机理及治理机制 [D]．重庆：重庆大学，2015.

[272] 芦风军．产学研合作联盟模式研究 [D]．大连：大连理工大学，2011.

[273] 罗珉，徐宏玲．组织间关系：价值界面与关系租金的获取 [J]．中国工业经济，2007（1）：68-77.

[274] 罗炜，唐元虎．企业合作创新的原因与动机 [J]．科学学研究，2001（3）：91-96.

[275] 马蓝．企业间知识合作动机、合作行为与合作创新绩效的关系研究 [D]．西安：西北大学，2016.

[276] 倪旭东，薛宪方．基于知识异质性团队的异质性知识网络运行机制 [J]．心理科学进展，2013（3）：389-397.

[277] 潘文安，张红．供应链伙伴间的信任、承诺对合作绩效的影响 [J]．心理科学，2006（6）：1502-1506.

[278] 潘镇，李晏墅．联盟中的信任——一项中国背景下的实证研究 [J]．中国工业经济，2008（4）：44-54.

［279］彭新敏，孙元．联盟成员组织学习平衡模式实证研究综述与展望
［J］．外国经济与管理，2011，10（10）：26-32.

［280］彭新敏，吴丽娟，王琳．权变视角下企业网络位置与产品创新绩效关系研究［J］．科研管理，2012，33（8）：137-145.

［281］沙振权，周飞．企业网络能力对集群间企业合作绩效的影响研究
［J］．管理评论，2013（6）：95-103.

［282］沈必扬，池仁勇．企业创新网络：企业技术创新研究的一个新范式
［J］．科研管理，2005（3）：84-91.

［283］苏勇．供应链合作伙伴关系管理及其与供应链绩效关系的研究［D］.
长春：吉林大学，2009.

［284］苏中锋，谢恩，李垣．基于不同动机的联盟控制方式选择及其对联盟绩效的影响［J］．南开管理评论，2007（5）：4-11.

［285］孙卫，王彩华，刘民婷．产学研联盟中知识转移绩效的影响因素研究
［J］．科学学与科学技术管理，2012（8）：58-66.

［286］孙笑明，崔文田，董劲威．创新合作伙伴选择与创新绩效之间的关系
［J］．科学学与科学技术管理，2011（11）：173-180.

［287］孙永磊，党兴华，宋晶．基于网络惯例的双元能力对合作创新绩效的影响［J］．管理科学，2014（2）：38-47.

［288］涂振洲，顾新．基于知识流动的产学研协同创新过程研究［J］．科学学研究，2013（9）：1381-1391.

［289］汪孟艳．基于企业成长视角的产学研合作创新网络研究［D］．天津：天津大学，2012.

［290］王大洲．企业创新网络的进化与治理：一个文献综述［J］．科研管理，2001（5）：96-103.

［291］王道平，韦小彦，方放．基于技术标准特征的标准研发联盟合作伙伴选择研究［J］．科研管理，2015（1）：81-90.

［292］王慧．创新网络内非核心企业的学习意图对知识反哺的作用机制研究
［J］．经济体制改革，2018（5）：167-178.

［293］王辑慈．关于发展创新型产业集群的政策建议［J］．经济地理，
2004（4）：433-436.

［294］王娟茹，潘杰义．产学研合作模式探索［J］．科学管理研究，2003（1）：

25-27.

[295] 王娟茹,潘杰义. 产学研合作中的知识扩散研究 [J]. 中国科技论坛, 2003 (4): 74-76.

[296] 王兴元,姬志恒. 跨学科创新团队知识异质性与绩效关系研究 [J]. 科研管理, 2013 (3): 14-22.

[297] 王雪原,王宏起. 基于资源观的 R&D 联盟伙伴组合选择方法研究 [J]. 科研管理, 2012 (6): 48-55.

[298] 王雪原,王宏起. 基于资源观的 R&D 联盟伙伴组合选择方法研究 [J]. 科研管理, 2012 (6): 48-56.

[299] 王颖,彭灿. 知识异质性与研发团队知识创新绩效: 以共享心智模型为中介变量 [J]. 情报杂志, 2011 (1): 113-116.

[300] 王玉梅. 基于动力学的组织知识创新联盟网络协同发展评价研究 [J]. 科学学与科学技术管理, 2010 (10): 119-124.

[301] 魏奇峰,顾新. 基于知识流动的产学研协同创新过程研究 [J]. 科技进步与对策, 2013 (8): 133-138.

[302] 温忠麟,侯杰泰,马什赫伯特. 结构方程模型检验: 拟合指数与卡方准则 [J]. 心理学报, 2004 (2): 186-194.

[303] 邬爱其. 企业创新网络构建与演进的影响因素实证分析 [J]. 科学学研究, 2006 (1): 141-149.

[304] 吴国斌,党苗,吴建华,等. 任务复杂性下目标差异对沟通行为和应急合作关系的影响研究 [J]. 中国软科学, 2015 (5): 149-159.

[305] 吴强. 弱关系网络中企业员工知识共享行为研究 [D]. 重庆: 重庆大学, 2016.

[306] 吴绍棠,李燕萍. 企业的联盟网络多元性有利于合作创新吗?——一个有调节的中介效应模型 [J]. 南开管理评论, 2014 (3): 152-160.

[307] 吴想. 产学协同创新知识转移影响因素分析与实证研究 [D]. 上海: 华东理工大学, 2009.

[308] 吴悦,顾新. 产学研协同创新的知识协同过程研究 [J]. 中国科技论坛, 2012 (10): 17-24.

[309] 吴增源,谌依然,伍蓓. 跨界搜索的内涵、边界与模式研究述评及展望 [J]. 科技进步与对策, 2015 (19): 153-160.

[310] 武志伟，茅宁，陈莹．企业间合作绩效影响机制的实证研究——基于148家国内企业的分析 [J]．管理世界，2005（9）：99-106.

[311] 项杨雪．基于知识三角的高校协同创新过程机理研究 [D]．杭州：浙江大学，2013.

[312] 肖振鑫，高山行．技术驱动、政府推动与企业探索性创新——基于产业竞争范式和制度理论的双重视角 [J]．科学学与科学技术管理，2015（3）：46-56.

[313] 谢洪明，张霞蓉，程聪，陈盈．网络关系强度、企业学习能力对技术创新的影响研究 [J]．科研管理，2012，33（2）：55-62.

[314] 许晖，王琳，张阳．国际新创企业创业知识溢出及知识整合机制研究——基于天士力国际公司海外员工成长及企业国际化案例 [J]．管理世界，2015（6）：141-153.

[315] 闫杰，缪小明，张丰，等．我国产学研合作创新研究前沿演进趋势知识图谱 [J]．科技进步与对策，2012（11）：151-157.

[316] 杨东奇，张春宁，徐影，等．企业研发联盟伙伴选择影响因素及其对联盟绩效的作用分析 [J]．中国科技论坛，2012（5）：116-120.

[317] 杨水利，郑建志，李韬奋．动态能力关系质量与合作绩效实证研究 [J]．经济管理，2008（19-20）：133-138.

[318] 杨小凯．经济学：新兴古典与新古典框架 [M]．北京：社会科学文献出版社，2003.

[319] 姚作为．关系质量的关键维度——研究述评与模型整理 [J]．科技管理研究，2005（8）：132-135.

[320] 叶飞，徐学军．供应链伙伴关系间信任与关系承诺对信息共享与运营绩效的影响 [J]．系统工程理论与实践，2009，29（8）：36-53.

[321] 殷俊杰，邵云飞．创新搜索和惯例的调节作用下联盟组合伙伴多样性对创新绩效的影响研究 [J]．管理学报，2017（4）：545-553.

[322] 殷俊杰．企业联盟组合管理能力对合作创新绩效的影响机制研究 [D]．成都：电子科技大学，2018.

[323] 尹惠斌，游达明．研发团队知识冲突对企业突破性创新绩效影响的实证研究 [J]．管理学报，2014（3）：383-390.

[324] 尤天慧，李飞飞．组织知识转移能力评价方法及提升策略 [J]．科

技进步与对策, 2010 (14): 121-124.

[325] 曾德明, 贾曙光, 禹献云. 吸收能力视角下联盟企业关系资本对创新能力影响研究 [J]. 中国科技论坛, 2011 (5): 21-26.

[326] 詹也. 联盟组合管理能力对企业绩效的作用机制研究 [D]. 杭州: 浙江大学, 2013.

[327] 张存刚, 李明, 陆德梅. 社会网络分析——一种重要的社会学研究方法 [J]. 甘肃社会科学, 2004 (2): 109-111.

[328] 张红兵, 张素平. 技术联盟知识转移有效性影响因素的实证研究 [J]. 科学学研究, 2013 (7): 1041-1049.

[329] 张睿, 于渤. 技术联盟组织知识转移影响因素路径检验 [J]. 科研管理, 2009 (1): 28-37.

[330] 张文红, 张晓, 赵亚普. 什么影响了产品创新: 技术还是市场? [C]. 北京: 第五届 (2010) 中国管理学年会——技术与创新管理分会场论文集, 2010.

[331] 张文红, 赵亚普. 转型经济下跨界搜索战略与产品创新 [J]. 科研管理, 2013 (9): 54-63.

[332] 张晓棠. "内容—距离—行为" 整合的企业创新搜索双元平衡策略研究 [D]. 西安: 西北大学, 2016.

[333] 章丹. 技术创新网络中核心企业网络能力对网络创新绩效的影响 [D]. 杭州: 浙江工商大学, 2012.

[334] 赵岑, 姜彦福. 中国企业战略联盟伙伴特征匹配标准实证研究 [J]. 科学学研究, 2010 (4): 558-565.

[335] 赵炎, 王琦. 联盟网络的小世界性对企业创新影响的实证研究——基于中国通信设备产业的分析 [J]. 中国软科学, 2013 (4): 108-116.

[336] 周贵川, 揭筱纹. 资源型企业间合作技术创新的动机研究 [J]. 求索, 2012 (2): 1-4.

[337] 周贵川. 企业间合作技术创新模式选择研究 [J]. 科技进步与对策, 2012 (6): 73-79.

[338] 朱桂龙, 彭有福. 产学研合作创新网络组织模式及其运作机制研究 [J]. 软科学, 2003 (4): 49-53.

[339] 朱秀梅, 陈琛, 蔡莉. 网络能力、资源获取与新企业绩效关系实证研

究［J］. 管理科学学报，2010（4）：44-56.

［340］左亮亮，郭春侠，吴昌合. 近十年国内知识转移研究的文献计量实证分析［J］. 情报科学，2010（6）：817-820.

［341］左美云. 知识转移与企业信息化［M］. 北京：科学出版社，2006.

附录 正式调查问卷

创新网络内企业间知识合作关系研究的问卷调查

尊敬的女士/先生：您好！

万分感谢您在百忙之中抽空填写问卷，本问卷旨在了解创新网络企业间知识合作概况，调查结果仅用于学术研究，绝不涉及商业目的，且保证对您提供的一切信息严格保密。

问卷大概要花费您 10~20 分钟填写，选择无对错之分，您客观准确的答案，对我们的研究十分重要。再次感谢您的热情帮助和大力支持！

祝您工作顺利，祝贵企业蒸蒸日上。

一、贵企业基本信息（请根据实际情况，在相应的□内打"√"）。

1. 企业名称（可写简称）：＿＿＿＿＿＿＿＿＿＿＿＿＿＿＿。

2. 企业所在地：＿＿＿＿省＿＿＿＿市。

3. 贵公司创办于＿＿＿＿年。

4. 您在贵企业任职时间：＿＿＿＿年。

5. 您的职务：

□总经理　　　　　　　　□副总经理

□部门经理　　　　　　　□总监

□项目经理

6. 企业性质：

□国有(含国有控股)　　　□民营(含民营控股)

□中外合资(外资控股)　　□中外合资(内资科控股)

□港澳台独资　　　　　　□外商独资

□其他_____

7. 企业主营业务所属行业：

□电子及通信设备制造　　□电气及元器件制造

□公共软件服务　　　　　□汽车制造

□医疗设备与仪器仪表制造　□冶金与能源

□石油化工　　　　　　　□食品饮料

□纺织服装　　　　　　　□其他（请说明）_____

8. 企业员工数：

□不足 50 人　　　　　　□51～100 人

□101～200 人　　　　　□201～500 人

□501～1000 人　　　　　□1001 人以上

9. 企业研发投入占销售收入的比例（非科技行业企业可跳过）：

□不足 1%　　　　　　　□1%～5%

□5%～10%　　　　　　　□10%以上

10. 企业的主营业务发展阶段：

□开创阶段　　　　　　　□成长阶段

□成熟稳定阶段　　　　　□衰退阶段

11. 企业与对方企业的合作年限为_____年。

12. 企业与对方企业的合作是否受到政府支持？

□是　　　　　　　　　　□否

二、请根据近三年本企业所属行业具体情况，在对应数字上打"√"。

题　项	非常同意	比较同意	有点同意	不确定	有点不同意	比较不同意	非常不同意
1. 我们双方对合作目标达成了共识，并有清晰准确的界定	1	2	3	4	5	6	7
2. 我们双方的目标经常会出现冲突（反向）	1	2	3	4	5	6	7

续表

题　项	非常同意	比较同意	有点同意	不确定	有点不同意	比较不同意	非常不同意
3. 我们双方各自的目标可同时实现	1	2	3	4	5	6	7
4. 我们双方对彼此的目标是相互支持的	1	2	3	4	5	6	7
5. 我们双方其中一方目标的实现有助于另一方目标的出现	1	2	3	4	5	6	7
6. 我们双方的表达方式或话语体系不会给彼此造成沟通或理解上的障碍	1	2	3	4	5	6	7
7. 我们双方对长期发展和短期利益间关系的态度相同	1	2	3	4	5	6	7
8. 我们双方对创新风险的态度是一致的	1	2	3	4	5	6	7
9. 我们双方能够理解并接受对方的行为处事方式	1	2	3	4	5	6	7
10. 我们双方在应对合作中出现的意外或变化上都表现出很好的灵活性	1	2	3	4	5	6	7
11. 我们双方理解并接受彼此在商业化价值上的差异，并能在彼此间取得平衡	1	2	3	4	5	6	7
12. 我们双方所贡献的创新资源均是彼此所需要的和有价值的	1	2	3	4	5	6	7
13. 我们双方可借助彼此的创新资源达到优势互补的效果	1	2	3	4	5	6	7
14. 我们双方合作后，彼此的创新资源/能力都能得到更充分的利用和发挥	1	2	3	4	5	6	7
15. 我们双方贡献的创新资源对于我们合作成功是必不可少的	1	2	3	4	5	6	7
16. 我们双方贡献的创新资源有助于我们达成各自的目标	1	2	3	4	5	6	7
17. 我们双方能共享知识和信息	1	2	3	4	5	6	7
18. 我们双方能够快速识别彼此信息和知识的重要性	1	2	3	4	5	6	7
19. 我们双方能够迅速判断彼此信息和知识的适用性	1	2	3	4	5	6	7
20. 我们双方了解对方知识或技术的需求	1	2	3	4	5	6	7
21. 我们双方能够有效整合彼此的知识和技术	1	2	3	4	5	6	7
22. 我们双方都能严格恪守承诺，履行相关契约	1	2	3	4	5	6	7
23. 如果有新的合作机会，我们双方都会将对方作为首选对象	1	2	3	4	5	6	7
24. 我们愿意与合作伙伴保持长期的合作关系	1	2	3	4	5	6	7
25. 伙伴企业能够积极帮助我们解决知识转移和知识吸收过程中存在的问题	1	2	3	4	5	6	7
26. 双方合作后，我们研发的速度得到了显著提升	1	2	3	4	5	6	7
27. 双方合作后，我们的核心技能得到显著提升	1	2	3	4	5	6	7
28. 我们双方之间存在密切的知识联系，对彼此提供的知识有较强的依赖性	1	2	3	4	5	6	7
29. 我们双方的知识互动较为频繁	1	2	3	4	5	6	7

续表

题　　项	非常同意	比较同意	有点同意	不确定	有点不同意	比较不同意	非常不同意
30. 我们双方都不会做出有损对方利益的行为	1	2	3	4	5	6	7
31. 我们双方之间的关系很紧密	1	2	3	4	5	6	7
32. 我们双方经常一起讨论共同关注的话题	1	2	3	4	5	6	7
33. 我们双方成员之间经常进行非正式的交流	1	2	3	4	5	6	7
34. 在创新网络中我们企业和不同行业、不同性质并具备不同技术能力的公司、机构、组织保持联系以促进技术创新	1	2	3	4	5	6	7
35. 在过去三年，网络原有成员对新成员加入网络中表示支持	1	2	3	4	5	6	7
36. 我们与网络外的其他企业或者组织保持着关系，这种良好的组织关系对创新很有帮助	1	2	3	4	5	6	7
37. 创新网络内部伙伴之间的关系模式能适应新出现的变化	1	2	3	4	5	6	7
38. 我方对我们双方长期合作目标的完成进度、合作结果和收益总体上是满意的	1	2	3	4	5	6	7
39. 我方与对方伙伴的知识合作关系非常愉快，合作关系的稳定对我方很有益，我们双方愿意在未来继续开展更深层次的合作	1	2	3	4	5	6	7
40. 知识合作促进了我方技术创新能力的提升	1	2	3	4	5	6	7
41. 知识合作成果运用在新产品、新技术、新工艺等方面的进展达到或超过了预期	1	2	3	4	5	6	7
42. 知识合作研究成果（专利、标准、论文等）达到或超过了预期	1	2	3	4	5	6	7

感谢您的参与！请留下您宝贵的意见和建议，谢谢！

如果您对此研究有兴趣，请留下您的联系方式，我们非常高兴将研究成果与您分享。

E-mail：＿＿＿＿＿＿＿＿＿＿＿＿＿＿＿＿＿＿＿＿＿＿

再一次感谢您的热情帮助与大力支持！

祝您事事顺心，祝贵企业基业长青！

后 记

笔者在写作这部书稿的时候经历过许多的困难，作为西安财经大学的老师，要一边教学科研一边照顾家庭，还要抽出时间修改书稿，心中有许多感慨和辛酸想要表达，却在指尖敲打键盘时只想到了感恩，感谢西安财经大学对著作出版予以资助，感恩老师和同事的指导和扶持，感恩同学和朋友在我需要帮助和指点时毫无保留，感恩家人和宝宝在我时常无暇顾及和陪伴的情况下依然深深地爱着我，感恩所有的相遇和挑战！